Bartleby y yo
Retratos de Nueva York

Gay Talese

Bartleby y yo

Retratos de Nueva York

Traducción del inglés de Antonio Lozano

Papel certificado por el Forest Stewardship Council®

Título original: *Bartleby and Me*
Primera edición en castellano: abril de 2024

© 2023, Gay Talese
© 2024, Penguin Random House Grupo Editorial, S. A. U.
Travessera de Gràcia, 47-49. 08021 Barcelona
© 2024, Antonio Lozano, por la traducción

© Diseño: Penguin Random House Grupo Editorial, inspirado en un diseño original de Enric Satué

Printed in Spain – Impreso en España

ISBN: 978-84-204-7748-0
Depósito legal: B-1804-2024

Compuesto en MT Color & Diseño, S. L.
Impreso en EGEDSA, Sabadell (Barcelona)

AL 77480

Para Nan, quien hace sesenta años ayudó a trazar nuestra trayectoria serendípica, y sigue en ello

Primera parte
Una historia de Wall Street

Capítulo uno

Nueva York es una ciudad de cosas que pasan inadvertidas. Es una ciudad con gatos durmiendo bajo vehículos aparcados, dos armadillos de piedra que trepan por la catedral de San Patricio y miles de hormigas arrastrándose sobre la cima del Empire State Building. Probablemente las hormigas acabaran ahí transportadas por el viento o los pájaros, pero nadie lo sabe con certeza; las hormigas son tan desconocidas para la gente de Nueva York como el mendigo que coge taxis hasta el Bowery, o el hombre atildado que rebusca entre los cubos de basura de la Sexta Avenida, o el médium que ronda por los números setenta de la zona oeste asegurando: «Soy clarividente, clariaudiente y clarisensorial».

Nueva York es una ciudad para excéntricos y una fuente de retazos de información extraña. Los neoyorquinos parpadean veintiocho veces por minuto, pero cuarenta cuando están tensos. La mayoría de los que mastican palomitas en el estadio de los Yankees hacen una breve pausa justo antes de un lanzamiento. Los que mastican chicle en las escaleras mecánicas de Macy's hacen una breve pausa, justo antes de abandonarlas, para concentrarse en el último escalón. Los encargados de limpiar la piscina de los lobos marinos en el zoo del Bronx se encuentran monedas, clips, bolígrafos y monederos de niñas...

En Nueva York, del amanecer al atardecer, día tras día, uno puede oír el retumbo constante de los neumáticos sobre el asfalto del puente George Washington. El puente jamás está del todo inmóvil. Tiembla con el tráfico. Se mueve con el viento. Sus grandes venas de acero se dilatan con el calor y se contraen con el frío; el asfalto suele estar tres metros más cerca del río Hudson en verano que en invierno. Es casi una estructura inquieta y de una belleza grácil que, a modo de seductora irresistible, guarda secretos a los románticos que la contemplan, los escapistas que saltan desde ella, la chica regordeta que recorre fatigosamente sus mil sesenta y seis metros con la intención de bajar de peso, y los cien mil motoristas que la cruzan a diario se estampan contra ella, pagan de menos en el peaje, se quedan atrapados en un atasco...

Escribí estas palabras hace más de sesenta años, cuando era un joven reportero en *The New York Times*. Al crecer en un pueblecito de la costa de Nueva Jersey a finales de los años cuarenta, mi sueño era poder trabajar algún día para un gran periódico. Ser redactor de noticias no era forzosamente lo que tenía en mente. Las noticias eran efímeras y ponían el acento en lo negativo. En buena medida se ocupaban de aquello que había ido mal el día anterior, antes que hacerlo en lo que había ido bien. Parafraseando a Bob Dylan, se alimentaban mucho de «noticias que no servían para nada». O se ejercía el «periodismo-te-pillé», en el que reporteros armados con grabadoras conseguían que figuras públicas se pusieran en ridículo al intentar responder preguntas capciosas.

En cualquier caso, las noticias siguen basándose a diario en las declaraciones o actividades de gente notable: políticos, banqueros, líderes empresariales, artistas, miembros del mundo del espectáculo y atletas. A los demás se los ignora, a menos que se hayan visto involucrados en un crimen o en un escándalo, o hayan sido víctimas de un accidente o de una muerte violenta. De haber vivido de acuerdo con la ley y sin sobresaltos, y haber muerto de causas naturales, los editores de obituarios no habrían encargado a un redactor que escribiera acerca de ellos. No habrían sido carne de noticia. En esencia, habrían sido unos donnadies. Cuando me incorporé a la plantilla de *The New*

York Times, a mediados de los años cincuenta, mi deseo era especializarme en escribir acerca de los donnadies.

Como lector siempre me había sentido atraído hacia los escritores de ficción, capaces de que la gente corriente pareciera extraordinaria. Los que creaban a un alguien memorable a partir de un donnadie. Entre los escritores que lo habían logrado estaba Herman Melville, cuyo excepcional relato sobre un donnadie se titula «Bartleby, el escribiente».

Aparecida en *Putnam's Magazine* en 1853, dos años después de la publicación de la novela *Moby Dick*, la historia tiene lugar en un despacho de abogados, pequeño y deprimente, ubicado en la segunda planta de un edificio de Wall Street. El narrador en primera persona es un veterano abogado que carece de nombre, pero que es descrito como un individuo apacible y carente de vanidad y de desaforadas ambiciones profesionales. En vez de lidiar con casos en los tribunales que le granjeen reconocimiento público, opta por llevar con templanza «un negocio desahogado, entre los bonos, hipotecas y escrituras de hombres ricos».

Puesto que en esta época los documentos legales se copiaban a mano, recurriendo a pluma y tinta, el abogado delega este cometido tan tedioso como arduo en un escribiente recién contratado que responde al nombre de Bartleby. Queda a discreción del lector si con él se refiere al nombre de pila o al primer apellido. En cualquier caso, Bartleby —«insípidamente pulcro, lastimosamente respetuoso, incurablemente triste»— deja una buena primera impresión al permanecer todo el día en silencio y aplicado en la tarea, cabeza gacha, pluma en ristre, garabateando fervorosamente desde su mesa rinconera, detrás de una pantalla alta y batiente de color verde, que el abogado ha colocado ahí con la idea de garantizar cierta privacidad tanto a sí mismo como al nuevo empleado.

La mesa del abogado está situada en el mismo lado de la habitación que la de Bartleby, mientras que dos escribientes veteranos y un chico de los recados —un joven voluntarioso, pese a ser apenas pubescente, que gana un dólar a la semana haciendo recados y barriendo un suelo carente de alfombra— se sientan en el lado opuesto. Bartleby jamás inicia una conversación con sus colegas escribientes ni con el abogado, pero una vez al día sí que intercambia unas pocas palabras con el recadero, por detrás de su pantalla. Acto seguido, el chaval abandona el despacho con una melodía de monedas tintineantes y se dirige a comprar un puñado de galletas de jengibre con nueces para Bartleby, de las que se queda un par. Bartleby parece alimentarse a base de galletas de jengibre con nueces. Nunca sale a almorzar. Cuando el abogado y los demás abandonan el despacho al final de la jornada, siempre dejan a Bartleby encorvado sobre su escritorio, trabajando a la luz de las velas.

Con el paso del tiempo, sin embargo, la alta estima que el abogado profesa por Bartleby sufre un cambio. Esto ocurre cuando, por primera vez, le solicita a Bartleby que lo ayude a repasar un documento legal. Hasta ese momento, Bartleby no ha hecho otra cosa que escribir en absoluta soledad tras su pantalla, sin unirse ni una sola vez a sus compañeros en la tarea de cotejar escritos para asegurarse de que los originales y los duplicados son idénticos, palabra por palabra. En los días de mucho ajetreo, incluso el abogado, junto con el avispado chico de los recados —que aspira a ejercer de abogado—, arrima el hombro.

Si bien Melville retrata al abogado como un hombre razonable, también deja claro que en ningún momento ha olvidado que él es el jefe —uno que «contaba de forma natural con la obediencia inmediata de sus subordinados»—, por lo que en esta ocasión en particular, después de haber llamado a Bartleby por su nombre y de haberle explicado lo que espera de él, le coge por sorpresa escuchar la suave voz de Bartleby llegándole desde detrás de la pantalla y que le dice: «Preferiría no hacerlo».

Asumiendo que Bartleby no lo ha entendido, el abogado conmina de nuevo a su asistente a que emerja de detrás de la pantalla, se traiga consigo su silla y se una a la labor de verificar el texto. Pero una vez más, con educación pero rotundidad, y sin moverse un centímetro de su sitio, Bartleby responde: «Preferiría no hacerlo».

Esta vez el abogado se levanta de un vuelo de su escritorio, deja atrás la pantalla a grandes zancadas y mirando desde arriba a Bartleby repite: «Preferiría no hacerlo». A continuación, añade: «¿A qué se refiere? ¿Ha perdido la cabeza? Quiero que me ayude a cotejar este documento. ¡Cójalo!».

«Preferiría no hacerlo», responde Bartleby, recurriendo de nuevo a un tono tan apacible y deferente que deja a su jefe sin palabras, perplejo y confuso.

> Lo miré con detenimiento. Su rostro era anguloso. Sus ojos grises transmitían una calma profunda. Ni el menor rastro de agitación alteraba su compostura. De haber detectado la más pequeña muestra de malestar, rabia, impaciencia o impertinencia en su actitud; en otras palabras, de haber reconocido cualquier señal ordinaria de humanidad, no me cabe duda de que lo habría echado del despacho de forma enérgica.

Los académicos y críticos que han estudiado «Bartleby, el escribiente», y ofrecido incontables seminarios a lo largo de los años dedicados a reflexionar sobre su significado, han concedido una gran relevancia al subtítulo que Melville le añadió: «Una historia de Wall Street». Se ha sugerido que el despacho del abogado, opresivo y al que apenas llega la luz del sol, refleja la sombría opinión que a Melville le merecía la comunidad financiera, al tiempo que Bartleby simboliza simultáneamente la oposición al capital, las víctimas de este y un ejemplo de «alienación marxista de cuello blanco». Entre el amplísimo abanico de comentarios se cuentan los siguientes: «Bartleby es como una rata de laboratorio atrapada en un laberinto sin salida», «Lucha negándose a luchar», «"Preferiría no hacerlo" deviene el mantra de los desposeídos y desplazados», «El relato está en manos de un narrador que, a imagen de la sociedad movida por el dinero a la que pertenece, irónicamente, vacía de energía la vida de Bartleby, al tiempo que verbaliza una piadosa preocupación por él», «Bartleby no muestra emoción alguna a lo largo de la historia».

Esta última apreciación no es del todo cierta. Hacia el final del relato, Bartleby es detenido y encarcelado tras negarse a abandonar el viejo edificio una vez ha sido despedido de su trabajo y el despacho de abogados se ha trasladado a otro sitio. El día en que el abogado lo visita en el patio de la prisión, se muestra insólitamente irritado.

Rechaza el saludo del abogado y declara: «Lo conozco y no tengo nada que decirle». El silencio se extiende entre ambos hasta que el letrado advierte la inutilidad de permanecer ahí. Antes de abandonar el lugar, sin embargo, lleva a cabo un gesto de buena voluntad: entrega dinero a un empleado de la cocina para garantizar que será bien alimentado. Sin embargo, esto también se demuestra fútil, pues Bartleby se declara en huelga de hambre y acaba muriendo de inanición en la cárcel.

El relato acaba con el afligido abogado mencionando que más adelante recibió un informe algo vago en el que constaba que Bartleby, antes de ser contratado como escribiente en su despacho, había estado empleado en la Oficina de Correo no Distribuido de Washington, un puesto que perdió con el cambio de administración. Aunque el abogado no es capaz de confirmar la veracidad del informe, se toma un momento para imaginar lo desmoralizante y deprimente que esta experiencia debió resultar para Bartleby, la tarea de «trasegar sin descanso esas misivas jamás entregadas y decidir cuáles acabarían arrojadas a las llamas».

Con todo, el abogado insiste en que no está seguro de que Bartleby estuviera ahí destinado, a lo que se suma el hecho de que, a lo largo del extenso relato, el lector no descubre nada acerca de la vida privada y de las motivaciones de Bartleby.

Capítulo dos

Durante la elaboración de mis piezas periodísticas y mi prolongada estancia en la ciudad de Nueva York, he conocido a mucha gente que, de un modo otro, me han recordado a Bartleby. Hablo de gente con la que puedo tratar regularmente, pero cuyas vidas privadas permanecen como tales. Quizá conozca sus nombres, o no los conozca, quizá nos limitemos a saludarnos con un simple gesto de la cabeza, lo que no quita que nuestros caminos se crucen sin descanso mientras ellos desempeñan sus tareas como porteros, cajeros de bancos, recepcionistas, camareros, carteros, mozos de mantenimiento, personal de la limpieza y trabajadores en una ferretería, lavandería, farmacia u otros lugares que empleen a personas que encajen con la definición de un donnadie que tendría un editor de obituarios.

Cuando *The New York Times* me contrató —empecé a los veintiún años como chico para todo, era el verano de 1953 y ganaba treinta y ocho dólares semanales—, lo primero que llamó mi atención cuando entré en la amplísima redacción de la tercera planta, ubicada en el interior del antiguo edificio de oficinas de estilo gótico de la calle Cuarenta y tres con Broadway, fueron las mesas en forma de herradura tras las que se sentaban los cuerpos inclinados de docenas de correctores. Casi todos eran hombres que lucían viseras de plástico verdoso y que, lápices en ristre, leían, corregían y revisaban las páginas mecanografiadas de los artículos que yacían frente a ellos y que iban a ser publicados al día siguiente.

Los lectores del diario y también la mayoría de los redactores con firma desconocían los nombres de los correctores. Igual que Bartleby, los correctores estaban físicamente próximos a sus compañeros de trabajo, al tiempo que mantenían las distancias desde un punto de vista social y emocional: apiñados durante horas en los bordes de las mesas curvas que se desplegaban en mitad de la redacción, sus movimientos reducidos al mínimo y sus conversaciones esporádicas, incluso entre ellos. Eran individuos reservados, pensativos y reflexivos, volcados por completo en leer y evaluar lo que merecía publicarse en la próxima edición y acabar preservado por toda la eternidad en los archivos del diario.

Después de revisarse la edición definitiva y ser aprobada por el jefe de corrección y un puñado de editores veteranos, el artículo se enviaba a la sala de maquetación del piso superior a través de un conducto de aire. Allí las palabras del reportero eran volcadas por los linotipistas en unos tipos de metal que seguidamente se colocaban sobre unas bandejas y eran manipulados por un equipo de impresores hasta encajar con precisión dentro de los márgenes de las páginas. Los nombres de estos últimos apenas los conocía nadie y sus voces raramente se hacían oír. Un número destacado de impresores de *The New York Times*, y de muchas otras publicaciones, estaban sordos como tapias.

Lo que en otras ocupaciones podría haberse visto como una desventaja, bien podría tornarse una ventaja si uno trabajaba cerca de las ruidosas entonaciones de la sala de maquetación, y todavía con más motivo si se estaba cerca de las gigantescas, ensordecedoras y velocísimas máquinas de impresión, ubicadas en el sótano y el subsótano de las catorce plantas que conformaban el edificio del diario. Aquí, una vez las máquinas comenzaban por la tarde a funcionar, el sonido era tan abrumador que solo unas pocas personas con plenas facultades auditivas eran capaces de soportarlo; además, las vibraciones resultaban tan intensas que llegaban al departamento publicitario de la segunda planta, a la redacción de la tercera planta e incluso a la sala de maquetación de la cuarta.

Una vez completado el trabajo nocturno, mientras miles de ejemplares impresos se repartían en fardos encintados y eran amontonados en furgonetas de reparto, algunos de los impresores cruzaban la calle y se dirigían al Gough's Chop House, en el 212 de la calle Cuarenta y tres Oeste, para tomarse una cerveza y un chupito de whisky. Los impresores se distinguían por llevar sombreritos fabricados con el papel del diario, manchados de tinta, en forma de caja y doblados por las cuatro esquinas. A pesar de que recurrían al lenguaje de signos para pedir sus bebidas, el barman del Gough's parecía entenderlos.

Si bien nunca tuve relación personal alguna con un impresor o un corrector, con frecuencia los podía observar de cerca cuando, fuera de las horas de trabajo, acudía al Gough's junto con otros chicos de los recados, donde las hamburguesas costaban treinta centavos y nuestros cheques semanales adoptaban la forma de dinero en mano. Los impresores solían concentrarse en la barra, mientras que los correctores preferían apostarse en uno de los reservados al final del local, sentándose cerca, pero sin socializar, con los reporteros que también podían encontrarse ahí dando cuenta de una cena tardía.

Este sentido de la distancia no era, en absoluto, una señal de falta de respeto entre ambos; más bien surgía del entendimiento, respaldado de forma tácita por las altas esferas. Evitar que los reporteros y los correctores tuvieran una relación estrecha probablemente jugaba a favor de los intereses del diario. Trabajaban para la misma cabecera, cierto, pero sus prioridades eran diferentes. Los reporteros recolectaban los hechos. Los correctores los comprobaban. Los reporteros eran seductores natos que procuraban convencer a sus fuentes externas de que se abrieran más a ellos, mientras que los correctores eran los guardianes del diario, los rectificadores, los garantes de sus estándares. Se habían formado para podar las historias, revisar la gramática, clarificar lo que no quedaba claro. Renunciar a trabar amistad con los redactores les facilitaba la labor de resistirse a las súplicas de aquellos deseosos de contar con más espacio para sus piezas o de restituir esa frase predilecta que el corrector había considerado demasiado adornada y, por ello, eliminado.

Los redactores no debían elevar sus reparos sobre la edición de sus textos directamente al corrector de turno, sino consultarlo con el editor, una opción arriesgada por cuanto este, incómodo con los conflictos, podía considerar al reportero un quejica y reducirle los encargos. En cualquier caso, el espacio delimitado por las mesas con forma de herradura era territorio vetado para los reporteros de aquel entonces. En tanto que chico de los recados, con frecuencia el corrector jefe, que ocupaba el hueco que quedaba dentro de la herradura —y que recibía el mote de «el hombre de la ranura»—, me asignaba tareas. Sin embargo, más adelante, durante mi década como reportero, me cuidé de acercarme a aquella zona y, en consecuencia, jamás traté estrechamente con los correctores.

Esto no impidió que siempre me despertaran curiosidad. Creía que poseían historias interesantes que contar y que llevaban vidas más ricas de lo que aparentaban. Una noche le estaba dando vueltas a esta idea cuando vi a un corrector abandonar la redacción tras la jornada laboral con una funda de violín bajo el brazo.

Capítulo tres

Por esta época conocí a uno de los electricistas de *The New York Times*. Una tarde, antes de acudir al trabajo, lo entrevisté para una pieza corta que más tarde deposité en el buzón del editor. Aquellas fueron las primeras palabras que publiqué en el diario, el 2 de noviembre de 1953. Aparecieron en el editorial, que por entonces no iba firmado, pero a la semana siguiente a mi cheque le habían añadido un extra de diez dólares.

El electricista sobre el que escribí era un caballero fornido, cordial, con gafas y de cincuenta largos que se llamaba James Torpey. El señor Torpey se encargaba del célebre rótulo electromecánico de noticias con letras móviles, ayudado en ocasiones por uno o dos asistentes. Este estaba iluminado por casi quince mil bombillas de veinte voltios y desplegaba los titulares de última hora en una tipografía dorada de metro y medio de altura, la cual discurría a lo largo de la cornisa del cuarto piso del edificio esbelto, en forma de cuña y de veinticinco plantas que conformaba la Times Tower. Este edificio ornamentado, cerca de la esquina de Broadway con la calle Cuarenta y dos —emplazamiento también del «descenso de la bola», el ritual festivo que marca el inicio del nuevo año—, fue construido en 1903 y ejerció de sede del diario hasta que se le quedó pequeño. Por ello, en 1913, se trasladaron a unas instalaciones mucho más espaciosas, ubicadas a menos de una manzana de distancia, en el 229 Oeste de la calle Cuarenta y tres.

De todos modos, la familia Sulzberger, propietaria del diario, era reacia a vender el edificio Tower, básicamente por motivos sentimentales. La primera piedra había sido colocada en 1904 por una colegiala de once años, que en la actualidad era la longeva matriarca del diario, Iphigene Ochs Sulzberger, hija única del propietario del periódico, Adolph S. Ochs, fallecido en 1935. El mando pasó de Ochs al marido de Iphigene, Arthur Hays Sulzberger. En el discurso que ofreció la pequeña Iphigene en 1904, dedicó el edificio Time Tower al «provecho de la raza humana». Por entonces era el segundo edificio más alto de Nueva York, superado únicamente por un rascacielos de veintinueve plantas en el número 15 de Park Row, cerca del ayuntamiento, en manos de un sindicato encabezado por un financiero y amante de los caballos llamado August Belmont, quien en 1905 inauguró el hipódromo de Belmont Park en Long Island.

El señor Belmont, que había hecho buenas migas con Adolph Ochs, alertó al dueño de *The New York Times* sobre los planes de construir una nueva estación de metro en la calle Cuarenta y dos. Esto sin duda pesó en la decisión de Ochs de desplazar en sentido norte la sede situada en el número 41 de Park Row, y optó por construir su edificio Tower dentro de lo que por entonces era Longacre Square, plaza cuyo nombre tenía raíces londinenses. Tres meses después de que Iphigene hubiera colocado la primera piedra, Longacre Square fue rebautizada como Times Square en honor a su nuevo vecino periodístico.

Cuando me incorporé al diario en 1953, ocho años antes de que los miembros más jóvenes y menos sentimentales de la familia Sulzberger vendieran el Tower a un ejecutivo publicitario y diseñador de rótulos llamado Douglas Leigh, los únicos empleados de *The New York Times* que seguían trabajando en el edificio se encontraban en el departamento de anuncios clasificados, situado en la planta baja, y los operarios del rótulo eléctrico, ubicados en la cuarta. El resto de los ocupantes de esta estructura angosta y extrañamente cuadrilátera era un número menguante de empresas comerciales en alquiler. Los escalones que conducían a la entrada principal del edificio desde la acera servían de punto de entrega para los conductores de las furgonetas de reparto que cada día descargaban ejemplares recién impresos del *New York Daily News*, *New York Mirror* y otros periódicos. Como parte de mi trabajo, cada noche me encargaba de recogerlos y entregarlos en la redacción de la calle Cuarenta y tres, donde varios editores se apresuraban a estudiarlos con la esperanza de no hallar ninguna noticia relevante que se le hubiera escapado a *The New York Times*.

En una ocasión, llegué al Tower mucho antes que las furgonetas de reparto, e impelido por la curiosidad me aventuré por las escaleras hasta la cuarta planta y me detuve frente a una puerta abierta que daba acceso a una habitación repleta de maquinaria y componentes, cuyas funciones y propósitos se me escapaban. De inmediato, captó mi atención un tipo fornido que, subido a una escalera de espaldas a mí, alargaba su mano derecha hacia el nivel superior de una amplia pared llena de cajones. En aquella estantería se alineaban hileras y más hileras de lamas delgadas de color marrón, fabricadas con baquelita, el primer plástico sintético que hubo, y cuya forma y tamaño recordaban a las de los libros de bolsillo. También en lo alto, pero alejada de los cajones, había una correa que avanzaba muy lentamente y disponía de dos cinturones movedizos de goma, los cuales cruzaban el techo casi por completo antes de descender hasta engancharse y rodar por los bordes de una cinta transportadora industrial de hierro fundido, de unos nueve metros de largo, que se levantaba a poco más de un metro de altura del suelo.

Me quedé un rato observando la escena, y una vez el hombre bajó de la escalera y se dio la vuelta, lo saludé con educación y le dije que era un chico de los recados al que le interesaba mucho su trabajo. Asintió de forma amigable y me dedicó una sonrisa, presentándose como James Torpey, jefe operativo del rótulo de las noticias. Tras una pausa, me tendió una de las lamas que acarreaba, señalándome que se trataba de una placa de contacto eléctrica, compuesta por una letra metalizada de catorce centímetros montada en baquelita. La habitación contenía varios cientos de placas semejantes, me dijo, y cada una de ellas llevaba impresa una letra del alfabeto. En la placa de contacto que me dio aparecía la letra C.

El señor Torpey siguió contándome que, cuando le llegaba un titular por teletipo desde la redacción de la calle Cuarenta y tres, su cometido era desplegarlo lo antes posible, letra a letra, y luego palabra por palabra, utilizando las placas de contacto de un modo similar a como lo hacía un tipógrafo con sus tipos manuales. Una vez que las palabras en las placas que formaban el titular estaban en orden, se fijaban a un marco de metal largo y estrecho, que luego era colocado en un extremo de una cinta transportadora bien larga. Al activarse esta, se desplazaba hacia delante hasta entrar en contacto con unos cepillos eléctricos que estimulaban los miles de bombillas que tachonaban el rótulo de noticias del exterior, desplegando de forma inmediata y en letras centelleantes las palabras de metro y medio que conformaban el titular.

El señor Torpey me contó que el rótulo, de ciento quince metros de longitud, que se extendía por los cuatro costados del edificio y por el que giraban los titulares de derecha a izquierda, podía ser leído por la mayoría de los peatones a varias calles de distancia. Añadió que los dueños del periódico y él coincidieron en la inauguración del rótulo, el 6 de noviembre de 1928, y que el primer titular anunciaba la victoria de Herbert Hoover sobre Al Smith en las elecciones presidenciales.

Entre las «exclusivas» de Torpey estuvo el descubrimiento y muerte del hijo desaparecido del aviador Charles Lindbergh y Anne Morrow Lindbergh, en 1932. El niño había sido secuestrado de la cuna en la casa que sus padres tenían en Hopewell, Nueva Jersey. Más adelante, Torpey también fue el primero en anunciar que un jurado de Nueva York había declarado a Bruno Richard Hauptmann culpable del secuestro y asesinato del bebé, lo que desembocaría en su ejecución en 1936. El titular más gratificante que James Torpey había reproducido fue desplegado la tarde del 14 de agosto de 1945, tras la rendición japonesa y el fin de la Segunda Guerra Mundial.

Pese a mis limitados conocimientos periodísticos, supe de inmediato que la historia de Torpey era de las buenas y que encajaba con mis intereses. Ahí tenía a un personaje de la estirpe de Bartleby, un escribiente discreto que pasaba desapercibido para la mayoría, reproduciendo palabras que irradiaban luz. Ahí, en el distrito de los museos, existía una suerte de coreógrafo que dirigía un elenco de palabras que brillaban y resplandecían. Y aún más importante, ahí estaba mi oportunidad de llamar la atención sobre un fabricante de titulares cuyo nombre jamás había aparecido impreso.

Sigue un fragmento de lo que se reprodujo en el editorial de *The New York Times*, el 2 de noviembre de 1953:

El rótulo eléctrico con noticias de Times Square cumplirá veinticinco años esta semana. Operativo desde el 6 de noviembre de 1928, coincidiendo con la noche electoral de Hoover y Smith, el rótulo no ha dejado de ser una de las sensaciones de Broadway, con sus letras doradas de metro y medio de altura girando alrededor de la Tower de *The New York Times* [...] desde el ocaso hasta la medianoche [...], con apenas tres interrupciones, todas ellas fruto de normativas restrictivas con el alumbrado público en tiempos de guerra.

Y en el marco de esta efeméride del rótulo eléctrico es de justicia reconocer la labor de James J. Torpey, un afable caballero que, en calidad de electricista jefe, ha sido el responsable de iluminar las noticias desde el primer día [...]

En los últimos veinticinco años, sus servicios en la Tower con frecuencia han excedido sus responsabilidades. Por ejemplo, el Día de la Victoria, en 1945, el señor Torpey permaneció veintitrés horas y media en su puesto de forma ininterrumpida, a la espera de recibir luz verde desde el departamento de noticias de *The New York Times* para comunicar a la multitud que abarrotaba la plaza aquello que tanto había esperado: el anuncio oficial del final de la guerra.

Capítulo cuatro

Otro tipo discreto con el que trabé amistad durante mis rondas como chico de los recados fue Isaac Newton Falk, un archivero diminuto de sesenta años que trabajaba en el archivo situado al final del pasillo que partía de la redacción y al que todos llamaban «la morgue».

El espacio estaba dominado por múltiples hileras de altos armarios de acero, llenos de cajas de cartón que contenían decenas de millones de recortes de diarios, algunos de los cuales, amarillentos y quebradizos, se remontaban a principios del siglo xx e incluso más atrás. También se almacenaban en la morgue obituarios elaborados con antelación, a la espera de que falleciera la personalidad correspondiente y que habían sido escritos por reporteros que ya habían pasado a mejor vida. Al entrar en la morgue con frecuencia pensaba en la referencia de Bartleby a la Oficina de Correo no Distribuido.

La primera vez que me enviaron al archivo fue para recabar información de fondo sobre el metro de la ciudad a instancias del editor de la sección de transportes y fue Isaac Newton Falk quien me atendió. Solo su cabeza y sus hombros eran visibles al tenderme el material desde detrás del mostrador. Medía menos de metro y medio. Tenía unas cejas pobladas y sus gafas de montura metálica estaban espolvoreadas de caspa. Su cabello, gris y alborotado, asomaba por encima, por debajo y a través de la visera verdosa que lucía. Aparentaba ser tímido y un poco raro; pero a medida que lo fui conociendo me impresionaron su disposición, eficiencia e inteligencia.

Un día, durante una pausa para el café, me contó que de niño su madre, una devota de la música clásica, lo llevaba con frecuencia a conciertos y a la ópera, costumbre que le había provisto de unos amplísimos conocimientos acerca de los grandes compositores y su música. En consecuencia, cuando en la centralita del diario se recibía una llamada del exterior solicitando información —llamadas que, por defecto, se redirigían a la morgue—, Falk era la persona que se encargaba de las consultas relativas a la música clásica. Al principio, algunos compañeros de la morgue desconfiaban del rigor de las respuestas que brindaba espontáneamente. Sin embargo, después de consultarlo con el principal crítico musical del diario, resultó que Falk era prácticamente infalible.

Empezó a trabajar en la morgue en 1924, beneficiándose sin duda del hecho de que su abuelo materno, Michael B. Abrahams, había ejercido de ayudante del editor de la sección de temas locales de *The New York Times*. Cuando Falk no estaba trabajando detrás del mostrador de la morgue, se sentaba al fondo del departamento, junto a otros compañeros, para sumarse a la labor de recortar con tijeras los artículos de los periódicos desplegados ante ellos. Casi cuarenta ejemplares de *The New York Times* —y más de la mitad de esta cifra correspondiente a otras publicaciones— se apartaban cada día a tal efecto. Después de que cada artículo hubiese sido recortado, se pulían los márgenes hasta quedar perfectos y se etiquetaba, bien por nombre, bien por tema. A continuación, se doblaba e introducía en una delgada carpeta de cartón de dieciocho por trece centímetros con un cordel para cerrarla, que a su vez era ordenada alfabéticamente y depositada en uno de los cajones rodantes de los armarios de acero.

Además de sus conocimientos sobre música, Falk profesaba un gran interés por el béisbol, sobre todo en lo que concernía a su equipo favorito, los New York Giants, hasta que le rompió el corazón al trasladarse a San Francisco en 1957. El estadio de los Giants, Polo Grounds, se levantaba en el Upper Manhattan, y cuando libraba del trabajo ahí es donde solía estar durante la temporada, siguiendo un partido ataviado con la parafernalia de costumbre: un silbato simulador de pedos y dos cencerros.

Si un jugador de los Giants era eliminado o cometía un error, Falk soplaba el silbato. Si un jugador de los Giants golpeaba la pelota, Falk hacía sonar el cencerro pequeño. Cuando un jugador de los Giants conseguía un *home run*, Falk no solo hacía sonar el cencerro grande, sino que a veces lo arrojaba al aire y dejaba que cayera al suelo con estrépito en el pasillo que quedaba junto a su asiento. Esto con frecuencia molestaba a los asistentes y a los fans de su alrededor, pero Frank nunca fue expulsado porque disponía de un pase especial otorgado por Ford Frick, presidente de la National League.

A principios de 1936, mientras leía la sección de deportes del periódico durante su pausa para el almuerzo en la morgue, advirtió un error en el calendario de la siguiente temporada de béisbol. Los Giants y los New York Yankees iban a jugar en casa el 20 de agosto de aquel año. Dado que ambos clubes de la ciudad jamás jugaban un partido local en el mismo día, Falk llamó de inmediato a la redacción de deportes de *The New York Times* y de otros diarios para alertarlos del error. La respuesta por defecto fue hacer caso omiso, asegurándole que había leído mal el calendario o que debía tratarse de un error tipográfico. La única persona que se tomó la molestia de atenderlo con calma fue un escritor de deportes que era sordo. De nombre John Drebinger, cubría la información de los Yankees para *The New York Times* y fue quien en última instancia contactó con los responsables del calendario de la Majors League para que enmendaran su error. Una de las consecuencias fue la expedición de un pase para «Isaac Newton +1» que permitía asistir gratuitamente a todos los partidos de la National League, privilegio que le fue renovado durante el resto de su vida.

Quise dedicarle un artículo a Frank en el que lo describiría como una figura a un tiempo interesante y contradictoria: tan pronto un hombre tranquilo que recortaba artículos en la morgue como un fanático desmadrado que lanzaba al aire cencerros. Confiaba en que la pieza apareciese en *Times Talk*, el órgano interno del diario, doce páginas impecables que se publicaban con carácter mensual para los cinco mil empleados que trabajaban en el edificio y que también se enviaban por correo a varios cientos de jubilados, corresponsales en el extranjero, suscriptores prémium y departamentos universitarios de periodismo.

Después de escribir una sinopsis del artículo de una página, se la entregué a la recepcionista del *Times Talk*, en la decimosegunda planta. Recibir una nota de rechazo al cabo de unos pocos días me desmoralizó. En ella se consideraba a Falk un tipo demasiado excéntrico para los estándares del *Times Talk*.

Una semana más tarde, sin embargo, mis ánimos reflotaron al recibir una nota del editor de la sección de viajes, de la octava planta, mostrando su interés por otra de mis ideas: una pieza sobre el hombre que se ganaba la vida empujando por la pasarela de Atlantic City a pasajeros montados en unos carritos de tres ruedas revestidos de juncos. Atlantic City estaba a punto de celebrar su centenario —se había incorporado al condado de Atlantic en 1854— y el negocio de las «cestas rodantes» arrancó unos treinta años después.

Al haber crecido en Ocean City, a unos dieciséis kilómetros de Atlantic City, estaba familiarizado con las sillas rodantes, y uno de mis regalos de cumpleaños había incluido un viaje en una de ellas. Su coste era de un dólar por hora para una o dos personas, y cincuenta céntimos extra si eran tres. El locuaz hombre negro que empujaba con vigor mi silla me contó que yo era su décimo cliente aquel día. Recorría una media de entre cuarenta y cincuenta kilómetros diarios, pero aseguraba que jamás se cansaba. El negocio contaba con unos cuatro mil empleados y un número similar de sillas. Su fundador había sido Harry D. Shill, un individuo de Filadelfia con alguna discapacidad parcial que, en los años ochenta del siglo XIX, había añadido sillas de ruedas para las numerosas personas convalecientes que pasaban sus vacaciones en Atlantic City al negocio original de alquiler de carritos de bebé. Una vez el servicio se amplió al público en general, uno de sus clientes más conocidos fue Charles Curtis, vicepresidente bajo el mandato de Herbert Hoover, quien recurría a él durante sus visitas de fin de semana desde Washington.

El artículo que escribí apareció en la sección de viajes de *The Sunday Times* el 21 de febrero de 1954. Se ilustró con una foto de una pareja que era empujada en una silla cerca de uno de los mejores hoteles de la pasarela, el Marlborough-Blenheim, de diseño clásico. El titular rezaba: «Las famosas sillas rodantes junto al Océano». La primera pieza que llevaba mi firma arrancaba así:

> Una parte considerable de los 10.000.000 de visitantes que acuden aquí cada año consideran que sus vacaciones no están completas hasta no haberse subido a uno de los enormes cochecitos de tres ruedas que junto con los *saltwater taffy** y las subastas públicas representan la buena vida en este popular banco de arena que estos días celebra su centenario [...]

* Caramelos blandos, similares a los tofe, normalmente con sabor a frutas y de vivos colores. *(N. del T.).*

31

Capítulo cinco

Unos meses más tarde, durante mis últimas semanas como chico de los recados, tuve una idea para una historia que fue aceptada por *The New York Times Magazine*, que se publicaba los domingos. Les propuse escribir sobre una actriz de cine mudo llamada Nita Naldi, que, durante los años veinte, había sido una de las *partenaires* más destacadas del ídolo cinematográfico Rodolfo Valentino. Antes de eso, con experiencia previa como modelo artística, actriz de vodevil y chica del coro, había tenido un papel exótico en la película *Dr. Jekyll y Mr. Hyde*, producida por la Paramount en la década de los veinte. John Barrymore encabezaba el reparto y había sido quien había descubierto a Naldi tras verla bailar.

Sin embargo, en 1954, transcurridas varias décadas desde que Nita Naldi se retirara del negocio del cine tras hacer carrera como mujer fatal, se anunció el estreno en Broadway de *The Vamp*, un musical inspirado en su trayectoria con Carol Channing al frente. Me enteré de ello leyendo la columna teatral de un tabloide mientras me dirigía en metro al trabajo. En ella se mencionaba que Nita Naldi vivía como una reclusa en un pequeño hotel de Broadway, cuyo nombre no se mencionaba.

Por entonces, Nueva York contaba con cerca de trescientos hoteles en la zona de Broadway. Me pasé horas mirando las páginas amarillas de *The New York Times* cuando disponía de ratos libres en la redacción, apuntaba los números y luego llamaba desde uno de los teléfonos de la parte del fondo, que los chicos de los recados estaban autorizados a utilizar. Llamé a unos ochenta hoteles durante un periodo de cuatro días, pidiendo que me pusieran en contacto con la habitación de Nita Naldi, usando un tono firme que confiaba que transmitiera la impresión de estar convencido de que se alojaba ahí.

Pero nadie sabía por quién preguntaba. Luego llamé al hotel Wentworth, en el 57 Oeste de la calle Cuarenta y seis y, para mi asombro, la voz áspera del recepcionista me dijo: «Sí, está aquí, ¿quién la llama?». Colgué. No quería hablar con ella por teléfono. No solo era demasiado tarde, sino que un reportero veterano de *The New York Times* ya me había advertido: «Joven, jamás entrevistes a nadie por teléfono si puedes evitarlo».

Me explicó que el teléfono era un instrumento inadecuado para entrevistar a las personas porque, entre otras cosas, uno aprendía mucho observando el rostro y las maneras de un individuo, por no hablar del ambiente que lo rodeaba. También acabé dándole la razón sobre el hecho de que la gente estaba más dispuesta a contar cosas de sí misma si la abordabas en persona, y cuanto más convincente resultabas a la hora de transmitir tu interés genuino, más aumentaban las probabilidades de que cooperara.

A la tarde siguiente, dos horas antes de entrar a trabajar, crucé el vestíbulo del Wentworth hasta el teléfono que había en una esquina y le pedí con firmeza a la operadora que me pusiera directamente con la señora Naldi. De este modo evitaba la ayuda y quizá las preguntas no deseadas de los empleados de la recepción. También me pareció que recurrir al teléfono público del hotel sería menos invasivo, más directo y probablemente más eficaz que llamar desde el exterior; después de todo, la estaba llamando desde el lugar en el que se alojaba. Ya me encontraba ahí, manifiestamente presente.

—Buenas tardes, señora Naldi —empecé diciendo—, soy un joven asistente en *The New York Times*. Ahora mismo me encuentro en el vestíbulo de su hotel y me gustaría hablar con usted unos minutos acerca de la posibilidad de escribir un artículo sobre su persona.

—¡¿Que está en el vestíbulo?! —me dijo en un tono dramático y que sugería cierta alarma—. ¿Cómo ha sabido dónde vivo?

—He llamado a todos los hoteles de Broadway que he podido.

—Le habrá costado un dineral —me dijo con un tono más calmado—. De todos modos, no dispongo de mucho tiempo.

—¿Me permitiría subir a presentarme, señora Naldi?

Hizo una pausa antes de contestarme.

—De acuerdo, deme cinco minutos antes de subir. ¡Tengo esto hecho una leonera!

De inmediato cogí el ascensor hasta la quinta planta, donde esperé en el pasillo algo más de cinco minutos antes de llamar a la puerta. Al abrirla, me miró fijamente y permaneció en silencio durante unos instantes. A continuación, después de que me hubiese presentado, me dedicó una amplia sonrisa y me hizo un gesto con la mano para que entrara. Era bastante alta y despampanante; su aspecto probablemente recordaba al que había lucido en alguna de las escenas rodadas con Valentino treinta años atrás. Sus cejas eran oscuras y arqueadas, y llevaba unos pendientes grandes, una bata negra y su pelo era de un tono tan azabache que invitaba a pensar que se lo teñía con frecuencia. Tan pronto comenzó a hablar, sus gestos se revelaron exagerados, como debieron serlo en los tiempos del cine mudo.

Compartía su pequeña suite con cuatro loros y el salón bien podría haberse tratado de un decorado para una película ambientada en el cambio de siglo: tapices en las paredes, molduras de corona y muebles art déco, aunque todo bastante desgastado y rasgado. Los loros, que no hablaban, estaban por parejas en dos jaulas, y presidiendo la estancia desde el centro del techo había una lámpara de araña pequeña y llena de polvo.

Empecé la entrevista con preguntas sobre sus comienzos, su salto de ser una bailarina de la compañía Ziegfeld Follies, en 1919, a su papel coprotagonista en *Sangre y arena* con Valentino, en 1922. No mostró reparos en hablar de los baches de su carrera, admitiendo que su última película con Valentino, *Cobra*, de 1925, había sido un fracaso, igual que lo fue la que rodó un año después, *El águila de la montaña*, la segunda incursión de Alfred Hitchcock detrás de la cámara. Añadió que un puñado de malas inversiones, todas achacables a ella, y el hecho de que dejara de recibir buenos papeles la condujeron a la bancarrota en 1932.

Más adelante apareció de forma ocasional en series de televisión y en papeles secundarios en obras y musicales de Broadway, pero sus problemas financieros persistieron. Me reconoció que necesitaba la ayuda del Fondo para Actores a fin de costearse aquella habitación en el Wentworth.

Aunque estaba agradecida a los productores de *The Vamp*, que en 1954 la habían contratado para ayudar a Carol Channing a preparar su papel, me dijo que ella habría sido una elección mucho mejor. A fin de cuentas, me explicó, se trataba de su vida, a lo que se sumaba que tenía una voz potente y rica, así como muchas tablas en lo que a musicales se refería. A continuación me pidió que no la citara diciendo esto. Y no lo hice.

Una semana después, el editor de artículos me llamó para anunciarme que pensaba publicar la pieza. Su decisión marcó uno de los días más felices de mi vida. Sin embargo —prosiguió—, la publicación debía coincidir con el estreno de *The Vamp*, y puesto que el musical se encontraba en la fase inicial de producción, todavía no había fecha para su estreno y bien podría demorarse mucho.

Ocurriese cuando ocurriese, yo sabía sin duda alguna que no me cogería en Nueva York. A finales de junio, estaba llamado a empezar una estancia de dos años en el ejército, con una primera parada en el cuartel de Fort Knox, Kentucky.

Cuando le conté esto al editor, me dijo que no me preocupara: cuando el musical anunciara su fecha de estreno, él se encargaría de insertar esta información en mi pieza y de hacerme llegar una edición avanzada del periódico a mi unidad. La historia finalmente se publicó en la revista dominical de *The New York Times* el 16 de octubre de 1955.

Así arrancaba:

> Con el objetivo de que Carol Channing fuese una vampiresa intachable, así como encantadora y agradablemente maléfica en su papel como estrella del musical dedicado a la era del cine mudo, cuyo estreno en Broadway tendrá lugar el 10 de noviembre y llevará por título, de forma nada sorprendente, *The Vamp*, se ha contado con una suerte de consejera, ayudante de campo, crítica y entrenadora en la figura de la antaño sirena exótica Nita Naldi. En lo tocante a papeles de vampiresa, no existe instructora más cualificada que la señora Naldi. En sus días de gloria, durante los años veinte, Nita Naldi era el símbolo de todo cuanto rezumaba pasión y maldad desde la pantalla silente.

Y acababa:

> Todavía muy tenebrosa y exuberante, la señora Naldi sigue siendo reconocida con sorprendente frecuencia en el curso de sus viajes.
> «Me parece que las mujeres ya no me odian», dice con satisfacción. Frecuentemente la paran por la calle para preguntarle: «¿Como era de verdad besar a Valentino?». Los jóvenes le comentan: «Ah, señora Naldi, ¡mi padre me ha contado taaantas cosas sobre usted!», a lo que la actriz consigue reaccionar con gentileza. No hace mucho tiempo, un hombre se le acercó en la esquina de la calle Cuarenta y seis con Broadway y exclamó asombrado: «¡Usted es Nita Naldi, la vampiresa!».

Fue como si hubiera retrasado las manecillas del reloj, devolviendo a la señora Naldi al mundo que habitó treinta años atrás. Ansiosa de vivir en el presente, la actriz le contestó en un tono en el que se mezclaban el resentimiento y la resignación: «Sí, ¿le importa?».

Capítulo seis

Hacía mucho tiempo que sabía que Estados Unidos almacenaba enormes cantidades de oro en una cámara acorazada en Fort Knox, pero no fue hasta que completé mi formación militar cuando descubrí que Fort Knox también servía de base para varios millares de tropas a las que se instruía en el uso de tanques. En un lugar privilegiado de la base, a unos cincuenta kilómetros al sur de Louisville, se levantaba el General George Patton Museum, dedicado a la memoria del general más célebre al frente de una división de carros de combate durante la Segunda Guerra Mundial. Poco después de mi llegada a la base, se anunció que el nuevo director de Fort Knox iba a ser el coronel Creighton W. Abrams, recién llegado de la guerra de Corea y que había servido con honores bajo el mando de Patton en Europa, antes y después de la batalla de las Ardenas.

Como estudiante de Periodismo en la Universidad de Alabama —había ingresado en ella en 1949 siguiendo los consejos de nuestro médico de familia en Ocean City, Nueva Jersey, que era originario de Birmingham—, invertí parte de mi tiempo extracurricular en el Cuerpo de Entrenamiento de Oficiales de Reserva, un programa universitario ofrecido a estudiantes de todo el país por el cual se entraba en el ejército directamente como oficial. En mi caso, al ser asignado a Fort Knox, entraría como alférez en una unidad de tanques. Sin embargo, primero debía superar una formación de dieciséis semanas en la academia militar, que implicaba desafíos como aprender a conducir un tanque colina arriba y colina abajo, cambiar las ruedas de oruga de un tanque, cargar y disparar un cañón desde la torreta..., a lo que se sumaba intentar dormir algo por las noches, mientras hacía vivac con otros tres hombres dentro de un tanque. Esto último era lo más complicado con diferencia.

En noviembre, tras unos cinco meses de formación en materia de tanques, fui enviado al cuartel general para asistir al oficial al cargo de las comunicaciones públicas en la redacción de historias sobre las actividades de Fort Knox, que se publicaban en el periódico de la base —*Inside the Turret*— y también para preparar comunicados de prensa que luego podrían reproducirse en publicaciones de todo el estado, especialmente en el *Courier-Journal*, prominente diario de la cercana Louisville.

Eran miles las tropas que pasaban el fin de semana en Louisville, contribuyendo enormemente a la economía de la ciudad, lo que significaba que disponía de una audiencia receptiva a muchas de mis ideas entre los editores del *Courier-Journal* y el *Louisville Times*, un periódico vespertino. El editor de la página de sociedad del *Courier-Journal* publicó mi pieza sobre los numerosos estudiantes trotamundos y plurilingües que asistían a la escuela primaria de Fort Knox. En otra ocasión, la revista dominical del *Courier-Journal* sacó mi entrevista con un teniente nacido en Bangkok que había sido mi compañero de estudios en la academia militar.

A aquello le siguió otra pieza para la revista del *Courier-Journal* consagrada a un paracaidista de veinte años destinado a Fort Knox, el soldado Stanley A. Melczak, quien, seis meses atrás, durante una misión de entrenamiento en Alaska, había saltado desde un avión C-119 que volaba a trescientos metros de altitud y vivido para contármelo, pese a que ninguno de sus dos paracaídas se abrió.

El afortunado soldado Melczak había sobrevivido al haber caído sobre un banco de nieve de doce metros de altura. Ocurrió el 29 de enero de 1955. Él y en torno a treinta tropas de la 11.ª División Aerotransportada se encontraban allí para ganar experiencia bajo condiciones climáticas adversas. Sin embargo, una vez que todos hubieron saltado, solo los paracaídas de Melczak se resistieron a abrirse, por lo que bajó por las malas.

Después de recibir el alta hospitalaria y ser enviado a servir de forma temporal en Fort Knox, me contó que había aterrizado con los pies por delante y con las caderas y rodillas flexionadas en un ángulo de noventa grados. De algún modo su cuerpo absorbió el impacto. «Los médicos y los capellanes fueron los primeros en responder. Cortaron mi equipo, me colocaron sobre una camilla, me pusieron unas inyecciones y en nada me vi metido en un helicóptero rumbo a un hospital militar. Sentía que me había roto los brazos y la espalda. Solo me fracturé tres vértebras».

Tras aparecer en el *Courier-Journal*, mi historia sobre Melczak —«El hombre más afortunado del mundo»— fue recogida por el sindicato de medios afiliados a la agencia de noticias Associated Press y reimpresa en docenas de periódicos a lo largo y ancho del país, y también en el extranjero. Dado que yo estaba a sueldo del ejército, no recibí retribución alguna por este ni por ninguno de mis artículos periodísticos. Sí que en ellos aparecía mi firma, que solía identificarme como alférez y asistente en la oficina de comunicaciones públicas de Fort Knox.

Mi jefe, el oficial de Comunicaciones Públicas, era un teniente coronel veterano y originario de Texas, fumador y con debilidad por el bourbon de Kentucky, que tras décadas de servicio no veía el momento de poder jubilarse al año siguiente. Atento a la menor oportunidad de hacer su trabajo menos exigente y estresante, solía pasarme responsabilidades que le correspondían a él, como acompañar al director, el coronel Creighton Abrams, a actos sociales y discursos.

Abrams, que pronto sería ascendido a brigada general, era un fumador compulsivo de cigarrillos y a veces me ofrecía uno cuando iba sentado junto a él en un coche oficial. Aquellos eran unos tiempos de dicha insalubre. Incluso estaba permitido fumar en vuelos comerciales y es probable que el amor que Abrams profesaba por el tabaco contribuyera a su muerte temprana. Falleció a los cincuenta y nueve años, en 1974, como general de cuatro estrellas en el Pentágono y jefe del Estado Mayor del Ejército de Estados Unidos. Lo habían operado en el hospital militar Walter Reed para intentar extraerle un pulmón cancerado. Unos años después de su muerte, el ejército bautizó su nuevo carro de combate con el nombre de M1 Abrams.

Me desvinculé del ejército a finales de junio de 1956. Cuatro meses antes, acompañé a la 3.ª División de Infantería desde Fort Knox a Frankfurt, Alemania, para escribir historias que destacaran la llegada de miles de tropas para ganar la Guerra Fría. Pero nada de lo que vi en Alemania me convenció de no formar parte de un ejército en tiempos de paz. De acuerdo, muchos edificios de gran tamaño seguían en ruinas al haber sido bombardeados hacía más de una década, pero fuera de esto la economía daba muestras de florecimiento, gracias sin duda a la abundancia de dólares que salían de los bolsillos de los soldados americanos. No me parecía que hubiera diferencias reseñables entre estar en Frankfurt o en Louisville, excepto que aquí los americanos salían a diario a comprarse cámaras Leica, a ampliar sus conocimientos sobre las jarras de cerveza bávaras y a recibir guiños de prostitutas mientras avanzaban lentamente por las calles al volante de Mercedes-Benz descapotables.

Una mañana me dirigí a Butzbach, que se encontraba a unos treinta kilómetros al norte de Frankfurt, para entrevistar a un joven oficial de la 3.ª División de Infantería. Natural de Marietta, Ohio, acababa de ponerse al frente de un castillo del siglo XVII con la intención de acondicionarlo a toda prisa para la llegada de unas pocas docenas de tropas de su unidad. El terreno en el que se levantaba formaba parte de ocho bastiones en la Alemania occidental que supervisaba la 3.ª División de Infantería y el castillo iba a servir de alojamiento para los soldados, aparcamiento para los jeeps —en un espacio que antaño fuera el establo de un caballero— y cantina.

La pieza que escribí sobe el teniente al mando del castillo se publicó a mediados de abril en el *Courier-Journal* de Louisville. De haberme quedado dos años más en el ejército, habría tenido una historia mucho mejor que contar: una protagonizada por un soldado recién reclutado por la 3.ª División de Infantería llamado Elvis Presley.

Capítulo siete

Cuando regresé a *The New York Times*, a mediados del verano de 1956, fui ascendido de chico de los recados a reportero en la sección de deportes. Aunque hubiera preferido entrar en las noticias generalistas, el único puesto libre en aquellos momentos era en deportes, por lo que acepté de inmediato, aun sabiendo que quizá me estigmatizara como miembro del «departamento de juguetes» del periódico.

Este descalificativo al periodismo de deportes procedía de Jimmy Cannon, un columnista deportivo del *New York Post*, pero se guardaba de recordar que muchos autores ilustres empezaron sus carreras escribiendo sobre este tema. No solo eso, mientras fui colaborador del semanal de mi lugar de origen, el *Ocean City Sentinel-Ledger*, durante mis años de instituto, y luego corresponsal del campus de la Universidad de Alabama para su diario *Birmingham Post-Herald*, siempre me había sentido influenciado e inspirado por el trabajo de escritores literarios que abordaban actividades deportivas.

Ahí estaban Ernest Hemingway con el boxeo y la pesca, John O'Hara con el esotérico juego del *court tennis* y también el relato «The Eight-Yard Run» de Irwin Shaw, sobre un *halfback* universitario del Medio Oeste cuyo momento de gloria en la vida tiene lugar durante un entrenamiento en el que consigue eludir a todos los *tacklers* y alcanzar la *end zone* sin que nadie lo toque. Tristemente, nada de lo que le llegará después podrá compararse a ese instante mágico sobre el terreno de juego, y en la escena que sigue, en el exterior del estadio, su ricachona novia lo está esperando en su descapotable, con la capota bajada.

—¿Hoy has estado bien? —le preguntó ella.

—Muy bien —le respondió. Se subió al coche, se hundió placenteramente en el suave tapizado de cuero y estiró las piernas cuanto quiso. Sonrió pensando en las ochenta yardas—. Jodidamente bien.

También estaba el relato «Sueños de invierno» de Francis Scott Fitzgerald sobre un caddie consciente de su bajo estatus que carga bolsas de golf por un club de Minnesota, cuyos miembros golpean pelotas rojinegras porque son más fáciles de distinguir que las blancas cuando acaban en calles y zonas de hierba alta cubiertas de nieve. Un día el caddie ve a una chica preciosa en el campo de golf con la que más adelante trabará amistad y que finalmente le romperá el corazón. El relato es un preludio a *El gran Gatsby*.

Cuando yo empecé a escribir piezas periodísticas para *The New York Times* sobre caddies, jugadores de fútbol americano y otros atletas, intenté emular las técnicas narrativas de Fitzgerald, Irwin Shaw y el resto de mis autores favoritos, así como su atención a los detalles, como los que Carson McCullers apuntaba en su relato «El jockey»: «Si se come una chuleta de cordero, al cabo de una hora puedes distinguir la forma que adquiere en su estómago».

Al principio dudé que fuera posible llegar a distinguir la forma de una chuleta de cordero en el estómago de un jockey, hasta el día en que el editor de deportes del periódico me envió a entrevistar a un exjockey llamado Harry Roble, en su día el más laureado de Estados Unidos, ocasión que aproveché para mencionarle el relato de McCullers.

Roble no había pensado en ello, pero, después de citarle la frase sobre la chuleta de cordero, asintió. «Sí, es posible», me dijo. Y añadió: «Jamás me gustaron las chuletas de cordero, pero a veces, después de una carrera, me comía a hurtadillas un bistec y luego podía notar el maldito bistec apretándome la piel. Por aquel entonces, cuando luchaba por mantenerme en cuarenta y cuatro kilos, un simple bol de sopa me hacía ganar novecientos gramos».

En el momento de escribir sobre Roble para *The New York Times*, mi entradilla, un homenaje personal en memoria de Carson McCullers, arrancaba así:

> Harry Roble era uno de esos jockeys que engordaban novecientos gramos después de cada bol de sopa, y en el caso de comerse un bistec, a veces uno podía distinguir su tosca silueta alojada en su estómago.

Durante mis años en la sección de deportes, desde mediados de 1956 hasta principios de 1959, tuve numerosas ocasiones de atender mis intereses y escribir acerca de figuras marginales en los escenarios de las grandes ligas: gente en los laterales de los estadios, individuos que forman parte del juego pero de los que raramente se escribe, como es el caso de los árbitros de boxeo, los jardineros de los campos de béisbol o los recogepelotas adolescentes en los torneos de tenis, y también proveedores de servicios como el doctor Walter H. Jacobs, un dentista especializado en protectores bucales; Mike Gillian, «el Capezio de los fabricantes de herraduras», y Hal Ott, confeccionador de peluquines, perillas y bigotes para el boxeador de los pesos pesados Floyd Patterson, quien después de una derrota vergonzosa abandonaba los recintos disfrazado. Y también estaba George Bannon, un abuelo y hombre-reloj de setenta y ocho años, responsable de hacer sonar la campana entre asaltos en el Madison Square Garden. Cuando entrevisté a Bannon, me dijo que había asistido a siete mil combates y tocado la campana más de cien mil veces. Antes de convertirse en el Bartleby de las campanas, se había ganado la vida afinando pianos en el Bronx.

Cuando no trabajaba para la sección de deportes, me dedicaba a presentar ideas para artículos poco convencionales a otras secciones. Al editor de teatro le escribí una pieza sobre un técnico de iluminación en Broadway. Después de que los rusos pusieran en órbita a la perra Laika en 1957, escribí un artículo para el editor de noticias nacionales sobre otros perros que habían conseguido hazañas históricas: por ejemplo, Balto, el perro de trineo que lideró la Carrera del Suero en Alaska en 1925; Chinook, que acompañó al almirante Richard E. Byrd en su expedición al Polo Sur en 1927, y Fala, el estiloso, menudo y negro terrier escocés de Franklin D. Roosevelt, que alcanzó protagonismo en la campaña presidencial de 1944.

Los republicanos denunciaron que un destructor había sido enviado a las islas Aleutianas para recoger a Fala, después de que supuestamente lo hubieran dejado atrás en una visita presidencial, con la onerosa carga resultante para los contribuyentes. El presidente Roosevelt reaccionó a la acusación con un agresivo discurso en el que afirmó que los republicanos «incluso son capaces de ir a la guerra por Fala».

En 1957 escribí una pieza para la revista dominical sobre las múltiples vidas de los cuatro mil gatos callejeros que se estimaba que vivían en Nueva York, y durante ese mismo año y el siguiente le sumé otras dedicadas a autobuseros, telefonistas, capitanes de ferris, pitonisas, tatuadores, policías en helicóptero, cuadrillas de demolición de edificios, casamenteros, promotores de peleas de gallos y diseñadores de maniquís desplegados en escaparates de centros comerciales.

Después de ser trasladado al departamento de noticias en 1959, continué centrando mis artículos en las vidas de personas anónimas: los porteros de edificios, los limpiabotas, los paseadores de perros, los afiladores de tijeras, los limpiadores nocturnos de las baldosas de los túneles Lincoln y Holland, los taquilleros del metro, los tipos que empujan los burros para ropa por el Garment Center, los conductores de carruajes en Central Park, los vendedores de heno apostados en las zonas de carga, el orgulloso fabricante de carretillas del 541 Este de la calle Once, el atareado impresor de multas de tráfico del 111 Oeste de la calle Diecinueve y la papelería de Broadway con la calle Setenta y dos que vendió tres mil quinientas velas en dos horas durante el apagón eléctrico que sufrió Manhattan a mediados de agosto de 1959. Durante este mismo apagón, en el interior de un edificio de cuatro plantas en la calle Sesenta y dos, cerca de Broadway, que albergaba la congregación neoyorquina de judíos ciegos, doscientos trabajadores invidentes guiaron a setenta trabajadores que sí podían ver por las escaleras a oscuras hasta dejarlos sanos y salvos en la acera.

En el transcurso de aquel año, también escribí sobre un acaudalado chófer de Manhattan llamado Roosevelt Zanders que disponía de su propio chófer. El señor Zanders, de cuarenta y tres años, nacido en Youngstown, Ohio, dirigía un servicio de alquiler de vehículos de alta gama que empleaba a cinco chóferes neoyorquinos. Estos conducían una flota de Cadillacs, mientras que su dueño conducía un Rolls Royce personalizado, y a veces lo llevaban en él, que incluía alfombras de pelo de pared a pared, dos equipos independientes de alta fidelidad y un gato hidráulico casi del tamaño de un enano dedicado a la lucha libre.

En el desfile del Día de San Patricio de 1959, después de agenciarme un asiento de tribuna en la Quinta Avenida con la calle Sesenta y cuatro que garantizaba una visión despejada de las ochenta y nueve bandas musicales y ciento treinta mil personas que iban a desfilar, pronto perdí interés en los mariscales y otros dignatarios reunidos en las primeras filas y me formulé una pregunta: ¿quién iba a cerrar la marcha?

Abandoné mi asiento y recorrí varias manzanas de la Quinta Avenida hasta localizar al último integrante del desfile, un chaval de dieciséis años que lucía una gorra acabada en pico y un uniforme de rayas que lo identificaban como miembro de la banda del instituto Holy Cross, situado en Flushing, Queens. Su nombre era Richard Kryston. Me topé con él en la calle Cuarenta y nueve, desfilando con la mayor solemnidad posible teniendo en cuenta las dimensiones envolventes y el peso de su voluminoso instrumento: el sousáfono, una especie de tuba curvada. Había esperado dos horas a que le llegara su turno, y cuando finalmente lo hizo, a las 17.15 horas, la oscuridad caía sobre la Quinta Avenida y la lluvia y la nieve se escurrían por su cuerno enorme y dorado.

A las 17.18 avanzaba a grandes zancadas en dirección a la catedral de San Patricio. El cardenal Spellman y su séquito seguían el desfile desde los escalones de la entrada. Pero justo antes de que llegara el chico del sousáfono, el cardenal y los otros abandonaron su puesto de observación para refugiarse de la lluvia en el interior.

El chaval cruzó por delante de Peck & Peck, luego de Bonwit Teller, luego de Bergdorf Goofman, sin que en apariencia nadie reparara en él, con la excepción de un maniquí que lo saludaba con sofisticación pétrea desde un escaparate.

La multitud, que había abarrotado las aceras una hora antes, ya se había esfumado a las 17.25, momento en que Richard Kryston llegó a la altura de la tribuna de autoridades. El alcalde Wagner, cuyo sombrero goteaba, se encontraba firmando autógrafos y saludando con la mano a quienes le decían, «Hola, Bob», «Hola, señor alcalde». El alcalde no advirtió la presencia del músico.

A las 17.30, los policías empezaron a regresar a sus casas. La gente pedía taxis a gritos. La lluvia era más intensa. Las brigadas de limpieza desmontaban las graderías de madera. Detrás de ellas, venían los barrenderos, hombres con uniformes ligeros que barrían con frenesí, como lo hacía Charlie Chaplin en las películas. A las 17.45, cuando el chaval del sousáfono fue visto por última vez, iba soplando a la altura de la calle Ochenta, pero la oscuridad casi impedía distinguirlo.

Capítulo ocho

Durante los casi siete años que ejercí como reportero en el departamento de noticias, en raras ocasiones —quizá tres o cuatro al año— me enviaban a cubrir historias a muchos kilómetros de la ciudad; y en lo que respecta a la ciudad de Nueva York, siempre procuraba entrevistar a gente que aportara una perspectiva diferente a una historia, gente nada acostumbrada a que se les prestara atención y se les consultaran las cosas. En otras palabras: gente en sintonía con aquel músico que había cerrado la marcha durante el desfile.

El 22 de octubre de 1963, durante un discurso alarmista ofrecido desde la Casa Blanca, el presidente John F. Kennedy declaró que aviones de reconocimiento de Estados Unidos habían descubierto la existencia de bases soviéticas de misiles en Cuba, y que de no ser desmanteladas se avecinaba una guerra de largo alcance con Rusia. Yo no formaba parte del equipo de *The New York Times* encargado de cubrir esta historia, pues me habían enviado al campus universitario de Wooster a informar de la llegada de Sherman Adams, un hombre diminuto, de cabello blanco y natural de Nueva Inglaterra, que había aceptado una invitación del departamento de Ciencias Políticas para impartir una serie de conferencias sobre el sistema político americano.

El señor Adams había sido gobernador de New Hampshire entre 1949 y 1953, y entre 1953 y 1958 había servido en la Casa Blanca en calidad de jefe de Gabinete del presidente Dwight D. Eisenhower. Sin embargo, en septiembre de 1958, se había visto obligado a dimitir por unos informes que revelaban que había aceptado un abrigo de vicuña muy caro, entre otros obsequios, de manos de un fabricante textil de Boston que tenía negocios con el gobierno federal.

De todos modos, nada de esto fue mencionado por los anfitriones de Adams tras su llegada al campus de Wooster, al tiempo que los estudiantes con los que hablé nunca habían oído una palabra sobre Sherman Adams, muestra de lo pasajeras que habían resultado su fama y su notoriedad. Además, los estudiantes, sin duda, estaban absortos en sus propios asuntos y petrificados tras haber seguido el discurso del presidente Kennedy por televisión. En unos momentos tan inquietantes, ¿cómo iban a concentrarse en sus exámenes de mitad de curso? Y peor aún, ¿qué pasaría si los obligaban a abandonar los estudios y alistarse en el ejército?

Mientras conversaba con un miembro del profesorado de Wooster llamado William I. Schreiber, expresándole el terror que me embargaba ante la posibilidad de una guerra atómica y nuestra consiguiente aniquilación, me sugirió que quizá encontrara un alivio momentáneo a mi ansiedad si visitaba la comunidad pretecnológica de granjeros amish, situada a apenas trece kilómetros de allí. Sí, a mucha gente del campus le preocupaba el fin del mundo, señaló, pero los amish de la puerta de al lado moraban espiritualmente en otro mundo, uno en el que predominaba la calma y que quizá despertara mi interés.

Además de dirigir el departamento de Alemán de la universidad, el profesor Schreiber era autor de un libro recién publicado, *Our Amish Neighbors*, y los más próximos a nosotros, unas mil personas, vivían en el pueblo adyacente de Apple Creek, en Wayne County. En dirección sur, en Holmes County, había cuatro mil adultos más que asistían a misa, a lo que cabía sumar otras cuarenta y cinco congregaciones repartidas por todo el estado. Ohio contaba con más población amish que ningún otro lugar de Estados Unidos, más que Pensilvania e Indiana, y puesto que cada familia tenía siete hijos de media, se estimaba que en medio siglo la población amish superaría las trescientas mil personas.

Originarios de Alemania, los amish empezaron a trasladarse a Ohio a principios del siglo XIX, me contó el profesor Schreiber, y en la actualidad gestionaban algunas de las granjas más modélicas del país. Cultivaban maíz, trigo, avena, alfalfa, patatas y eran socios en la producción cooperativa de queso en veintisiete fábricas de queso suizo de Ohio.

En Apple Creek, y en asentamientos amish a lo largo y ancho del país, la gente vivía sin electricidad, daban la espalda al automóvil, viajaban a caballo o en carruaje y colgaban cortinas sencillas de color azul en sus ventanas, jamás de seda. Las barbas de los hombres eran largas y descuidadas, vestían abrigos sin solapas, camisas sin cuellos, pantalones sin cinturones ni bajos, y sus ropas se fijaban al cuerpo por medio de ganchos y corchetes. Las mujeres llevaban vestidos negros hasta los tobillos, zapatos negros de tacón bajo y gorritos negros.

—Los amish son el único grupo en América que se ha mantenido fiel a los antiguos modos de comer, vivir, pensar, amar, casarse y enterrar —dijo el profesor Schreiber—. Son granjeros amantes de la paz. No participan en guerras. No cierran las puertas de sus casas. Aquí mismo, hace ya un tiempo, unos chavales les robaron ganado y dinero, pero cuando el sheriff consiguió recuperar lo segundo, los amish se negaron a aceptarlo de vuelta. Aquel dinero era «pecaminoso». Sin saber qué hacer con él, el sheriff acabó entregándolo al fondo benéfico del condado.

Al día siguiente, conduje mi coche de alquiler con dirección asistida hasta el asentamiento de los amish, avanzando por carreteras polvorientas que atravesaban acres de tierras de labranza, tras cuyas verjas divisé vacas, caballos y esforzados campesinos vestidos con atuendos negros. Aparqué el vehículo y fui recibido con gran amabilidad por los lugareños más ancianos. A continuación, mientras me mostraban cómo y dónde vivían, mi primera impresión no fue la de encontrarme en compañía de gente obsoleta o excéntrica, sino más bien entre un grupo único de americanos religiosos de raza blanca que conformaban una minoría por decisión propia. Arraigados a los métodos agrícolas de sus ancestros, en vez de ceder a la asimilación y la modernidad, habían ejercido su derecho constitucional a conservar sus viejas tradiciones y valores, a ser diferentes a la hora de vestir y en cuanto a costumbres y temores se refiere, poniendo distancia con aquello que preocupaba a la mayoría de los individuos de la nación y del mundo entero.

Haber sido capaces de vivir tanto tiempo bajo sus propias reglas no solo era un tributo a su perseverancia, sino quizá también a las políticas igualitarias de una república democrática, aunque con frecuencia esta última fallaba a la hora de proteger a las minorías vulnerables de los ataques de los grupos de odio.x Sea como fuera, ahí, en Apple Creek, el sistema parecía funcionar, y me resultaba extrañamente reconfortante entrevistar a gente que no estaba obsesionada con la bomba, que no veía la televisión y que no contestaba «sin comentarios» a los reporteros.

Intentaban responder a mis preguntas con cortesía y paciencia, pero con frecuencia daban muestras de no entender de qué les estaba hablando. Un ejemplo ilustrativo fue el de un miembro veterano de la comunidad llamado Levi Hershberger. Lo encontré trabajando en el granero que tenía junto a la casa, de un blanco inmaculado, que compartía con su esposa. Tan pronto me acerqué para presentarme, dejó a un lado sus herramientas en ademán solícito.

—Señor Hershberger, ¿qué opinión le mereció el discurso de anoche del presidente Kennedy? —le pregunté.

Alzó las cejas en señal de interrogación, hizo una pausa y me contestó:

—No he oído hablar de ningún discurso.

Procedí a explicarle que había tenido lugar un importante discurso y que cabía la posibilidad de una guerra inminente.

—Señor —me dijo con firmeza, pero no con pesar—, en lo que a mí respecta, los acontecimientos del mundo tienen lugar al otro lado de la zanja.

Capítulo nueve

Cuando dejé *The New York Times* en 1953, en realidad, no significó un adiós al diario, más bien se trató de una oportunidad para volver a él como colaborador externo y escribir sobre temas inviables de haber permanecido en plantilla. Quería ponerme con una serie de artículos para la revista *Esquire* basados en las entrevistas que mantendría con algunos reporteros, correctores y editores con los que había trabajado en la redacción de noticias.

El término «medios de comunicación» todavía no se había incorporado al lenguaje popular, tal y como lo haría más adelante impulsado por el Watergate, por lo que con la excepción de libros biográficos acerca de editores de periódicos como Joseph Pulitzer o William Randolph Hearst, o columnas periodísticas en la contraportada de semanarios de noticias y las reseñas de A. J. Liebling para *The New Yorker*, se daba por sentado que no había un interés general ni un mercado amplio para temas relacionados con iniciativas o personalidades ligadas al periodismo.

Ciertamente, se suponía que los periodistas debían carecer de personalidad. Su formación incluía no ser parte de una historia. Quiénes eran, qué pensaban, cómo se sentían... Todo esto se consideraba irrelevante. Se les contrataba para cubrir las noticas para el periódico en cuestión. Eran «cubridores», copistas y escribidores de los actos y hazañas de otros.

Sin embargo, los conocía lo suficiente para creerlos depositarios de historias personales y profesionales merecedoras de la misma atención que las de los supuestos generadores de noticias, aquellos cuyos nombres y fotografías aparecían a diario en los periódicos. Igual de importante para mí fue que el editor de *Esquire*, Harold Hayes, compartiera algunas de mis ideas, de manera que en septiembre de 1965 me ofreció un contrato de cara a escribir sobre mi gente de *The New York Times* y otros temas de su elección, garantizándome un salario anual de quince mil dólares que igualaba mis ingresos en el periódico.

Mi decisión de unirme a *Esquire* no fue para nada fruto de desavenencias con mis superiores en *The New York Times*. No solo aceptaron la mayor parte de mis propuestas, sino que, cuando fueron ellos quienes me encargaron una historia, raramente me decepcionaron, sobre todo durante mis últimos años, cuando la dirección apostó por reportajes que fueron más allá de la imparcialidad y del rigor para abrazar la buena prosa.

Uno de mis últimos encargos destacados para el diario fue ayudar a cubrir la marcha por los derechos civiles de Selma, Alabama, que culminaría con la masacre que pasaría a los libros de historia bajo el nombre de Domingo Sangriento. Tuvo lugar un cálido mediodía de domingo, el del 7 de marzo de 1965.

Ese mismo día, unas horas antes, delante de una iglesia de ladrillo rojo en el barrio negro de la ciudad, quinientos afroamericanos pacíficos, que portaban bolsas de tela llenas de mudas y zapatos, se congregaron en la acera para planear una marcha de cinco días con la que cubrir los ochenta y siete kilómetros que los separaban de la capital estatal de Montgomery. Su objetivo era mostrar su repulsa a los esfuerzos de la ciudad de Selma por evitar que los negros pudieran registrarse para votar. Antaño dominada por las plantaciones, Selma contaba con una población de 28.775 habitantes, más de la mitad de los cuales eran descendientes de esclavos, pese a lo cual solo 325 residentes de raza negra podían ejercer su derecho al voto.

Pero una vez los manifestantes, que avanzaban en filas de dos, hubieron dejado atrás el distrito financiero y cruzado el río Alabama por un puente en arco, de acero y bautizado en honor del general confederado Edmund Pettus, se vieron atacados por sorpresa en la autopista por una formación en cuña de tropas estatales, provistas de porras y bombas de humo, que cargaron sobre la gente. Yo estaba de pie, junto a otros periodistas y unidades móviles de televisión, a unos diez metros de los manifestantes que abrían la marcha, y ninguno de los presentes esperábamos ser testigos de lo que se desencadenó sin previo aviso: la explosión de bombas de humo arrojadas al suelo por las tropas, la formación de nubes de humo tóxico quemando o emborronando la visión de los manifestantes, los gemidos y gritos de los apaleados sin descanso con porras y culatas de rifles, otras víctimas retrocediendo a trompicones, medio ciegas y despavoridas, buscando escapar a toda prisa desandando el puente para hallar refugio en la iglesia, dejando un reguero de sombreros, paraguas, cepillos de dientes, pañuelos, bolsas y sangre desparramados por la autopista.

Diecisiete de los casi setenta heridos acabaron en el hospital segregado de la ciudad, transportados hasta ahí en ambulancias que eran propiedad de directores afroamericanos de negocios de pompas fúnebres. Uno de los que encabezaban la marcha, John Lewis, de veinticinco años, exmiembro de los Viajeros de la Libertad y futuro miembro del Congreso, sufrió una fractura de cráneo por los porrazos; las cicatrices en la cabeza serían visibles de por vida. (En el momento de los hechos, el reverendo Martin Luther King Jr. se encontraba en su cuartel general de Atlanta, pero acudiría a Selma al día siguiente).

Mientras yo y otros periodistas nos batíamos en retirada entre un humo atroz, procurando eludir la llegada de la cuadrilla a caballo del sheriff batiendo sus largos látigos de cuero y picanas eléctricas, continuaba llegándome el sonido de las cámaras de televisión que filmaban tan escabrosas escenas a lo largo de la autopista, y que continuaron grabando centradas en lo que, como resultado, ocurría después, incluyendo el angustioso llamamiento a la nación de Martin Luther King para reclutar voluntarios que acudieran a Selma a sumarse a la marcha hasta Montgomery.

Llegado el 21 de mayo, su petición había atraído a un total de veinticinco mil seguidores, día en que —tras superar retrasos sancionados por la ley y la reticencia de la Casa Blanca para proteger a la expedición con el envío de tropas federales de la Guardia Nacional— la procesión encabezada por King finalmente hizo su entrada en la capital de Alabama y solicitó al gobernador racista George Wallace la reforma del sistema de registro de votantes. No cabe duda de que esta numerosa comitiva de simpatizantes blancos y negros de fuera del estado había viajado a Alabama espoleada por la repulsa sentida al ver las muestras de inhumanidad retransmitidas una y otra vez por las cadenas de televisión.

Estos acontecimientos demostraron cuán persuasivos habían llegado a ser los noticiarios televisivos a la hora de proyectar una imaginería y unas actitudes capaces de moldear y movilizar a la opinión pública de forma inmediata. Prueba de ello fue cómo las imágenes del Domingo Sangriento no tardaron en alentar al Congreso a aprobar la Ley del Derecho al Voto, que haría efectiva la firma del presidente Lyndon Johnson el 6 de agosto de 1945.

Permanecí en Selma una semana y media después del Domingo Sangriento, escribiendo diversas piezas para el diario, y regresé al cabo de un mes para un artículo de seguimiento que la revista dominical publicaría el 30 de mayo. Lo que escribí no solo partía de las entrevistas con algunos de los manifestantes, sino de las realizadas a personas de raza blanca que se habían unido a ellos en Selma, procedentes de todos los rincones del país, como respuesta al llamamiento del reverendo King. No pude dejar de mencionar que un buen número de estos simpatizantes blancos, residentes en barrios segregados del norte y otras partes, condenaban a Selma por prácticas racistas que toleraban en silencio en casa.

Al diferencia de la mayoría de los periodistas de fuera del estado que cubrieron el Domingo Sangriento, yo sí había estado en Selma en diversas ocasiones, remontándose mis primeras visitas a mis años de estudiante en la Universidad de Alabama. En un ensayo publicado décadas más · tarde en *The New York Times*, rememoré el racismo omnipresente que definió mi juventud en Ocean City, Nueva Jersey, un enclave turístico de playa, política y socialmente conservador, que fue fundado por pastores metodistas durante el siglo XIX.

Pese a que en mi lugar de origen los estudiantes negros acudían al mismo colegio que los blancos, se trataba de una comunidad marcadamente segregada. En el Village Theater, ubicado en el paseo marítimo, los estudiantes negros y sus pares de todas las edades se sentaban juntos en los palcos, mientras los blancos hacían lo propio abajo, en el foso. Recuerdo ver, de forma ocasional, a miembros del Ku Klux Klan, enfundados en sus sábanas blancas, reunidos en asamblea en nuestras zonas de acampada, a pocas calles del distrito financiero donde mi padre, un católico de origen italiano, regentaba una sastrería.

Cuando pasé a formar parte del campus exclusivamente blanco de la Universidad de Alabama en 1949, no encontré nada que desentonara con lo ya observado durante mi infancia en Nueva Jersey.

En junio de 1963, como reportero de *The New York Times*, entrevisté al gobernador de Alabama, George C. Wallace, en Nueva York, donde había recalado para aparecer en el programa *Meet the Press* de la NBC. Se alojaba en una enorme suite del hotel Pierre de la Quinta Avenida, lugar de nuestro encuentro.

La entrevista transcurrió con normalidad durante los primeros diez minutos, pero entonces el gobernador Wallace se levantó por sorpresa de su asiento, me agarró del brazo y me llevó hasta una de las ventanas que daban a Central Park y la hilera de edificios de lujo que se extendían por la Quinta Avenida.

—He aquí la ciudadela de la hipocresía en América —me dijo, señalando la calle y declarando que prácticamente ningún ciudadano negro, ni siquiera aquellos que se lo podrían permitir, soñaría jamás con llegar a compartir espacio con los blancos de esta zona, debido a las tan longevas como ignoradas políticas de segregacionismo inmobiliario practicadas por Nueva York y otras tantas ciudades norteñas.

Esto no impedía —prosiguió— ¡que se presentaran en el sur a despotricar sobre la igualdad de derechos!

En el periódico del día siguiente, cité extensamente al gobernador Wallace, pero abandoné la entrevista sin mencionarle que yo mismo poseía un apartamento a unas pocas calles del hotel Pierre, donde ni por aquel entonces, ni tampoco más adelante, he contado con un vecino de escalera de raza negra.

Capítulo diez

Al haberme marchado de *The New York Times* en términos amistosos en septiembre de 1965, no me resultó difícil obtener permiso del director editorial, Clifton Daniel, para volver al edificio a entrevistar a mi selecta lista de gente del periódico, entre la que se contaba el propio Clifton. Él era una de las cuatro figuras de *The New York Times* a las que el editor de *Esquire*, Harold Hayes, había dado luz verde para que retratara en artículos de larga extensión —entre cuatro mil y siete mil palabras—. Acostumbrado al límite de dos mil quinientas palabras del *Sunday Times Magazine*, recibí con los brazos abiertos el incremento de espacio, así como la oportunidad de disponer de más tiempo para documentarme y escribir, puesto que *Esquire* era una revista mensual.

En el lado malo de la balanza, estaba que debía contentar a Harold Hayes de forma ocasional aceptando entrevistar a una estrella del cine o alguna otra celebridad. Cuando me propuso escribir sobre Frank Sinatra, intenté disuadirlo. Aunque resistí la tentación de recurrir a la muletilla de Bartleby —«Preferiría no hacerlo»—, le recordé con firmeza que ya circulaban diversas piezas recientes dedicadas a Sinatra, por lo que me preguntaba qué más se podría decir acerca de él. Yo prefería no escribir sobre celebridades, pues sabía por experiencia que pocos de ellos mostraban respeto por los escritores, con frecuencia se presentaban tarde a las entrevistas —si es que llegaban a hacerlo— y acostumbraban a solicitar que sus jefes de prensa o abogados los acompañaran durante los encuentros y que se les permitiera revisar los artículos antes de su publicación.

Yo jamás aceptaría estas imposiciones, y hasta donde sabía tampoco lo haría ningún diario o revista, incluyendo *Esquire*. Sin embargo, Hayes seguía interesado en una pieza larga sobre Sinatra en su revista y estaba decidido a que me encargara yo de elaborarla. Argumentaba que era de justicia que, alguna vez, lo ayudara a incrementar las ventas en quiosco colocando en portada a una persona famosa, desde el momento en que él me permitía publicar historias sobre periodistas con los que pocos lectores de *Esquire* estarían familiarizados.

Al revisar los nombres de las cuatro personas del diario incluidas en mi lista, Hayes admitió conocer el de Harrison Salisbury, el corresponsal en elextranjero y Premio Pulitzer que había cubierto Rusia durante los años del estalinismo. Sin embargo, sabía bien poco del director editorial, Clifton Daniel, más allá de que estaba casado con la hija del expresidente Harry Truman. Y nada sabía de mis otros dos seleccionados: John Corry, un joven reportero de temas generales, y Alden Whitman, un veterano corrector que hacía poco había sido designado redactor jefe de obituarios.

Puesto que no tenía intención de empezar mi contrato con *Esquire* enzarzándome en una batalla con mi nuevo jefe, acepté escribir un retrato sobre Sinatra, aunque antes le pedí a Hayes que publicara una de mis historias dedicadas a *The New York Times*. Aceptó y le dije que arrancaría la serie con Alden Whitman. Nunca había hablado con él, y ya puestos con ningún otro corrector, pero durante mi etapa en el diario recordaba haberlo visto trabajar y también encontrármelo en el Gough's Chop House. Además, en una ocasión, casi a punto de marcharme, había estado sentado muy cerca de él en la cafetería de *The New York Times,* lo que me permitió observarlo con detenimiento.

Un individuo bajo y fornido entró a la cafetería fumando en pipa y con una expresión seria, si no adusta, que contrastaba con su indumentaria alegre. Lucía una pajarita con lunares rojos, una camisa amarilla de rayas diplomáticas y una elegante chaqueta de montar de color marrón y con doble botonadura. A pesar de ser de mediana edad, tenía una generosa mata de pelo castaño, sin rastro alguno de canas, y un bigote grueso y rojizo. Después de pedir en el mostrador, cruzó la sala a paso rápido y vivaz en dirección a una mesa rinconera que estaba vacía. En su mano derecha sujetaba una bandeja de plástico con un bol de sopa y una ensalada, mientras que en la izquierda llevaba un ejemplar doblado del *New Statesman*.

Pasó la siguiente media hora solo, leyendo mientras comía, llevándose diestramente la comida a la boca con una mano mientras con la otra sostenía el periódico, el cual colocaba a escasos centímetros de su nariz y miraba entornando los ojos tras sus gafas con montura de carey. Di por sentado que era miope.

Decidí empezar con él mis colaboraciones para *Esquire* impelido por la curiosidad que sentía desde hace años por los correctores —esos Bartlebys modernos— y por el hecho de que Whitman estaba ahora al frente de la escritura de obituarios. Aunque era un caso aparte dentro de la redacción, el único que no firmaba sus escritos, poseía un considerable poder de decisión en el periódico. Su criterio era preferente a la hora de dilucidar los méritos para merecer o no un obituario.

En el mundo de Whitman, los difuntos recientes eran «alguien» o un «donnadie», y si los familiares de los segundos deseaban hacer pública su pérdida, no tenían otra opción que comprar uno de los espacios que el diario destinaba a las necrológicas, las cuales aparecían en un cuerpo de letra diminuto.

Uno de los dolientes que hizo esto, dado que la muerte de su marido había pasado desapercibida, fue una viuda llamada Elizabeth Melville. Después de que aquel sufriera un infarto en el domicilio neoyorquino que compartía la pareja, poco después de la medianoche del 28 de septiembre de 1891, pagó un anuncio de seis líneas que al día siguiente reprodujeron varios periódicos:

Herman Melville falleció ayer en su domicilio del 104 Este de la calle Veintiséis de esta ciudad, fruto de un infarto, a los setenta y dos años. Fue el autor de *Typee* y *Omoo*, *Mobie Dick* y otras historias de temática marina, escritas años atrás. Deja esposa y dos hijas, la señora M. B. Thomas y la señorita Melville.

El de Melville fue uno de aquellos casos en los que, tomando prestada una expresión de A. E. Housman, el nombre murió antes que el hombre. La carrera de Melville había empezado de forma prometedora al publicar dos novelas superventas antes de cumplir los treinta: *Typee*, en 1846, y *Omoo*, su secuela, en 1847, ambas basadas en las aventuras vividas durante sus viajes a la Polinesia. Pero ninguno de los dieciséis libros que siguieron —novelas, poemarios o relatos como «Bartleby, el escribiente»— despertaron mucho interés entre los lectores. De hecho, todos sus libros estuvieron descatalogados y cayeron en el olvido durante el último tercio de su vida, incluyendo su empresa más ambiciosa, *Moby Dick*, cuyo título se reprodujo incorrectamente en varias de las notas necrológicas dedicadas a su autor.

No sería hasta el centenario del nacimiento de Melville, en 1919, al que siguió la publicación en 1914 de su novela póstuma, *Billy Budd*, que los académicos y los lectores descubrirían y apreciarían sus escritos tempranos, reconociéndolo al fin como una de las figuras literarias más destacadas de la nación.

Capítulo once

Cuando me cité con Alden Whitman, en septiembre de 1965, me sorprendió al decirme que había hecho bien en colocarlo en lo más alto de mi lista de personas a las que entrevistar para *Esquire* porque no creía que le quedara mucho tiempo de vida. No le contesté, convencido de que aquel hombre de cincuenta y dos años bromeaba, que actuaba de forma melodramática o quizá llevara tanto tiempo escribiendo sobre la muerte que el tema lo estuviera consumiendo.

—En serio que no me encuentro bien —prosiguió con voz suave—. Hace poco que recibí el alta médica del hospital Knickerbocker, donde estuve ingresado ocho semanas después de sufrir un infarto agudo, y temo que el próximo episodio sea el último.

Me confiaba esto sentado en un sofá de la sala de estar de su apartamento de cuatro habitaciones y media, ubicado en la decimosegunda planta de un viejo edificio de ladrillo en la calle Ciento dieciséis Oeste. Nos rodeaban estanterías repletas de libros y por el suelo había más ejemplares formando pilas. Compartía el apartamento con su tercera mujer, Joan, dieciséis años más joven que él. Se habían conocido en 1958 en *The New York Times*, donde ella era —y continuó siendo durante dos décadas— editora en el departamento de estilismo.

Una mujer delgada, atractiva y de cabello castaño, Joan estaba preparándose para ir al trabajo cuando llegué con la intención de hacer la primera de las tres entrevistas pactadas. Así lo habíamos acordado por teléfono a principios de semana, y aunque entonces no había mencionado sus problemas de salud, sí era consciente de que era una persona muy ocupada, por lo que accedí a que mis visitas no se alargaran mucho más allá de una hora.

Después de que su esposa se marchara, me contó que a sus problemas de corazón se sumaba un glaucoma. Este requería que cada tres horas se administrara unas gotas de pilocarpina y existía el riesgo de que acabara ciego antes de morir. Por ello, ante la duda de cuánto tiempo conservaría la visión, estaba determinado a completar su obituario. Me dijo que ya le había entregado fragmentos de un primer borrador a su asistente en el departamento de óbitos, y que una vez completo, ya podría publicarlo cuando la ocasión lo demandara.

—Uno de los motivos por los que su encargo para *Esquire* me interesa es porque me ofrece la posibilidad de volver sobre mi pasado, quizá el hablar con usted me permita acordarme de cosas que había olvidado.

Mientras tomaba notas sentado frente a mi anfitrión, no acababa de dar crédito a lo que escuchaba. Ahí estaba yo haciendo lo que solía hacer él: realizar una entrevista *ante mortem* con un candidato que se sentía presuntamente listo para su funeral. Me había llegado que Alden Whitman había escrito docenas de obituarios por adelantado de personalidades destacadas y de edad avanzada. En algunos casos había recorrido grandes distancias para conocerlas en persona y poder retratarlas a partir de la observación directa. Era el caso de Charles Chaplin, Vladimir Nabokov, Graham Greene, Charles Lindbergh, Francisco Franco y el novelista y científico británico C. P. Snow, que había calificado a Whitman como el «espíritu maligno» de *The New York Times*.

Hasta donde pude ver, y pese a lo que Whitman me había dicho, no tuve la sensación de encontrarme frente a un moribundo. Me recordaba al individuo que había visto en la cafetería el año anterior: distinguido con su pajarita colorida, fumando en pipa, sin señal alguna de estar demacrado, agotado o distraído. Hablaba en un tono de voz rotundo y claro, y sus maneras transmitían idéntica indiferencia al hablar de sus dolencias que cuando me había ofrecido algo para beber tras darme la bienvenida. Pensé que podría ser una prueba de la personalidad desapegada de Whitman, un rasgo compartido por muchos periodistas.

—Me gustaría mostrarle lo que llevo escrito hasta el momento —me dijo, agarrando una carpeta de papel manila de una mesa cercana y tendiéndomela. Contenía copias en papel carbón de varias hojas mecanografiadas—. Puede quedársela. Quizá encuentre material de contexto que le sea de ayuda.

Cogí la carpeta y advertí que algunas páginas tenían marcas. Unas pocas palabras y frases habían sido tachadas y reemplazadas por anotaciones manuscritas no siempre fáciles de descifrar. En aras de la claridad, empecé a leer en voz alta a la espera de que me interrumpiera con correcciones o explicaciones. La primera página arrancaba así:

Alden Whitman, miembro de la plantilla de *The New York Times* durante catorce años, ha fallecido hoy, a los 52 años, a resultas de una trombosis coronaria. Como reportero escribió muchos obituarios dedicados a grandes personalidades de todo el mundo.

Antes de convertirse en un escritor de obituarios a tiempo completo, el señor Whitman ejerció de corrector en los departamentos de noticias nacionales y locales. Llegó a *The New York Times* en 1951, procedente de *The New York Herald Tribune*, donde había trabajado como corrector desde 1943. Antes de ello, había estado dos años revisando textos para *The Buffalo Evening News*.

Décadas de duro trabajo se extendieron entre los apacibles años durante los cuales el señor Whitman alcanzó su cénit periodístico y su infancia en Connecticut y New Albany, Nueva Escocia, donde nació el 27 de octubre de 1913, hijo de Frank Seymour Whitman, un profesor canadiense de artes manuales, amén de carpintero, y Mabel Bloxsom Whitman, originaria de Connecticut y quien durante muchos años fue maestra en una escuela pública de Bridgeport.

En este punto me interrumpió para explicarme:

—Fui hijo único. A los dos años, mis padres se trasladaron de New Albany a Bridgeport para vivir con mi abuela materna. Era viuda y dueña de una casa laberíntica de diez habitaciones. Dado que mis padres se pasaban el día fuera de casa trabajando, al salir del colegio era a mi abuela a quien acudía corriendo para que me diera galletas o lo que tocara. Tenía un buen corazón, pero era una persona frugal. Consideraba un pecado evidente comprar en la tienda lo que pudieras hacerte en casa. El pan comprado en tienda estaba vetado en su casa. Una de mis tareas de chaval era darle vueltas a la manivela en una tina con masa para el horneado semanal.

Nada de esto se mencionaba en las páginas que tenía entre las manos, pero me mantuve en silencio mientras proseguía.

—Yo era muy estudioso y me avanzaron de curso en dos ocasiones. Esto aumentó el orgullo que mi madre sentía por mí, así como su estatus entre el profesorado, pero no consiguió acercarnos. Mi padre era deferente con mi madre —ella llevaba los pantalones en casa—; pero, por lo demás, también vivía en su propio mundo. Era abstemio, muy religioso, decano de la Iglesia baptista, un hombre que jamás profería un juramento. Había crecido en la granja familiar de Nueva Escocia y fue el único de sus siete hermanos que sobrevivió. El resto murió por diversas enfermedades infantiles. Mi padre jamás hablaba del tema.

Alden Whitman siguió contándome que en 1928 se graduó en el instituto y quedó entre los mejores de su clase, pese a tener solo quince años. Al haberse saltado dos cursos no era tan maduro físicamente como sus compañeros, por lo que evitó competir con ellos en las actividades deportivas del centro, aunque sí ejerció de ayudante del entrenador y se encargaba de telefonear al periódico local con los resultados.

—Estudié seis años de latín y era el único chaval del instituto que leía a Horacio y al travieso poeta Catulo, pero era incapaz de sumar o restar. Toda mi vida me ha resultado complicado cuadrar mis libros de contabilidad.

De todos modos, consiguió entrar en Harvard. Sus padres lo ayudaban cuanto podían, pero él cubría la mayoría de sus gastos sirviendo mesas y gracias a otros trabajillos que hacía cuando no estaba en clase, leyendo en la majestuosa biblioteca, aventurándose fuera del campus para escuchar a la Filarmónica de Boston a cincuenta céntimos el concierto, sentándose en un palco del Colonial Theatre para ver una obra de teatro que luego se estrenaría en Broadway, asistiendo a los sermones del predicador evangélico Billy Sunday en el Tremont Temple o sintonizando la radio para escuchar a Rudy Vallée cantar uno de los temas más populares de la Depresión: «Life is Just a Bowl of Cherries».

—Y de repente todo se torció —me explicó—. Me quedé sin blanca. Tuve que abandonar la universidad durante un año, entre el penúltimo y el último curso, y ponerme a trabajar de responsable de inventario en una fábrica de máquinas de escribir Underwood.

Hizo una breve pausa. Se encendió la pipa y recorrió la sala de estar con la mirada. Luego se dio la vuelta para encararme, bajó la voz y me dijo que otro motivo para dejar Harvard fue que su novia se había quedado embarazada.

Desde el verano del segundo curso había empezado a salir con una chica preciosa que trabajaba en una librería de Bridgeport. Su nombre era Dorothy McNamara. Era cinco años mayor que él, pero compartían haber sido hijos únicos, que leían mucho y estaban distanciados de sus padres. Por aquel entonces, la contrariada madre de Dorothy había empezado el proceso de divorcio de su marido, un trabajador del circo de origen irlandés.

Alden y Dorothy se casaron en 1933, y después del nacimiento de su hija, él empezó a trabajar para Underwood con la esperanza de que sus padres lo ayudaran a cuidar de su joven familia. El padre de Alden, Frank, seguía ocupado con sus clases, pero su madre disponía de tiempo libre porque los administradores de la educación pública local, en un intento de repartir el empleo entre el máximo número de familias durante la Depresión, solo empleaban a un miembro de cada unidad familiar, con lo que Mabel se había visto apartada de la facultad.

La abuela de Alden había muerto unos años antes, de modo que en casa disponían de más espacio; pero Mabel no veía a Dorothy con buenos ojos y había aceptado a regañadientes que su nuera y su nieta se instalaran allí temporalmente. A Dorothy la consideraban una embaucadora, una persona calculadora y vulgar que le había echado el lazo a su brillante hijo, forzándolo a abandonar Harvard. En una ocasión, Mabel se había llevado la foto de boda de la pareja de la sala de estar al dormitorio, donde había recortado con unas tijeras la imagen de Dorothy, que luego tiró a la papelera.

A todo esto, Alden pensaba que su futuro dependía de acabar sus estudios en Harvard, por lo que al cabo de un año dejó su empleo en Underwood y regresó solo al campus. Tras graduarse en 1935, empezó a buscar trabajo, pero el único que lo motivaba era el de reportero para el *Bridgeport Post-Telegram*. El salario inicial era de diez dólares semanales.

—¿Cómo puede alguien vivir con diez dólares a la semana? —me preguntó—. Sin embargo, en aquellos años de la Depresión, los editores se salían con la suya. Alimentaban los egos de los jóvenes reporteros permitiéndoles firmar sus piezas y llenándoles la cabeza de nociones presuntuosas como que los redactores de noticias conocían a gente interesante. Lo cierto es que con frecuencia las únicas personas interesantes que conocían los redactores de noticas eran otros redactores de noticias.

De todos modos, aceptó el trabajo, si bien lo primero que hizo fue ayudar a organizar el gremio de periódicos de Bridgeport y exigir mejores salarios. Era un idealista de izquierdas. Si en Harvard había liderado la causa de los trabajadores durante aquellos tiempos tan duros, ahora, con veintidós años, se veía a sí mismo como un periodista combativo que destaparía las desigualdades del capitalismo e inspiraría reformas. Impulsado por estas creencias, se unió al Partido Comunista.

Una tarde en que su compromiso con el partido lo tenía arengando a los trabajadores de una fábrica de roscas de latón para que formaran un sindicato, tres matones antisindicalistas le saltaron encima. Después de arrastrarlo a un callejón, le golpearon con palos y puños hasta que cada uno de sus treinta y dos dientes acabó en el suelo.

—Los tenía picados, fue una bendición desprenderme de ellos —dijo alegremente, alzando la pipa en mi dirección—. Los dientes falsos que llevo ahora son mucho mejores.

Abrió la boca y les dio unos toquecitos con la punta de la pipa.

En el transcurso de esta entrevista de una hora y en las dos que la siguieron, más avanzada la semana, Alden rememoró su pasado con algo de humor, pero hubo mucho arrepentimiento al abordar su vida personal. Aunque no tardó en conseguir un empleo mejor pagado en el *Bridgeport Sunday Herald*, y pese a vivir sin gasto alguno con Dorothy y su hija en la casa de sus padres, el dinero nunca parecía suficiente para cubrir las necesidades básicas de su familia. La situación empeoró cuando la pareja tuvo un segundo hijo, un varón, en 1936.

Mabel no estaba dispuesta a que el número de habitantes de su casa aumentara, así que le dejó bien claro a Dorothy que el recién nacido no era bienvenido. Dorothy no tardó en hacer las maletas y llevárselo a vivir con ella a la casa de su madre, Anne, que estaba divorciada. Dejó atrás a su hija de casi tres años, que desde ese momento sería criada por Mabel y Frank Whitman. La pequeña acabaría queriéndolos mucho, un amor que se vería correspondido, y vivió con ellos como si fuera su hija hasta que a los diecinueve años conoció a un ingeniero de DuPont con el que no tardó en casarse.

—Mi padre, Alden Whitman, y yo teníamos los mismos padres —declararía ella muchos años más tarde, ya convertida en la longeva esposa de un ingeniero con el que tuvo tres hijos.

Sin embargo, jamás se reconcilió con Dorothy, la madre de la que se había distanciado (y que años después volvería a casarse para acabar de nuevo divorciándose), ni con su hermano pequeño (que iría a la universidad, se convertiría en un ejecutivo de marketing y se casaría cuatro veces).

En el verano de 1937, pocas semanas después de que Dorothy se hubiera exiliado del hogar de los Whitman y su huidizo marido pareciera demasiado centrado en sus propios asuntos como para preocuparse por nadie, Alden casi muere. Se suponía que debía estar documentándose para un artículo para el *Bridgeport Sunday Herald*, y sin duda era consciente de que con la escasez de trabajo que había lo mejor era no tomarse libertades, pese a lo cual un impulso lo llevó a darse un baño cerca de Fairfield Beach.

—No soy un buen nadador —me dijo—, pero el día era caluroso y no me lo pensé dos veces: me puse el bañador y me lancé al agua. Al cabo de poco rato, mientras chapoteaba por aquí y por allá, de golpe me desmayé. Me sumergí dos veces, casi una tercera. Lo que más recuerdo es que me pareció una forma dulce de morir...: tragas agua y pierdes la conciencia sin sentir ningún dolor. Sí, mi último pensamiento fue lo placentero que resultaba... Lo siguiente que supe fue que me encontraba en el centro médico St. Vincent de Bridgeport.

Me contó que no tenía la menor idea de cómo había llegado hasta ahí ni de quién lo había rescatado. Tampoco hizo grandes esfuerzos por averiguarlo. No le explicó a nadie lo ocurrido, ni a sus padres, ni a la gente del diario y mucho menos a su esposa, a la que intentaba evitar ya que le reclamaba la manutención de sus hijos. De todos modos, le hubiese sido difícil dar con él. Alden raramente visitaba a sus padres y a su hija, la dirección de su domicilio constaba como desconocida, y cuando no estaba trabajando en un encargo para el periódico, se había recluido en algún sitio a leer. Y fue por aquel entonces, en la biblioteca pública de Bridgeport, donde conocería a la mujer que le levantaría el ánimo y se convertiría en su segunda esposa.

Capítulo doce

Se había graduado en el Smith College, trabajaba en la sala de lectura principal y se llamaba Helen Kaposey. Era afable, atractiva y perfectamente proporcionada a ojos de un Alden Whitman que con su metro setenta y cinco de estatura la superaba por siete centímetros. Helen no tardaría en dejar su empleo en la biblioteca para incorporarse al departamento de Correspondencia de la revista *Time*. Nieta de inmigrantes húngaros que habían formado parte del servicio doméstico de la prominente familia Wheeler de Bridgeport, herederos de los activos de la empresa de máquinas de escribir Wheeler & Wilson, fue gracias a este contacto que recibió los fondos que costearían su formación universitaria. En el campus del Smith College desarrollaría la conciencia política que la llevaría a unirse al Partido Comunista.

A partir del otoño de 1938, Alden aprovechaba cualquier ocasión para conducir su Chevrolet cupé de segunda mano hasta Nueva York para visitar a Helen Kaposey, quien lo presentaría en su círculo de amigos, algunos de ellos comunistas. Estos lo ayudaron a conseguir entrevistas de trabajo, pero ningún diario o revista de Nueva York estaba dispuesto a contratarlo por falta de experiencia como periodista en una gran ciudad. Cuando una empresa de relaciones públicas le ofreció un puesto, lo aceptó de inmediato.

Al principio gradualmente, y luego con más determinación, fue cortando lazos con su lugar de nacimiento, sus padres, sus hijos y su ahora exmujer, Dorothy, para desarrollar su nueva vida en Nueva York. Tenía veinticuatro años.

En 1939, Alden y Helen se casaron en la New York Society for Ethical Culture de la calle Sesenta y cuatro Oeste, y alquilaron un apartamento en Sunnyside, Queens. Después del trabajo, con frecuencia se quedaban en la ciudad para asistir a conciertos u obras de teatro, o para cenar con otras jóvenes parejas en pequeños restaurantes, sobre todo de Yorkville y Greenwich Village. Si bien continuaban siendo activistas adscritos al partido y atentos a las preocupaciones del proletariado, Helen solía comprar en Peck & Peck, mientras Alden, a imagen de algunos miembros del profesorado de Harvard de los que tenía recuerdo, empezó a lucir pajaritas.

Debido a los recortes en la empresa de relaciones públicas que lo había contratado, Alden se consideraba afortunado de haber encontrado un empleo a tiempo parcial en otra empresa del sector, así como de sus cometidos en organizaciones que años más tarde investigadores del Senado calificarían de tapaderas comunistas. Una de ellas se hacía llamar Comité Norteamericano en Auxilio de la Democracia Española. Este grupo apoyaba la causa republicana contra las fuerzas fascistas de Francisco Franco durante la guerra civil española. Parte del cometido de Alden consistía en hablar en mítines destinados a recaudar fondos para los simpatizantes republicanos.

En términos profesionales, lo más cerca que estuvo del periodismo durante este periodo fue cuando lo contrataron como editor de mesa en la oficina neoyorquina de la TASS, la agencia soviética de noticias. Entre sus responsabilidades estaba eliminar palabras innecesarias, comas y comentarios personales de los artículos aparecidos en periódicos y revistas en lengua inglesa, que era el paso previo a su traducción para los lectores rusos.

En 1940, un año después de haberse casado, Alden se enteró de que había una vacante de corrector en el *Buffalo Evening News*. Por mucho que lo ilusionara la perspectiva de unirse a un diario metropolitano de relevancia, le constaba que Helen no lo acompañaría a Buffalo, ya que su intención era conservar su trabajo en la revista *Time*. De todos modos, una vez el periódico le hizo una oferta, Helen no intentó disuadirlo, lo que le llevó a alquilar una habitación de dieciséis dólares semanales en el Ford Hotel de Buffalo. Aquello fue el inicio de una estancia de más de dos años en el *Buffalo Evening News*.

Durante aquellos años, la pareja se comunicaba casi a diario, además de que cada pocas semanas Alden bajaba en coche a Nueva York para ver a Helen. Sin embargo, a medida que pasaba el tiempo la situación se hacía más insostenible. Por fortuna, todo cambió cuando en enero de 1943 *The New York Herald Tribune* respondió afirmativamente a la solicitud de empleo de Alden y le ofreció un puesto de corrector con un sueldo que superaba todas sus expectativas: setenta dólares semanales.

Exultante gracias a una sensación de prosperidad sin precedentes, se mudó con Helen a un apartamento relativamente caro —cien dólares mensuales—, en la calle Ciento cuatro, cerca del Hudson River. También cambió su viejo Chevy por un Ford modelo A en mejores condiciones y algunos fines de semana Helen y él empezaron a ir de pícnic fuera de la ciudad. Casi todo el tiempo libre de la pareja se concentraba en el fin de semana, puesto que el horario de Alden en el *Herald Tribune* abarcaba desde las cinco de la tarde hasta la una de la madrugada, mientras que Helen trabajaba en la revista *Time* desde las nueve de la mañana hasta las cinco de la tarde.

Estos horarios tenían más preocupada a Helen que a Alden porque él estaba obnubilado con su nuevo puesto y con la vida social y nocturna que acarreaba: charlar con periodistas sofisticados, mayores y más experimentados en el bar Bleeck's de la calle Cuarenta Oeste («a un tiro de jarra de cerveza de la puerta trasera del periódico»), mostrarse activo en el comité de quejas sindicales del diario junto con otros miembros del partido y, todavía más importante, verse aceptado como uno de los más fiables y capacitados correctores, pese a contar con apenas veintinueve años. Desde su más tierna infancia, todos esos años consagrados a la lectura omnívora y compulsiva, y a la absorción de incontables libros de historia, política, literatura y otras temáticas de lo más variado, le habían conferido los mimbres de un pedagogo y canalizado su amplio marco de referencias y habilidades intelectuales hacia el proceso de edición diario del *Herald Tribune*.

Con el nacimiento de una hija en 1944 y de un hijo en 1947, Helen tuvo que ejercer de ama de casa, y Alden, pluriemplearse en otros diarios para incrementar los ingresos familiares. Los fines de semana, y algunos días sueltos, iba y venía entre las mesas de corrección del *New York Post*, el *New York World-Telegram* y el *Star-Ledger* de Newark.

De tanto en cuanto, Helen recurría a una enfermera del cercano St. Luke's Hospital para que cuidara de los niños mientras ella y Alden asistían a conciertos o quedaban con amigos para cenar. Sin embargo, estas salidas puntuales eran insuficientes para combatir la soledad que la embargaba por las noches, dado que con frecuencia su marido se las pasaba saltando de un lugar de trabajo a otro y a veces ni siquiera regresaba a casa. Ahora se sentía más aislada que durante los años en que Alden había trabajado en Buffalo. En aquella época por lo menos había estado conectada a la energía de Manhattan, su trabajo en la revista *Time* la mantenía ocupada y en ocasiones quedaba para almorzar con amigas cerca de la oficina o se acercaba a Peck & Peck a comprarse un vestido o un sombrero nuevos.

—En retrospectiva, supongo que fue un error que Helen dejara su trabajo para centrarse por completo en el cuidado de los niños, porque fue a partir de entonces cuando empezamos a distanciarnos —me contó, añadiendo que, incluso cuando dejó de estar pluriempleado y obtuvo un generoso aumento de sueldo en *The New York Times*, en 1951, resultaba innegable que «ya no estábamos enamorados el uno del otro». Hizo una pausa y repitió: «No fue culpa de nadie, simplemente ya no estábamos enamorados el uno del otro».

De todos modos, la pareja permaneció casada durante la mayor parte de los años cincuenta, y por el bien de los niños se mudaron a una vivienda más espaciosa y los matricularon en escuelas públicas de calidad, todo ello a unos treinta kilómetros al norte, en la localidad de Hastings-on-Hudson, lo que a Alden le suponía un viaje de una media hora en tren hasta el trabajo. Pese a esto, la situación familiar empeoró cuando la trayectoria política de Alden quedó al descubierto y fue citado a declarar en Washington, donde el Senado había empezado una sonada investigación en torno a la infiltración de comunistas en las filas de la prensa americana.

En el obituario que me había tendido, constaba una breve referencia a este hecho:

> En las audiencias de 1956 frente al Comité de Seguridad Interna del Senado, reconoció haber sido miembro del Partido Comunista entre 1935 y 1948, pero se negó a identificar a otros miembros del partido. Esta negativa derivó en una citación judicial por desacato y un tribunal federal lo declaró culpable de desacato al Congreso en 1957 [...]
>
> Después de ser declarado culpable de desacato al Congreso en dos ocasiones, el señor Whitman obtuvo un nuevo juicio; el caso fue luego desestimado a petición del departamento de Justicia.

Sin embargo, lo que el último párrafo no explicaba era que transcurrieron casi diez años hasta que el departamento de Justicia finalmente lo exoneró en 1965, y que durante este largo periodo había sido convocado una y otra vez a declarar, su nombre era citado con frecuencia en *The New York Times* y su fotografía reproducida en la sección de prensa de la revista *Time*. Todo ello con el consiguiente bochorno para sus hijos, en edad escolar, y su exesposa, la cual también había abandonado el partido por las mismas fechas que él. Con su vida personal hecha trizas y su trabajo en peligro, Alden Whitman me confesó que durante esos años se había sentido «como Jean Valjean en las galeras».

Con todo, el sentir general entre los altos directivos de *The New York Times* era que los investigadores del Senado no estaban tan interesados en humillar a trabajadores como Whitman como en manchar la reputación del periódico, una opinión que el editor, Arthur Hays Sulzberger, expresó en un comunicado emitido cuando comenzaron las investigaciones en 1956. En él afirmó que estas, encabezadas por James O. Eastland, senador por Misisipi, tenían a *The New York Times* en su punto de mira porque sus políticas editoriales entraban en conflicto con las de Eastland y la mayoría de sus colegas. Específicamente, por la condena del diario a la segregación en las escuelas sureñas, su denuncia del macartismo,, su oposición a los dictámenes discriminatorios de la Ley McCarran-Walter de Inmigración y Nacionalidad de 1952, por su exposición de prácticas abusivas por parte de varios comités del Congreso y por su insistencia en que el verdadero espíritu de la democracia americana exigía que incluso los derechos de las capas más bajas de la sociedad fueran objeto de un respeto escrupuloso.

Este punto de vista quedaba reforzado por el hecho de que, de las treinta y cinco citaciones extendidas por el subcomité, veintiséis tuvieran como destinatarios empleados o exempleados de *The New York Times*. Al revisar este listado —por aquel entonces hacía un mes que me había reincorporado al diario después de mi paso por el ejército— me apenó constatar que incluía el nombre de Seymour Peck, un editor de mesa de la revista dominical que me había apoyado mucho durante mis días como chico de los recados y que había sido clave en la publicación de mi primera pieza dicha cabecera, surgida de mi entrevista con la estrella del cine mudo Nita Naldi.

Pero al mismo tiempo que *The New York Times* reafirmaba su política editorial liberal y reconocía su conflictiva relación con el comité de Eastland, no se sentía cómodo contando entre sus filas con individuos como Alden Whitman, Seymour Peck y otros acusados de desacato al Congreso. En un comunicado, Sulzberger se describió como un «testigo parcial en pro del sistema capitalista» que no quería a un solo comunista a sueldo del diario y remarcó que todos los empleados que habían sido citados por el subcomité debían cooperar.

«Igual que cualquier otro ciudadano —proseguía Sulzberger—, el trabajador de un periódico sin duda está amparado por su derecho constitucional a no incriminarse a sí mismo. Pero invocar la Quinta Enmienda coloca sobre sí la pesada carga de demostrar sus aptitudes para conservar un puesto de responsabilidad dentro del organigrama periodístico o editorial de este medio. No está escrito en sitio alguno que un individuo que clama por protección contra la autoincriminación deba proseguir su labor en departamentos tan sensibles, en los que la confianza y la seguridad constituyen las herramientas del buen trabajador».

A estas alturas, Sulzberger ya había despedido a varios empleados de *The New York Times* que se habían acogido a la Quinta Enmienda, lo cual había desencadenado protestas de miembros de la American Civil Liberties Union y de editorialistas de fuertes principios en las filas del propio diario. Sin embargo, ni Whitman ni Peck buscaban la protección de ninguno de estos bandos. Por el contrario, como ciudadanos americanos, creían en su derecho a no verse coaccionados para delatar a nadie. Habían admitido haber sido miembros del partido durante más de una década y haber renunciado años antes de entrar a trabajar en *The New York Times*. Fuera de esto, no tenían nada más que decir, punto en el que Whitman insistía de forma algo ostentosa.

Luciendo una pajarita, y con su pipa y la correspondiente bolsita del tabaco enfundadas en un bolsillo de la camisa, subió al estrado en la sala de columnas de mármol del Senado y rechazó con insistencia los ruegos del abogado J. G. Sourwine para que se explicara con más detalle.

—Poseo, como ya creo haber remarcado, una conciencia de Nueva Inglaterra extremadamente desarrollada y no podría responder a estas preguntas sin perder el respeto por mí mismo —le dijo al señor Sourwine.

Aunque semejante actitud no lo libró del desprecio del Senado, ni él ni Seymour Peck acabaron pasando tiempo en prisión, y como la mayoría de exmiembros del Partido Comunista que trabajaban para *The New York Times* —con la excepción de aquellos que con anterioridad se habían acogido a la Quinta Enmienda—, conservaron sus empleos en el diario. Whitman, Peck y el resto recibieron cartas personalizadas en las que Sulzberger les aclaraba su situación.

«Como ya se le ha informado —se les exponía en ellas—, *The New York Times* hubiera preferido que respondiera con franqueza a todas las cuestiones planteadas. De todos modos, tras revisar con detenimiento los hechos relacionados con su antigua membresía del Partido Comunista, estamos dispuestos a aceptar la declaración en la que asegura haber cortado todas sus conexiones con el mismo. En consecuencia, esta nota sirve para informarle de la vigencia de su asociación con *The New York Times*».

La vida personal de Alden Whitman también dio un giro positivo al empezar a salir con una mujer que trabajaba en el departamento de estilismo de *The New York Times* llamada Joan McCracken. Graduada por el Oberlin College, era hija de un pastor congregacionalista y se había incorporado al periódico en 1955, después de trabajar para el Consejo Mundial de Iglesias en Ginebra, Suiza. La pareja se conoció en la primavera de 1958. Alden tenía cuarenta y cuatro años y estaba separado de Helen. Joan tenía veintiocho y nunca se había casado.

Una tarde, Joan había bajado desde la novena planta a la redacción, ubicada en la tercera, con una página en pruebas entintada para recibir el visto bueno del editor de la sección de noticias locales. Alden, que se encontraba corrigiendo en la mesa de asuntos nacionales, levantó la vista y se topó con una morena pequeñita que lucía un vestido de cachemir y esperaba de pie a escasos metros.

Tras averiguar su nombre, empezó a enviarle mensajes anónimos, dentro de sobres marrones, a través del servicio de correo interno del diario. El primero decía: «El cachemir te sienta de maravilla», e iba firmado por la Asociación Americana del Cachemir. Más adelante le reveló su identidad y fueron a cenar juntos al restaurante Teherán del Cuarenta y cuatro Oeste, donde disfrutaron enormemente de la compañía mutua, hasta que el maître los interrumpió para decirles que iban a cerrar.

En mi entrevista con Joan para el artículo de *Esquire* —que tuvo lugar mientras almorzábamos en Sardi's, después de mi tercer encuentro con Alden—, recogí su comentario de que se había sentido de inmediato fascinada por su mente «modelo urraca», esto es, rebosante de todo tipo de información inútil. Mencionó que era capaz de recitar la lista de los pontífices del derecho y del revés, que conocía los nombres de las amantes de todos los reyes y los respectivos periodos de sus reinados, que sabía que el Tratado de Westfalia se había firmado en 1648, que las cataratas del Niágara tenían una altura de cincuenta y un metros, que las serpientes no parpadean, que los gatos desarrollan apego por los lugares y no por las personas, mientras que los perros desarrollan apego por las personas y no por los lugares, estaba suscrito al *New Statesman*, *Le Nouvel Observateur* y a casi todas las publicaciones de fuera de la ciudad que vendían en el quiosco especializado de Times Square, leía dos libros al día y había visto la actuación de Bogart en *Casablanca* tres docenas de veces.

Después de aquella primera cita, Joan supo que tenía que volver a verlo, a pesar de que ella era hija de un pastor y él, un ateo. Tampoco condenaba su pasado político ni sus «traviesos» años de juventud, según sus propias palabras, que habían resultado en dos matrimonios infelices y cuatro vástagos de cuyas vidas había estado muy ausente.

De hecho, tras casarse con Alden, en noviembre de 1960, Joan se propuso la misión de contactar con sus hijos para ayudarlo a conseguir alguna suerte de reconciliación, por tardía que fuera. Y vaya si lo consiguió. Después de que la segunda esposa de Alden, Helen, falleciera de un infarto, en 1961, dejando atrás a un hijo de catorce años y a una hija en la universidad, Joan se apresuró a asumir con habilidad el papel de madre sustituta. Ella y Alden compartieron unos años su apartamento con el primero (quien más tarde estudiaría en Harvard y ejercería de médico), y además de que su padre le consiguió a la segunda trabajos de verano en la morgue de *The New York Times,* ambos la visitaban con frecuencia en el campus y asistieron a su graduación. La chica acabaría trabajando de bibliotecaria.

A principios de 1964, Alden cumplió un cuarto de siglo ejerciendo de corrector. Tenía cincuenta y un años, y me reconoció que «el tiempo pasaba y yo deseaba montarme en un tiovivo más excitante que el de la mesa de asuntos nacionales de *The New York Times*». La oportunidad le llegaría un poco avanzado ese mismo año, cuando la jubilación de un veterano excorresponsal extranjero, que llevaba tiempo especializado en la redacción de obituarios, le abrió las puertas para reemplazarlo. Así es como empezó su nueva carrera como «feliz remero por el río Estigia».

Su primer encargo consistió en actualizar, y reescribir si se demostraba necesario, un avance del extenso obituario de Winston Churchill, que llevaba tiempo desatendido en la morgue del diario. Las noticias de la delicada salud del líder de los británicos durante la guerra tornaron de inmediato urgente la tarea asignada a Alden. Tras dedicar largas jornadas de trabajo a reorganizar el material, consiguió tenerlo listo para ser publicado a dos semanas de la muerte de Churchill, que tuvo lugar en Londres, en enero de 1965. La pieza constaba de veinte mil palabras y ocupó dieciséis páginas de *The New York Times*.

El primer obituario que Alden escribió fue el del poeta T. S. Eliot, cuya muerte también tuvo lugar en Londres, en enero de 1965. Alden había visto a T. S. Eliot en Harvard en diversas ocasiones, durante el periodo en que fue su poeta residente. El tributo de seis mil páginas que le dedicó empezaba así: «Así es como termina el mundo. / Así es como termina el mundo. / Así es como termina el mundo. / No con una explosión, sino con un gemido». Proseguía describiendo a Eliot como una figura poética de lo más improbable, sin «extravagancia o rareza en el vestir o en sus modos, y no había una pizca de romántico en él. No transmitía auras, no emitía juicios impresionantes y a simple vista portaba el corazón en el lugar anatómico correspondiente».

Desde sus comienzos como redactor jefe de obituarios, Alden Whitman expandió los encargos más allá de los límites de sus predecesores. Los antiguos miembros de la redacción de *The New York Times* habían confeccionado obituarios por adelantado basándose en gran medida en información obtenida de recortes de noticias almacenados en la morgue. En caso de que el sujeto fuera muy relevante, quizá existieran perfiles publicados en revistas o incluso biografías o autobiografías a las que recurrir.

Sin embargo, Alden convenció a los editores con más poder de la necesidad de complementar estas fuentes permitiéndole viajar por el país y al extranjero para hacer entrevistas personales con las que reunir detalles que solo se pueden conseguir charlando en persona. Por ejemplo, después de citarse con Pablo Picasso en su estudio parisino, escribió que el artista «era un hombre bajo y achaparrado, con unas espaldas y unos brazos grandes y musculosos. De lo que más orgulloso se sentía era de sus manos y pies pequeños, así como de su pecho velludo. Ya de anciano, su cuerpo era robusto y compacto; y su cabeza, en forma de bola de cañón y prácticamente calva, relucía como el bronce».

Tras confeccionar un listado de personas a las que esperaba poder entrevistar, Alden les escribió cartas halagadoras en las que les explicaba que *The New York Times* deseaba «actualizar sus archivos» en torno a las vidas de individuos tan distinguidos como ellos, buscando sus «percepciones y reflexiones biográficas», y que a tal efecto les solicitaba un encuentro breve. Por mucho que en estas cartas no se incluyera mención alguna a «avances de obituarios» ni a la «muerte», al tiempo que no se especificaba que las entrevistas estaban programadas para ser publicadas póstumamente, su propósito seguía siendo bastante obvio para la mayoría de sus receptores. De hecho, después de que Harry Truman aceptara ser entrevistado en Misuri, el expresidente recibió a Alden con las palabras: «Sé por qué está aquí y mi intención es ayudarlo cuanto pueda».

Aunque algunos declinaron ser entrevistados sin dar ninguna explicación —por ejemplo, el escritor y crítico literario Edmund Wilson, el ministro de Cultura francés André Malraux y el vizconde Bernard Law Montgomery, general británico durante la Segunda Guerra Mundial—, Alden Whitman también acostumbraba a rechazar entrevistas con personas que no eran lo «suficientemente notables». Quién entraba y quién no en la categoría de «notable» quedaba en gran medida a su albur. Los editores y reporteros de la redacción dedicaban sus días a cubrir las vicisitudes de los vivos, mientras que el tratamiento de los muertos y casi muertos era prerrogativa suya.

También había dejado claro —por medio de un comunicado publicado en la revista *Editor & Publisher*, especializada en asuntos del gremio periodístico— que no era receptivo a peticiones realizadas por empresas de relaciones públicas u otros traficantes de influencias, los cuales podían contar con clientes deseosos de concederle una entrevista *ante mortem*.

«El procedimiento se basa estrictamente en que nosotros le llamamos a usted, no en que usted nos llame a nosotros —afirmaba—. *The New York Times* decidirá por sí mismo la idoneidad de un obituario y me niego a atender llamadas de nadie que pretenda sugerirme que fulanito o menganito, aún vivo, daría para un obituario interesante, y que por tanto tendría que entrevistarlo... Simple y llanamente, me niego a hablar con nadie que pretenda garantizarse la inmortalidad antes de morir».

Una de mis últimas preguntas a Alden Whitman de cara a completar mi entrevista abordó precisamente su propio final, con más motivo teniendo en cuenta que durante nuestros encuentros había remarcado su mala salud.

—Entonces, ¿qué será de usted después de morir, señor Whitman? —le pregunté.

—No poseo alma alguna que vaya a emprender un viaje —me respondió—. No hablamos más que de una cuestión de extinción corporal.

—De haber muerto a resultas del infarto que padeció, ¿qué cree que habría sido la primera cosa que habría hecho su esposa?

—En primer lugar, se habría asegurado de que mi cuerpo recibía el tratamiento que yo había estipulado —señaló—: ser incinerado con discreción.

—¿Y luego qué?

—Una vez dispuesto lo primero, habría concentrado su atención en los niños.

—¿Y luego?

—Imagino que se habría derrumbado y llorado mucho.

—¿Está seguro?

Whitman hizo una pausa.

—Sí, así lo creo —dijo finalmente, dándole caladas a su pipa—. Este es el despliegue adecuado del dolor bajo tales circunstancias.

Capítulo trece

Tres meses después de acabar mi entrevista con él, *Esquire* sacó mi artículo sobre Alden Whitman en su número de febrero de 1966. Al editor de la revista, Harold Hayes, le gustó y la publicó bajo el título «Don Malas Noticias», acompañado del subtítulo «La muerte, que nos llegará a todos, le llega a Alden Whitman cada día. Es una forma de vida».

Arranqué la pieza recreando una escena que Joan me había descrito durante nuestro almuerzo:

«Winston Churchill fue el causante de tu infarto», dijo la esposa del redactor de obituarios. Sin embargo, el redactor de obituarios, un hombre bajo y tirando a tímido, que lucía gafas de carey y fumaba en pipa, sacudió la cabeza y respondió con una voz suave: «No, no fue Winston Churchill».

«En ese caso, fue T. S. Eliot el causante de tu infarto», se apresuró a decir ella, en tono ligero, pues se encontraban en una cena para un reducido grupo de personas en Nueva York y el resto de los comensales parecían divertirse.

«No —dijo el redactor de obituarios, de nuevo con una voz suave—, no fue T. S. Eliot».

Si de algún modo le irritaba la línea inquisitiva adoptada por su esposa, su idea de que escribir obituarios extensos para *The New York Times* bajo unos plazos de entrega exigentes quizá estuviera acelerando su propio camino a la tumba, no lo mostró en absoluto, no alzó la voz. La verdad, sin embargo, es que rara vez lo hacía.

La pieza fue recibida con agrado, tanto por parte de los suscriptores de la revista como de algunos de los editores más poderosos de *The New York Times,* quienes no tardaron en revertir la norma de que los obituarios debían ser anónimos para incorporar la firma de Whitman. Y a medida que siguió produciendo sus textos conmemorativos, a un tiempo informativos y muy bien escritos, devino una semicelebridad dentro de la profesión periodística y acabó haciendo una reverencia frente a millones de telespectadores tras hablarle de su trabajo a Johnny Carson, conductor del programa *The Tonight Show* en la NBC.

No solo prosiguió con la redacción de obituarios durante diez años más, sino que también firmó reseñas literarias e hizo entrevistas para el diario con numerosos novelistas y poetas de renombre, a los que convocaba a almuerzos a los que solía presentarse luciendo una capa. Además, fue retratado por la fotógrafa Jill Krementz, especializada en figuras literarias y esposa del escritor Kurt Vonnegut.

Sin embargo, en 1976 se vio forzado a abandonar *The New York Times* tras sufrir otro infarto y quedarse prácticamente ciego. Por descontado, otros heredarían su puesto, pero nadie conseguiría que lo identificaran con la redacción de obituarios de un modo tan singular. Tras jubilarse Whitman, Joan dejó también su empleo en el departamento de estilismo y ambos se trasladaron a Southampton, Long Island, donde ella contactó con estudiantes de la Long Island University para que cada día le leyeran libros y periódicos a su marido. Joan, por su parte, trabajó como editora de libros *freelance*, fue coautora de varios libros de cocina y colaboró en la edición de los libros superventas de Craig Claiborne, el crítico gastronómico de *The New York Times.*

Con motivo de la fiesta del septuagésimo aniversario del señor Claiborne, en 1990, Joan voló hasta Montecarlo acompañada de su marido, que por entonces contaba setenta y seis años e iba en silla de ruedas. De cara a ayudarlos durante el viaje, se les unió el doctor Daniel S. Whitman, el hijo soltero de Alden, de cuarenta y tres años.

A sus problemas de visión, Alden sumaba su incapacidad de articular apenas palabra alguna, pero daba la impresión de entender cuanto le decían.

El día siguiente a su llegada, los tres asistieron a un cóctel en la terraza del hotel de Paris, lugar de alojamiento de todos los invitados. Alden permaneció en su silla de ruedas y Joan se encargó de ir a buscar a algunos invitados para presentárselos, a cada uno de los cuales él saludó con una sonrisa de reconocimiento. Más tarde empezó a estornudar de forma reiterada y con fuerza, por lo que, de inmediato, Joan y su hijo lo llevaron de regreso a su habitación para acostarlo. Aquella tarde la pasó inconsciente, pero aún con vida.

Llegada la mañana, decidieron que su hijo se quedaría haciéndole compañía y Joan asistiría a la cena de celebración de cumpleaños que tendría lugar fuera del hotel. Sin embargo, mientras Joan esperaba con otros invitados en el vestíbulo a que los trasladaran al lugar, Alden emitió un suspiró en la cama y murió de inmediato de una hemorragia cerebral. A su hijo le dio tiempo de avisar a Joan antes de que pusiera rumbo a la cena, y luego ambos contactaron con el gerente del hotel, quien a su vez notificó lo ocurrido a la policía. Más tarde, el cuerpo de Alden fue trasladado a una funeraria, donde se procedió a la cremación siguiendo sus indicaciones.

Joan y el doctor Whitman volaron a París con las cenizas de Alden y las esparcieron por uno de sus rincones favoritos de la ciudad: los jardines de Luxemburgo. A la mañana siguiente, *The New York Times* publicó un obituario de veintitrés párrafos, acompañado de una foto y del titular: ALDEN WHITMAN HA FALLECIDO A LOS 76. ELEVÓ LOS OBITUARIOS DE *THE NEW YORK TIMES* A OBRA DE ARTE.

Poco de lo contenido en el obituario reflejaba lo que me había contado durante las entrevistas para *Esquire*.

Parece ser que su versión fue reescrita y actualizada por otros miembros de la redacción. En cualquier caso, la pieza de *The New York Times* no iba firmada. Empezaba así:

Alden Whitman, reportero jubilado de *The New York Times*, que fue pionero en el recurso a entrevistas a gente notable para personalizar y energizar sus obituarios, falleció ayer [...]

El señor Whitman firmó dos recopilaciones de sus escritos, previamente editados: *The Obituary Book*, publicado en 1971 por Stein & Day, y *Come to Judgment*, aparecido en el sello Viking Books en 1980. En la introducción de *Come to Judgment* ofreció su parecer acerca del obituario ejemplar:

«Una expresión vivaz de la personalidad y el carácter, al tiempo que una exposición concienzuda de los principales acontecimientos en la vida de una persona. Un buen obituario reúne las mismas características que una fotografía enfocada con competencia, y cuanto más extenso sea, mejor. Si la fotografía es nítida, el observador se hará una rápida idea del sujeto, sus logros, sus debilidades y su época».

Su viuda, Joan, tenía cincuenta y nueve años cuando murió Alden y nunca volvió a casarse. Siguió viviendo en Southampton, Long Island, hasta su muerte a los ochenta y seis años, en 2016, por un enfisema.

En el obituario que le dedicó el *Southampton Press* mencionaba que era una líder cultural de la comunidad, miembro de la junta de la biblioteca local, cuyo popular programa de venta de libros gestionaba, y parte del comité directivo del John Steinbeck Project. También se apuntaba que disfrutaba participando en torneos de bridge en el pueblo vecino de Water Mill.

The New York Times no le dedicó un obituario.

Segunda parte
A la sombra de Sinatra

Capítulo catorce

A fin de respetar mi acuerdo con Harold Hayes después de que publicara mi historia sobre Whitman, iba a cumplir con el artículo sobre Frank Sinatra. Hayes me había dado a entender que no solo me lo pasaría bien escribiendo la pieza, sino que también sería fácil hacerla. Los representantes de Sinatra y la revista ya habían llegado a un acuerdo: *Esquire* le dedicaría toda la portada al artículo, dejando claro que no «iría a degüello», y a cambio el cantante había prometido esforzarse por mostrarse disponible para el entrevistador, pese a su apretada agenda durante el invierno de 1965.

El lunes 8 de noviembre estaba previsto que Sinatra acudiera a los estudios de la Warner Bros en Burbank, a las afueras de Los Ángeles, a grabar varias canciones para un especial de la cadena televisiva NBC. El programa, en color y de una hora de duración, llevaría por título *Frank Sinatra. Un hombre y su música* y se emitiría la tarde del 24 de noviembre. En paralelo estaba rodando las últimas escenas de la película *Asalto al Queen Mary*, que sería el paso previo a actuar en otras dos producciones. Desde 1944 ya había participado en más de cuarenta películas. Hasta entonces se le había conocido principalmente como un *crooner* flacucho, cuya voz melodiosa y sus maneras románticas, tanto en la radio como sobre el escenario, conectaban sobre todo con unas adolescentes a las que se había bautizado con el sobrenombre de *bobby-soxers*.

En algo menos de un mes, el 12 de diciembre, los familiares y los amigos de Sinatra le habían organizado una fiesta por su quincuagésimo aniversario, que se celebraría en el hotel Beverly Wilshire de Los Ángeles. Hayes se había encargado de que me alojara en ese mismo hotel, aunque no me quedaría lo suficiente para asistir a la fiesta, a la que de todos modos seguramente no habría sido invitado. Sin embargo, sí llegaría a tiempo para reunirme, el 5 de noviembre, con el publicista de Sinatra, el cual me entregaría el plan de ruta —que incluía asistir a la grabación del programa de la NBC—. Al cabo de una semana, Hayes me esperaba de vuelta en Nueva York.

Harold Hayes era conocido por su gestión rigurosa y sus altas expectativas. Nacido en Elkin, Carolina del Norte, tenía cuarenta años, era hijo de un pastor baptista y durante la guerra de Corea había servido como oficial en el cuerpo de marines. Pese a que en la redacción de *Esquire* vestía prendas de la firma Brooks y parecía tener unos conocimientos sobre buenos vinos a la altura de un sumiller, la impresión que causaba era la de un chico de campo, alto, larguirucho, de ojos brillantes y cabello oscuro, el cual disimulaba una inteligencia y unos conocimientos sagaces, al tiempo que anunciaba su intimidante presencia caminando por la redacción con unas placas metálicas adheridas a las suelas de sus zapatos.

Al conseguirme los billetes de avión a Los Ángeles en primera clase no solo transmitía la prioridad que le otorgaba a mi encargo sobre Sinatra, sino que expresaba su confianza en que aquello que escribiera después ayudaría a aumentar las ventas en los quioscos, lo que a su vez justificaría la generosidad que había mostrado conmigo. Durante los cinco años previos, empezando por 1960, había escrito más de una docena de piezas para *Esquire*, en ocasiones en mis días de vacaciones o durante los fines de semana, pero aquella era la primera vez que Hayes me ofrecía un tratamiento de lujo.

Lo que parecía querer decirme con esto era que mi estatura había crecido a sus ojos y que, por consiguiente, se habían reducido las excusas en caso de decepcionarlo. Me dijo que, una vez regresara de Los Ángeles, confiaba en que tuviera lista la versión definitiva de la pieza al cabo de una semana o diez días. No quise discutir el asunto, sobre todo después de que me asegurara que luego tendría luz verde para escribir en *Esquire* sobre lo que de verdad me interesaba: un retrato de Clifton Daniel, yerno de Harry Truman y director editorial de *The New York Times*.

La tarde del miércoles 3 de noviembre partí de Nueva York en un vuelo de la TWA hacia Los Ángeles, donde llegué con mucha antelación para mi cita con el publicista de Sinatra, que habíamos fijado para el viernes por la mañana. Aquel era mi tercer viaje a Los Ángeles para cumplir con un encargo para *Esquire*. El primero había sido un éxito; el segundo, un desastre.

El primero había tenido lugar a principios de febrero de 1962 cuando, después de pasar unos días en Nueva York entrevistando al excampeón de los pesos pesados Joe Louis, lo acompañé de regreso a Los Ángeles, donde vivía con su tercera esposa, Martha, una prominente y orgullosa afroamericana que ejercía de abogada defensora en esa misma ciudad. Cada vez que alguno de sus colegas en el juzgado le preguntaba: «¿Cómo demonios conociste a Joe Louis?», ella se apresuraba a responder: «Querrás decir cómo demonios me conoció Joe Louis a mí».

El excampeón tenía entonces cuarenta y ocho años, y aunque yo estaba al corriente de algunas de sus más memorables réplicas durante sus años de esplendor —cuando en 1941 le preguntaron cómo pensaba estar a la altura de un oponente con un juego de piernas tan rápido y tan esquivo como Billy Conn, Louis soltó: «Sabrá correr, pero no podrá esconderse»; y, durante sus años como soldado en la Segunda Guerra Mundial, cuando le preguntaron por qué combatía prácticamente gratis, respondió: «No combato por nada, combato por mi país». Aquello no evitó que me sorprendiera con su sentido del humor absurdo durante nuestras conversacioncs.

Por ejemplo, en el momento de embarcar en nuestro vuelo a Los Ángeles, decidí cambiar mi billete en turista para poder sentarme con él en primera clase, lo que me dio la oportunidad de expresar, en voz alta, mis dudas acerca de cómo las compañías aéreas podían justificar una diferencia de precio tan acusada.

—Los asientos de primera clase están en la parte delantera del avión —me dijo Joe Louis todo serio—, por lo que llegas antes a Los Ángeles.

Mi artículo titulado JOE LOUIS. EL REY EN LA MEDIANA EDAD apareció en el número de junio de 1962. A Hayes le gustó y me reembolsó la diferencia de precio del billete.

Más avanzado aquel mismo año, fui enviado en clase turista a entrevistar a la estrella de cine Natalie Wood, quien por entonces estaba en la cúspide de su larga carrera, y que había empezado a actuar siendo una niña. En 1961 había obtenido una nominación a los Oscar como mejor actriz por *Esplendor en la hierba*, a la que siguió el exitoso musical *West Side Story*, y en 1962 llegaría su aclamada actuación en *Gypsy*. Entre estos títulos y su próxima participación en otras dos cintas, su publicista me había organizado tres entrevistas de una hora cada una. Pero Natalie Wood no se presentó a ninguna de ellas, y dado que yo debía regresar a mi trabajo en *The New York Times*, abandoné el encargo y volé a Nueva York, satisfecho al menos por el hecho de que *Esquire* hubiese corrido con los gastos de esos tres días y también porque, involuntariamente, Natalie Wood había propiciado que conociera a un matrimonio en Beverly Hills al que me acabaría uniendo una larga amistad.

Jack y Sally Hanson formaban una pareja atractiva y amable, y eran dueños de una próspera tienda de ropa deportiva para mujer llamada Jax, ubicada en la esquina de Bedford Drive y Wilshire Boulevard, a dos manzanas del hotel Beverly Wilshire, en el que yo no me hospedé en aquella ocasión. Hayes me había reservado un hotel más barato en una calle secundaria pero cercana. La razón por la que acudí a Jax fue para conocer a Natalie Wood, pues su publicista había creído oportuno que rompiéramos el hielo allí, antes de empezar con la primera entrevista en el transcurso de una comida. La señorita Wood era una clienta habitual de la tienda. Después de que me dejara plantado, Jack y Sally me llevaron a almorzar, y a partir de entonces nos seguimos viendo, no solo en Los Ángeles, sino también en Manhattan, donde tenían una sucursal de Jax en la calle Cincuenta y siete Este, entre las avenidas Tercera y Lexington.

De hecho, Jax contaba con al menos media docena de franquicias por todo el país, incluyendo Chicago, San Francisco, Palm Beach, Southampton y el sur de California, donde había tres tiendas. Jack Hanson, de cuarenta y cuatro años, un hombre alto y rubicundo que antaño había sido jugador profesional de béisbol, y su segunda esposa, Sally, de treinta y dos años, una mujer delgada, estilosa y de cabello rubio recogido en una coleta, eran millonarios. Conducían por la ciudad en sus respectivos Rolls-Royce descapotables —él, de blanco; ella, de azul cielo— y vivían en una casa de quince habitaciones, llena de columnas blancas y de estilo neosureño que recordaba a Tara, la hacienda de *Lo que el viento se llevó*. Ubicada en North Beverly Drive, a escasas manzanas de su tienda insignia, se alzaba detrás de un amplio jardín presidido por un árbol de magnolias y flanqueado por una docena de pinos, cada uno de los ellos de casi veinte metros de altura.

En 1958, un año después de casarse con Sally, Jack había comprado la vivienda a los gestores del patrimonio del productor Hal Roach, quien se había enriquecido décadas atrás con la serie de cortometrajes *Our Gang*, las comedias de Harold Lloyd y más de un centenar de películas protagonizadas por Laurel y Hardy. Como ávido jugador de tenis, Roach disponía de una pista en la parte trasera, sobre la que se desplegaba un pórtico blanco de triple arco; años después, Jack Hanson, también amante del tenis, or-

ganizaría partidos de *singles* y dobles los fines de semana
con amigos como Paul Newman, Robert Duvall, el fotógrafo Gordon Parks, el diseñador Oleg Cassini, el veterano
jugador de tenis profesional Pancho Segura y el jugador de
fútbol americano reconvertido en actor Jim Brown.

Las ambiciones del propio Hanson por convertirse en
deportista profesional se vieron truncadas al entrar en el
ejército en 1942. Antes de eso, en 1940, su rendimiento
estelar en el instituto Hollywood y en la Universidad del
Sur de California le granjeó un contrato para jugar al béisbol dentro de la estructura de los Chicago Cubs y fue asignado a una liga menor en la Costa del Pacífico. Durante
los trayectos en el autobús del equipo, a algunos de sus
compañeros les divertía, cuando no los dejaba perplejos,
su costumbre de sentarse con un cuaderno en el regazo en
el que dibujaba a mujeres luciendo diferentes atuendos de-
portivos. Aunque nunca se lo comentó a sus compañeros,
pensaba con frecuencia que, si no acababa ganando suficiente dinero jugando al béisbol, quizá hubiera un sitio
para él en el mundo de la moda.

En 1945, después de tres años de servicio en las Fuerzas Aéreas —periodo durante el cual trabó amistad con el
sargento Joe DiMaggio en la base de Santa Ana, California—, decidió abandonar el béisbol e invertir sus ahorros,
además del dinero de un préstamo, en la apertura de la
primera tienda Jax, al sur de Los Ángeles, en Balboa Island. Con su primera esposa, Nina, se dedicaron a vender
shorts, ropa deportiva y playera.

Sin embargo, Nina y él no tardaron en convertirse en
unos copropietarios incompatibles. Habían contraído matrimonio en 1939, mientras Jack cursaba su último año en
la Universidad del Sur de California, y en esos momentos, a
las puertas de cumplir ocho años de casados y con un niño
pequeño al que cuidar, Nina dejó de frecuentar la tienda y
cada vez se sentía más infeliz en casa. Además, su desacuerdo
con las formas de promocionar el negocio por parte de su

marido no ayudaba a mejorar la situación. Al no poder invertir en publicidad, había contratado a varias chicas jóvenes y guapas, que había reclutado en la playa, para que se colocaran en el escaparate de la tienda varias horas al día, en poses provocativas y luciendo artículos de la tienda. Esto impulsó las visitas y aumentó las ventas, pero aceleró la separación de la pareja, sobre todo cuando Jack empezó a socializar con algunas de sus modelos de escaparate una vez que cerraba la tienda. El divorcio llegaría en 1948.

Un año después, Jack conoció a Sally. Ella tenía dieciocho años por aquel entonces y también se había graduado en el instituto Hollywood. Cuando cruzó por primera vez las puertas de la tienda en Balboa Island, no fue con la intención de postularse como modelo de escaparate, algo que Jack habría aceptado —tenía una talla diez perfecta y su aspecto era despampanante—, sino para venderse como diseñadora de moda.

Sally había nacido en Erie, Pensilvania, y su madre, que por aquel entonces estaba divorciada, se la había traído consigo a Los Ángeles, en 1935, albergando el sueño tan común entre las madres de aquella época recién llegadas a la ciudad de que su joven hija se convirtiera en la nueva Shirley Temple. A los ocho años consiguió un papel de munchkin en la versión cinematográfica de *El mago de Oz* de 1939. En 1940, fue uno de los hijos nonatos surgidos de la imaginación de Shirley Temple en el cuento de hadas *The Blue Bird*. Sally también hizo una breve aparición en *Lassie Come Home*, producción de 1943 protagonizada por una Elizabeth Taylor de diez años y un Roddy McDowall de catorce.

Sin embargo, más que aparecer delante de la cámara, lo que a Sally realmente le gustaba era pasar tiempo con las encargadas del vestuario, de las cuales aprendió mucho sobre costura, ajustes de prendas y estilismo.

A los doce años empezó a confeccionarse su propia ropa con la máquina de coser de su madre. Cuando entró por primera vez en la tienda de Jack Hanson, le habló de la posibilidad de ofrecer una prenda que él nunca había pensado vender: pantalones confeccionados específicamente para mujeres.

Hasta ese momento, excepto las trabajadoras de las fábricas durante la Segunda Guerra Mundial, pocas mujeres habían llevado pantalones en público. Cuando lo hacían, el corte de la prenda era similar al del hombre: pantalones anchos con pliegues, bolsillos laterales y braguetas frontales, aunque en los de las mujeres la cremallera a veces estaba en un lateral. De todos modos, seguía siendo un diseño muy masculino que provocaba un fuerte rechazo social, por no mencionar que actrices tan intrépidas como Marlene Dietrich habían aparecido con frecuencia en películas prebélicas vistiendo pantalones y chaquetas de hombre, acompañados muchas veces de bombines o boinas, y sin faltar nunca un cigarrillo.

Como declaración de estilo, a Jack Hanson aquello le parecía «lesbianismo parisino», pero lo que Sally tenía en mente atrajo su atención de inmediato. Le sugirió pantalones para mujer ceñidos a las caderas y en los que la cremallera iría cosida en la costura trasera, con lo que se conseguiría acentuar y aplanar la curvatura de la parte posterior de la figura. Además, se eliminarían los bolsillos, lo que estilizaría la prenda, y si bien las piernas seguirían una línea estrecha y alargada, el tiro no quedaría prieto. Los pantalones también incorporarían una tira de seda para evitar que se formaran arrugas en la corva de las rodillas.

Sally confeccionó muestras y regresó a la tienda de Jack luciendo un par. Después de vestir a las jóvenes modelos de escaparate con sus pantalones, las ventas experimentaron tal repunte que las existencias volaban. Al poco tiempo, Sally no solo se convertiría en la diseñadora jefa de los pantalones de las tiendas Jax, sino también de sus camisas, trajes y otras prendas. Después de abrir la tienda de Beverly Hills, en 1952, la marca rápidamente llamó la atención de las actrices de cine, y Marilyn Monroe fue una de las primeras interesadas, aunque por entonces todavía no había alcanzado el estrellato.

En 1950, su breve papel en *La jungla de asfalto* le había merecido buenas críticas, aunque su nombre ni siquiera se mencionaba en el cartel promocional. Cuando Sally la conoció por primera vez y le vendió unos pantalones de cincuenta dólares, conducía un 1937 Chevy en muy mal estado. Pero apenas un año después, en 1953, tras protagonizar *Niágara* y *Los caballeros las prefieren rubias*, y de camino a casarse con Joe DiMaggio en 1954, Marilyn Monroe gastaba a espuertas en Jax, como más tarde lo harían Audrey Hepburn, Natalie Wood y Elizabeth Taylor. Esta última llegó a comprar artículos por valor de tres mil dólares en un solo día.

Además de ir abriendo nuevas tiendas, Jack y Sally se compraron un terreno en 1962, cerca del hotel Beverly Wilshire, en el 362 de North Rodeo Drive, donde se construyeron un club privado al que llamaron Daisy. Prácticamente, la totalidad de sus cuatrocientos miembros eran figuras conocidas del mundo del espectáculo, la moda y el deporte.

Estos se reunían para almorzar en el patio exterior, mientras que, por las tardes, al fragor de la música que salía de los altavoces, se sentaban en docenas de mesas dispuestas en un amplio salón, tenuemente iluminado por las arañas de cristal que colgaban del techo, cuyas bombillas en forma de lágrima eran de baja intensidad. Detrás del bar había una sala de billar con dos mesas y varios taburetes acolchados a lo largo de las paredes para poder seguir las partidas, y en ocasiones apostar en ellas, la cuales enfrentaban a los jugadores de Bola Ocho del club, que tendían a hacer trampas.

En 1964, tuve ocasión de visitar el Daisy como invitado de los Hanson. Cuando un año después los llamé desde Nueva York para contarles que llegaría a Los Ángeles la tarde del 3 de noviembre para cumplir con un nuevo encargo de *Esquire,* me invitaron a cenar la noche siguiente.

Acudir al Daisy aquella noche se demostraría de lo más providencial. En un rincón oscuro del bar, con una copa en una mano y un cigarrillo en la otra, flanqueado por dos rubias elegantes y con bonitos peinados, estaba Frank Sinatra en persona.

Capítulo quince

Durante el vuelo de la Trans World Airlines con destino a Los Ángeles había leído en la columna de un periódico que Frank Sinatra estaba enfadado con el presentador de la CBS Walter Cronkite, y que de hecho meditaba emprender acciones legales contra la cadena, porque en un documental que iba a emitirse dentro de menos de dos semanas sugería que el cantante era amigo de algunos miembros del crimen organizado.

No tenía constancia del documental de la CBS y me pregunté por qué Harol Hayes no me lo habría mencionado en caso de saberlo. Hayes me había hecho creer que a *Esquire* le habían garantizado cooperación; pero, después de leer la pieza, no pude evitar tener mis reservas acerca de cuán abierto se iba a mostrar Sinatra con los periodistas a partir de ahora. Esto explica que, después de reconocerlo en el bar, refrenara el impulso de levantarme de la mesa de los Hanson y cruzar el salón para ir a presentarme.

A aumentar mi cautela contribuyó la charla que mantuve durante el vuelo con una azafata pelirroja llamada Betty Guy, quien me había contado que Sinatra volaba con frecuencia con Trans World Airlines y que en su opinión era un caso evidente de «Jekyll y Hyde». Aseguró que en ocasiones era de lo más amigable con ella y el resto de los pasajeros, mientras que en otras, de forma impredecible, se mostraba irritable, hosco, y que no abría la boca durante todo el largo trayecto entre Nueva York y Los Ángeles. Solían acompañarlo unos pocos hombres, me dijo, que imaginaba que eran sus guardaespaldas o asistentes; pero también los ignoraba, y prefería sentarse a solo, junto a la ventanilla, y alternar entre beber burbon y echar una cabezadita. Transmitía la sensación de ser la persona más sola de todo el pasaje.

Estaba sentado a la mesa presidencial de los Hanson con otra media docena de invitados, charlando con todos y sin perder de vista a Sinatra, que se encontraba en el bar, cuando Sally, que estaba sentada a mi lado, me dijo: «Viene con frecuencia por aquí y acostumbra a traerse a Mia». Se refería a Mia Farrow, la actriz de veintidós años con la que llevaba saliendo todo el año. Pero aquella noche no lo acompañaba. Sally no conocía a las rubias que estaban en el bar con él, ambas a mitad de la treintena, pero sí a los dos amigos que andaban cerca, vestidos con traje y corbata.

Uno de ellos era Brad Dexter, un actor secundario especializado en papeles poco convencionales, de cuarenta y muchos y ancho de espaldas, el cual había aparecido en varias películas y series de televisión. Sin embargo, por entonces en Hollywood se le conocía más por haber salvado a Sinatra de morir ahogado en Hawái el año anterior. Sinatra había estado allí dirigiendo y protagonizando *Todos eran valientes*, una película sobre la Segunda Guerra Mundial en la que se abordaba el papel de Japón y en la que Dexter interpretaba a un sargento aficionado a mascar tabaco. Durante una pausa del rodaje, mientras Sinatra y la esposa del productor se daban un baño en el mar, la corriente los arrastró muy adentro, y podrían haber muerto de no haber sido por los esfuerzos de Dexter, quien acudió al rescate nadando varios centenares de metros en compañía de dos surfistas. Después de esto, Sinatra mostró su agradecimiento contratando a Dexter como ejecutivo dentro de su entramado empresarial y los dos se hicieron amigos íntimos.

El otro hombre de pie junto a Sinatra en el club Daisy era Leo Durocher, de sesenta años, cuya larga relación con el artista se remontaba a mediados de los cuarenta, cuando era el entrenador bullanguero de los Brooklyn Dodgers, y se ganó el apelativo de «Leo el Impertinente». En su época de juventud, a mediados de los años veinte, es decir, durante la era de Babe Ruth, había jugado de *infielder* para los Yankees. Su relación con el béisbol, como jugador y entrenador de varios equipos, siempre se había definido por su combatividad y su determinación a ganar a toda costa. La cita que mejor lo caracterizaba, y de la que se apropió, aunque probablemente fuera apócrifa, era: «Los buenos tipos acaban últimos».

Mi deseo de observar más de cerca a Sinatra y sus amigos me llevó a excusarme de la mesa de los Hanson y cruzar el salón, abriéndome paso entre docenas de parejas que se contoneaban al ritmo del folk-rock que salía del equipo de música, hasta apostarme en una zona sombría a pocos metros del bar. Sinatra me daba la espalda; pero, incluso si se hubiese dado la vuelta o hubiese captado mi reflejo en el espejo del bar, no me habría reconocido. Nunca nos habían presentado.

Hasta entonces, la única vez que lo había visto en persona, y a cierta distancia, había sido unos meses atrás en el bar Jilly's de Nueva York, ubicado en la calle Cincuenta y dos Oeste, donde había estado sentado en un enorme reservado al fondo del local, rodeado de amigos íntimos —entre ellos, Sammy Davis Jr.— y sus hijas, Nancy y Tina. Esa misma tarde, Sinatra había ofrecido un concierto muy exitoso en Forest Hills, Queens, y parecía estar de muy buen humor. En aquella mesa se prodigaban las sonrisas, las bebidas y los abrazos.

La atmósfera en el Daisy era bien distinta. Sinatra se limitaba a sorber su burbon en silencio e ignoraba a las dos mujeres que lo acompañaban, fuera de darles fuego con su mechero dorado cuando periódicamente le acercaban sus cigarrillos. A Durocher y Dexter tampoco les dirigía la palabra, pese a tenerlos a su vera. Me acordé de las palabras con las que Betty Guy, la azafata de Trans World Airlines, me había descrito a Sinatra: un tipo de aspecto solitario que sorbía su burbon desde su asiento junto a la ventanilla y evitaba todo contacto con los que lo rodeaban, tan diferente de la figura amigable y jovial de otros vuelos de la compañía. Jekyll y Hyde.

En esta ocasión parecía sentirse ansioso e inquieto. Digo esto porque, cuando sonó el teléfono del bar y el barman no pudo apresurarse a responder al encontrarse a cierta distancia colocando bebidas en la bandeja de un camarero, Sinatra, de golpe, se puso de puntillas para descolgar el aparato de baquelita blanco, que reposaba sobre una toalla a un extremo de la barra. Tras llevárselo a los labios, pronunció un seco «hola». No se identificó y escuchó durante un momento las palabras de su interlocutor, tras lo cual depositó el aparato con fuerza sobre el mostrador y gritó bien alto en dirección al barman: «¡¡¡George, es para ti!!!».

George, un tipo fornido y con gafas, de unos cuarenta y tantos años, dejó de inmediato lo que estaba haciendo y corrió al teléfono, secándose las manos con una toalla para agarrarlo. Antes de saludar a quien hubiera al otro lado de la línea, hizo un gesto de asentimiento hacia Sinatra y le dijo: «Gracias, Frank, disculpa la molestia». Sinatra ya se había alejado y regresado a la tarea de darle sorbitos a su burbon, mientras las dos rubias hablaban y fumaban, y Dexter y Durocher permanecían apoyados sobre un extremo de la barra observando, bebidas en mano, a las jóvenes parejas que se contoneaban por la pista de baile.

Entonces, al cabo de unos minutos, el teléfono volvió a sonar y de nuevo Sinatra lo descolgó antes de que el barman tuviera tiempo de hacerlo —esta vez se encontraba agachado llenando un cubo de hielo—, y después de que Sinatra dijera, «¡¡¡George, es para ti!!!», el barman no solo repitió sus disculpas, sino que probablemente se sintió avergonzado por ser incapaz de seguirle el ritmo a su impaciente y autodesignado secretario.

Me quedé observando la escena y preguntándome por qué Sinatra se comportaba así. ¿Qué lo llevaba a responder al teléfono? Quizá fuera un obseso del control, pensé, alguien predispuesto a tomar las riendas, a gobernar sobre el teléfono, a presidir sobre todas las cuestiones relativas al club. O quizá Sinatra, dotado de un oído musical muy delicado, fuera hipersensible al sonido estridente que emitía un aparato tan invasivo. Lo que para el barman suponía una ventaja, para individuos como Sinatra resultaba una molestia, en especial aquellas noches en las que no se encontraba bien.

O quizá respondiera al teléfono para hacerle un favor a George, al que puede que viera como un barman sobrepasado, con una esposa o novia dependiente en casa, que lo llamaba para decirle que se sentía sola y lo necesitaba, y que exigía saber hasta qué hora trabajaría. ¿Cómo reaccionaría esa mujer de enterarse de que la voz que acababa de escuchar al otro lado de la línea pertenecía al hombre solitario más célebre de América?

O cabía la posibilidad de que Sinatra se mostrara ansioso por responder al teléfono movido por el deseo de que fuera Mia Farrow la que estuviera intentando localizarlo, ¡y lo necesitara!

Mientras cavilaba sobre el tema, el *disc jockey* del Daisy pasó de repente de la música rock al tema «In the Wee Small Hours of the Morning», una bonita balada que Sinatra había grabado diez años atrás, en 1955. Por entonces estaba infelizmente casado con la estrella de cine Ava Gardner, cuyo espíritu independiente e indiferencia lo frustraban y disparaban su deseo al mismo tiempo. La letra de la canción probablemente reflejara el anhelo que lo embargaba por aquella época:

«A altas horas de la madrugada / mientras el resto del mundo duerme profundamente / tú yaces despierto pensando en la chica...».

Mientras la música se apoderaba de la habitación, la pista de baile se llenaba de parejas muy juntas que se balanceaban suavemente y las dos rubias sentadas en el bar se daban la vuelta para observar a los bailarines, sin poder evitar que sus propios cuerpos se movieran al dulce ritmo de la orquesta de Nelson Riddle, que acompañaba la meliflua voz de Sinatra. Yo no aparté la vista del gran hombre, a la espera de que cambiara de postura, de que se diera también la vuelta para unirse al momento y prestara una atención reverencial al clásico del sello Capital Records que él mismo había alumbrado hacía una década.

Pero no se movió. No parecía haber conexión alguna entre su voz grabada y su presencia física, excepto por el hecho de que ahora personificaba la imagen de sí mismo que mostraba la carátula de su disco *In the Wee Small Hours*: un hombre melancólico, atildado, con un sombrero de fieltro, cigarrillo en ristre, y apostado a altas horas de la noche en una esquina solitaria y penumbrosa junto a una farola.

Mi mente bullía con ideas que necesitaba apuntar antes de que se me olvidaran, de modo que me alejé del bar y enfilé hacia el baño de caballeros. Siempre que quiero tomar notas en privado, con la intención de no revelar mi condición de reportero, lo que con frecuencia altera la relación entre el observador y el observado, me retiro a lugares como los lavabos y con frecuencia me encierro en un cubículo. En vez de escribir sobre papeles delgados y que se solapan, o en blocs de notas de tamaño bolsillo —las espirales que los encuadernan acostumbran a engancharse en el forro interior de mis americanas—, opto por las superficies blancas de los cartones en los que la tintorería me entrega dobladas mis camisas.

Cuando la prenda es lavada y planchada, el empleado de la tintorería la cuelga de una percha o bien la dobla alrededor de un trozo de cartón de treinta y cinco por veinte centímetros, que el cliente suele arrojar a la basura después de ponerse la camisa. Yo, por el contrario, siempre guardo estos cartones y los voy acumulando en una pila al lado de mi mesa de trabajo en casa. Antes de salir a hacer una entrevista, corto uno de ellos en cinco trozos con unas tijeras, tras lo cual dejo los bordes redondeados. De este modo obtengo un pequeño y sólido pack de escritura de dieciocho por ocho centímetros que puedo guardar y sacar fácilmente del bolsillo de mi americana. En algunas ocasiones, puedo llegar a embutir un solo trozo en el puño de una camisa y escribir subrepticiamente unas pocas palabras en uno de sus bordes, siempre que considere que el riesgo de que me vean es muy bajo.

Jamás se me ocurriría tomar notas en una habitación llena de gente, sobre todo teniendo cerca a amigos y protectores de Sinatra, aunque ni siquiera me demoro mucho escribiendo en la privacidad que me procuran unos baños. Cuanto hago en estos trozos de cartón es apuntar en formato abreviado un recordatorio de lo que acabo de ver, sentir y pensar. En el caso de Sinatra:

F. S. taciturno en el bar

F. S. su música envolvente arroja a la gente a la pista de baile

F. S. ¿su voz es un afrodisiaco que se dispersa por el aire?

F. S. letras > multitud de parejas haciendo el amor en coches aparcados, áticos, habitaciones alquiladas, etc.

F. S. ¿Mia le ha dado calabazas esta noche?

Durante mi ausencia, Sinatra y sus amigos, Durocher y Dexter, habían dejado a las rubias en el bar con el guardaespaldas del cantante, Ed Pucci, un antiguo *lineman* de fútbol americano de ciento trece kilos que había jugado como profesional en Washington, y se habían dirigido a la sala del billar. Allí se habían reunido con unos cincuenta o sesenta jóvenes que, de pie o sentados en taburetes, seguían las partidas de Bola Ocho que se jugaban en dos mesas diferentes.

Una vez me había sumado con discreción a un grupito que estaba junto a la puerta, advertí que Sinatra se había sentado al otro extremo de la sala, con la espalda apoyada en la pared y una copa en la mano. Vestía un traje Oxford de tres piezas, gris, de corte elegante y con un pañuelo en la solapa, cuya americana tenía un forro de seda rojo. Sentado con las piernas cruzadas, calzaba unos zapatos de color burdeos de diseño británico y tan lustrados que hasta las suelas parecían brillar. También me di cuenta de cómo en dos ocasiones se sacaba un pañuelo blanco del bolsillo de la cadera para sonarse la nariz. Luego me enteraría de que estaba resfriado.

Solo él y sus amigos, Dexter y Durocher, llevaban traje y corbata; el resto vestía de manera más informal, aunque las prendas no eran precisamente baratas: jerséis de cachemir, mocasines de Gucci, tejanos a medida y, por descontado, entre las mujeres del club abundaban los pantalones Jax. Aunque todo el mundo parecía cómodo en presencia de Sinatra, con el que habrían coincidido con frecuencia en el pasado, al tiempo que debían estar acostumbrados a tener a famosos como compañeros de club, guardaban una distancia prudencial, conscientes de su naturaleza volátil.

Mientras tanto, Leo Durocher se había adueñado de un palo de billar y comenzado a jugar una partida en una mesa cercana. No tardó en demostrar por qué la prensa lo había descrito con frecuencia como un tiburón de la especialidad, alguien que había crecido jugando al billar y que más tarde, durante sus años en el béisbol profesional, había conseguido incrementar notablemente sus ingresos vaciando los bolsillos de sus compañeros de equipo. A medida que iba embocando las bolas por toda la mesa con gran destreza, Sinatra y Dexter se turnaban a la hora de aplaudirlo y jalearlo. En un momento dado, Sinatra desplazó abruptamente su atención hacia un joven de baja estatura que se encontraba de pie detrás de Durocher, el cual vestía un suéter Shetland de color verde, pantalones de pana marrones, una americana de ante de color tostado y unas botas de caza.

Con el tiempo descubriría que aquel individuo de rasgos angulosos, metro sesenta y cinco de estatura, cabello rubio y gafas cuadradas era Harlan Ellison, un prolífico autor de relatos y guiones de ciencia ficción. Pero lo que a Sinatra más le llamó la atención de él fueron sus botas.

—¡Ey! —Sinatra le gritó con la voz algo tomada por el resfriado—. ¿Esas botas son italianas?

—No —le contestó Ellison, dándose la vuelta y mirando a Sinatra. La sala se sumió en un repentino silencio. Durocher, encorvado detrás de su palo, se quedó un momento congelado en esa posición.

—¿Españolas? —preguntó Sinatra.

—No —dijo Ellison.

—¿Inglesas?

—Mira, no lo sé —respondió Ellison en tono impaciente, frunciendo el ceño y dándose la vuelta en dirección a Durocher, un gesto con el que quizá le estuviera pidiendo que intercediera. Durocher no se movió. Sinatra bajó de su taburete y se acercó a Ellison con andares arrogantes. El sonoro repiqueteo de sus zapatos contra el suelo era el único sonido en la sala. Sinatra se quedó mirando fijamente a Ellison con una ceja alzada y una sonrisita desafiante.

—¿Buscas problemas? —le preguntó.

Ellison dio un paso al lado.

—Mira, ni siquiera sé por qué me estás hablando.

—No me gusta cómo vistes —le dijo Sinatra.

—Lamento molestarte, pero me visto como me apetece.

Unos murmullos recorrieron la sala y alguien dijo:

—Vamos, Harlan, larguémonos de aquí

Leo Durocher hizo su lanzamiento y respondió:

—Sí, largaos.

Pero Ellison se mantenía impertérrito.

—¿A qué te dedicas? —le preguntó Sinatra.

—Soy fontanero —le dijo Ellison.

—No, no, no lo es —se apresuró a intervenir un joven desde el otro extremo de la mesa—, escribió el guion de *The Oscar*.

—Ah, sí... —dijo Sinatra—. Bueno, resulta que la he visto y es una mierda de película.

—Qué raro —contestó Ellison—, todavía no la han estrenado.

—Bueno, la he visto y es una mierda de película —repitió Sinatra.

En ese momento, Brad Dexter, visiblemente nervioso e imponente al lado de la pequeña figura de Ellison, dijo:

—Vamos, chaval, no te quiero en esta sala.

—Ey —lo interrumpió Sinatra—, ¿acaso no ves que estoy hablando con este tipo?

Dexter se sintió confundido. Su actitud pegó un cambio radical. Se le suavizó la voz y le dijo a Ellison en lo que sonó casi como una súplica:

—¿Por qué te empeñas en atormentarme?

Toda la escena estaba tomando un giro ridículo y dio la impresión de que Sinatra estaba medio bromeando, quizá su reacción se debiera al aburrimiento o a la desesperación. En cualquier caso, después de unos pocos intercambios más, Harlan Ellison abandonó la sala acompañado de un amigo. Yo me apresuré a seguirlos. Mi interés en Sinatra quedó momentáneamente interrumpido. Sentí que debía hablar con Ellison. Si no lo abordaba de inmediato, quizá más adelante me resultara difícil echarle el lazo.

Le di un golpecito en el hombro, y tras disculparme por mi intromisión, me presenté y le pregunté si estaría dispuesto a hablar conmigo unos minutos fuera del club.

—Lo siento, ahora debo acudir a otro sitio —me dijo Ellison—. Llámeme mañana.

Me dio su número de teléfono, que apunté en un trozo de cartón: «BR9-1952».

Después de que Ellison abandonara el club y yo me reincorporara a la mesa de los Hanson, me fijé en que Sinatra, junto con Dexter y Durocher, estaba de nuevo en el bar con las dos rubias y su guardaespaldas. De todos modos, yo me daba por satisfecho: ya había visto suficiente por aquella noche. Estaba ansioso por regresar a toda prisa a la habitación de mi hotel a reunirme con mi Olivetti, mi compañera de viaje portátil, para hacer lo que siempre hacía antes de acostarme cuando tenía un encargo entre manos: coger papel para escribir a máquina y rellenar una, dos o más páginas con las descripciones de lo observado durante la jornada, la gente con la que me había cruzado y las impresiones que me habían causado, poniéndolo en negro sobre blanco mientras seguía fresco en mi cabeza.

Empecé escribiendo el día en la parte superior de la primera página («Jueves, 4 de noviembre de 1965), el lugar desde el que escribía («en la habitación 405 del hotel Beverly Wilshire»), y luego transcribí lo que indicaban las notas tomadas en los trozos de cartón: «F. S. taciturno en el bar...», «FS su música envolvente arroja a la gente a la pista de baile...», «FS ¿su voz es un afrodisiaco que se dispersa por el aire?...», «FS > Harlan Ellison». Acto seguido, me puse a expandir el material y a crear escenas como si fuera un escritor de relatos, aunque sin dejar de recordarme a mí mismo que era un reportero comprometido con la exactitud.

Aunque no había tomado notas en la sala del billar, mientras escribía me sentía confiado de estar reproduciendo con fidelidad el diálogo que había escuchado entre Sinatra y Ellison. Con esto no pretendo sugerir que poseo «una memoria absoluta» —algo que Truman Capote se atribuyó durante el proceso de documentación de *A sangre fría*—, sino que considero que haberme pasado décadas entrevistando a gente sin la ayuda de una grabadora me ha provisto de una alta capacidad de retención.

De todos modos, mi plan era repasarlo todo con Harlan Ellison cuando nos citáramos más adelante, no solo para confirmar y quizá ampliar lo que recordaba, sino también para preguntarle cómo se había sentido ante el comportamiento desafiante de Sinatra. ¿Le sorprendió el encontronazo? ¿Pensó que Sinatra podía soltarle un puñetazo? ¿Arrojarle una bebida?

¿Qué había estado rondándole por la cabeza durante todo ese tiempo? Como reportero, describir lo que mis sujetos piensan siempre me ha interesado tanto como aquello que hacen o dicen. Y también me interesa lo que yo pienso mientras presto atención a los otros. Por ejemplo, ¿qué me pasaba por la mente mientras observaba el humor cambiante de Sinatra? Aquella tarde lo había visto comportarse de un modo agresivo en la sala de billar; pero antes de eso, en el bar, se había mostrado calmado y esquivo. Ni siquiera había reaccionado a la canción «In the Wee Small Hours of the Morning», cuando aquella pieza romántica había atraído a docenas de parejas a la pista de baile. Y mientras yo observaba a los enamorados bailar, pensé que la voz de Sinatra era un afrodisiaco que se dispersaba por el aire —las palabras exactas que anotaría sobre un trozo de cartón en el lavabo de caballeros— e imaginé a aquellos jóvenes abandonando el Daisy para hacer el amor en las camas de sus casas, o en habitaciones alquiladas, o en una docena de otros sitios posibles, todo tipo de lugares, incluso en coches aparcados donde la música de Sinatra fluiría desde radios a las que se les acababa la batería.

No solo imaginé una escena así y la plasmé sobre el papel en un primer borrador, sino que, muchas semanas después, cuando le entregué mi artículo terminado a Harold Hayes, no cabía duda de que sus guías maestras partían de lo mecanografiado en mi Olivetti la noche del 4 de noviembre, en el hotel Beverly Wilshire, aunque de una forma más pulida y completa.

«In the Wee Small Hours of the Morning»..., como tantos de sus clásicos, una canción que evoca soledad y sensualidad, y que mezclada con luces tenues, alcohol, nicotina y las necesidades que surgen a altas horas de la noche se convierte en una suerte de afrodisiaco que se dispersa por el aire. No cabe duda de que la letra de esta canción y otras parecidas transmiten un estado de ánimo a millones de personas, hablamos de música que invita a hacer el amor, y no cabe duda de que, a lo largo y ancho de América, se ha hecho mucho el amor a su son: de noche en el interior de los coches, con las baterías languideciendo, en casas de campo junto a lagos, en playas durante agradables tardes veraniegas, en parques recónditos, en áticos exclusivos, en habitaciones amuebladas, en yates, en taxis y en cabañas. En todos aquellos lugares a los que llegaba la música de Sinatra, sus letras arropaban, atraían y vencían la resistencia de las mujeres, cortando el último hilo de inhibición y gratificando los egos masculinos de amantes ingratos. Dos generaciones de hombres se habían beneficiado de sus baladas, por lo que habían contraído con él una deuda eterna, la cual podía llevarlos a odiarlo eternamente. En cualquier caso, aquí estaba él, el hombre en persona, a altas horas de la madrugada, en Beverly Hills, inalcanzable.

Capítulo dieciséis

La mañana del 5 de noviembre caminé desde mi hotel a la oficina cercana del publicista de Sinatra, Jim Mahoney, de treinta y siete años, un hombre afable, ancho de espaldas y rubio, que me recibió vestido con un traje a medida de color avellana, una corbata marrón de seda y una camisa de rayas con las iniciales J. M. bordadas en el bolsillo de la solapa.

Sus iniciales también estaban grabadas en dorado sobre su maletín de cuero, que se encontraba sobre la mesa de su despacho, junto a una gruesa pila de correo por abrir. Después de invitarme a tomar asiento con un gesto de la mano, apartó los sobres con descuido, lo que provocó que algunos cayeran al suelo.

—Facturas, facturas —dijo en un tono divertido—. Nunca dinero, todo facturas, facturas.

Dejó las cartas en el suelo. En ese momento entró su secretaria para decirle que tenía al teléfono a Kay Gardella del *New York Daily News*. Tras disculparme por la interrupción, agarró el auricular, se reclinó en su silla de cuero, escuchó durante unos instantes y luego dijo en voz bien alta:

—Correcto, Kay, te digo que la CBS jugó sucio con Frank. Le mintieron, Kay, acordamos un pacto entre caballeros por el que no le harían preguntas sobre su vida personal y de buenas a primeras Cronkite suelta: «Frank, háblame de esos vínculos». Kay, esa pregunta, fuera. Nunca debieron hacerla.

Mientras proseguían con su conversación, me dediqué a recorrer la habitación con la vista y me encontré con una fotografía dedicada del presidente Kennedy colgada de una de las paredes, varias fotos de Sinatra y Mahoney en actos públicos y una de Mahoney posando con su esposa y sus cinco hijos. En las estanterías se desplegaban varios trofeos de golf conseguidos por Mahoney y una fotocopia enmarcada en madera de la nota de rescate que Sinatra había recibido en 1963 de los secuestradores de su hijo, Frank Jr., que por entonces tenía diecinueve años y estaba lanzando su carrera musical en el Harrah's Club Lodge de Lake Tahoe. Fue Mahoney quien entregó los doscientos cuarenta mil dólares que liberaron a Frank Jr. El FBI no tardó en capturar y encarcelar a los delincuentes, y pudo recuperarse casi todo el dinero del rescate.

Después de que Mahoney acabara de hablar con Kay Gardella, su secretaria volvió a entrar para decirle que tenía a cierto caballero al teléfono.

—¿Sabe que estoy aquí? —le preguntó Mahoney.

—No —le respondió.

—Bien, en ese caso dile que no estoy.

A continuación, se dio la vuelta para encararme y me dijo:

—Lamento mucho las molestias que le está ocasionando todo lo que está pasando, pero Frank no se encuentra bien y me temo que su conversación con él va a tener que aplazarse por un tiempo.

—¿Cuánto? —le pregunté.

—No estoy seguro —me dijo—. Frank está resfriado y hoy mismo, hace unas horas, ha regresado a su casa de Palm Springs, donde espera recuperarse a tiempo para poder grabar algunas canciones en la sesión que la NBC ha organizado el lunes en Burbank. Pero además hay otro asunto que les tiene preocupados tanto a él como a sus abogados, un asunto que le concierne.

—¿A mí?

—Están muy disgustados con la traición de Cronkite durante la entrevista que emitirá la CBS y por eso les gustaría que firmara un acuerdo en el que autoriza a Rudin a revisar su artículo antes de que se publique.

—Jim, ya sabe que no puedo hacerlo —me apresuré a decirle—. No podía cuando trabajaba para *The New York Times* y tampoco ahora que lo hago para *Esquire*. Ya puestos, en ningún sitio.

—Por desgracia, no está en mi mano —dijo Mahoney—. Frank y Mickey Rudin necesitan alguna garantía o no podremos autorizar la entrevista.

—Puedo asegurarles que no asociaré a Sinatra con la mafia, pero nada más que esto —le dije.

—Quizá no sea suficiente —apuntó Mahoney.

—Harold Hayes se va a poner furioso cuando se entere de esto —le dije, añadiendo que había volado hasta ahí con el sobrentendido de que *Esquire* y la gente de Sinatra habían llegado a un acuerdo, y no solo eso, mi estancia en Los Ángeles no podía alargarse más de una semana—. Ahora me veo obligado a llamar a Hayes para contarle que el acuerdo está roto. Y repito: se va a poner furioso.

—Una vez más, lo lamento —dijo Mahoney—. Quizá encontremos la manera de hacernos cargo de sus gastos y asumir los costes de su vuelo de regreso.

—Dudo que Hayes lo apruebe —le dije, aunque tenía mis dudas. Quizá lo hiciera y cancelara el encargo. De esta forma me liberaría para poder hacer lo que de verdad me apetecía: entrevistar a Clifton Daniel, el director editorial de *The New York Times*. En cualquier caso, la decisión recaía en Harold Hayes, por lo que durante el camino hacia la salida le dije a Mahoney que iba a volver a mi hotel para intentar localizarlo y que ya le haría saber su reacción.

—No, espere —me dijo Mahoney—. Puede que tenga una idea mejor. No llame a Harold Hayes hasta saber cómo respira Sinatra el lunes, después de los ensayos en los estudios de la NBC en Burbank. Tenía pensado llevarlo conmigo a las sesiones de grabación. Podrá verlo cantar, pero no intente entrevistarlo. Concédame la oportunidad de intentar suavizar las cosas. ¿Qué le parece?

Tras aceptar su proposición, me dijo que el martes a las diez en punto de la mañana me recogería en la puerta de mi hotel. Así lo hizo. Se presentó a la hora exacta al volante de su Mercedes descapotable. Durante la media hora de trayecto hasta Burbank, respondió a las preguntas sobre él que le fui formulando.

Había nacido a unos ocho kilómetros al sur de Beverly Hills, en Culver City, célebre por acoger los estudios de la Metro-Goldwyn-Mayer. Su padre, un pintor de casas, con frecuencia era contratado para trabajar en las residencias de las estrellas de la MGM, una de las cuales resultó ser Clark Gable, dueño de un rancho de ocho hectáreas y nueve habitaciones en Encino, dentro del Valle de San Fernando.

De adolescente, Mahoney a veces acompañaba a su padre a algunos trabajos, así es como conoció a Clark Gable, quien enseguida le cogió cariño y le consiguió un trabajo como asistente del jefe de publicidad de la MGM, Howard Strickling. Un día de 1953, Strickling le encargó a Mahoney que condujera a la estrella de la MGM Ava Gardner, por entonces casada con Sinatra, al aeropuerto, donde debía coger un vuelo con destino a África para rodar *Mogambo*, con Clark Gable y Grace Kelly.

Cuando Mahoney llegó a la casa de Ava Gardner en Nichols Canyon, en Hollywood Hills, ella no estaba lista, así que lo invitó a entrar y tomarse algo mientras la esperaba. Al cruzar la sala de estar en dirección al bar, una voz masculina lo interrumpió espetándole: «¿Quién coño eres tú?». En un rincón sombrío de la sala, sentado sobre un sillón acolchado, se encontraba Sinatra, claramente enfadado.

—Vengo de la oficina de Strickling —le dijo Mahoney— y me han pedido que lleve a la señora Sinatra al aeropuerto.

Sinatra relajó su actitud, se incorporó y le preguntó:

—Está bien, chaval. ¿Qué quieres beber?

Al cabo de unos momentos, cuando Ava Gardner bajó con su equipaje y se despidió de su esposo, Mahoney notó que había lágrimas en los ojos de Sinatra. Más adelante, Mahoney descubriría que ella estaba decidida a poner distancia con Sinatra, que había abortado recientemente y que Sinatra se había sentido tan deprimido que había intentado suicidarse al menos en una ocasión. A sus problemas personales se añadían los financieros, derivados de su estrella menguante en el negocio del entretenimiento. Ya había hecho la prueba para el papel en *De aquí a la eternidad* que le reportaría un Oscar, pero en aquel momento aún no sabía que era suyo.

Años después, Sinatra estaba de nuevo en la cresta de la ola y Mahoney se lo volvió a cruzar en los estudios de la MGM, donde por entonces Sinatra rodaba *Cenizas bajo el sol*. Mahoney estaba echando una mano con la promoción de la película y un día Sinatra le preguntó:

—¿Cuándo piensas dejar un trabajo tan falso?

—El día que se me presente algo mejor —le respondió Mahoney.

—Pues acaba de hacerlo —le dijo Sinatra, ofreciéndole un gran aumento de sueldo en calidad de su nuevo publicista a tiempo completo. Aquello ocurría en 1958, y desde entonces, me dijo Mahoney: «He estado a su lado en los años buenos, los años malos y los años entre una cosa y la otra».

Mientras Mahoney nos conducía por el aparcamiento de los estudios de la Warner Bros en Burbank, veinticuatro hectáreas con docenas de platós que recordaban a hangares para aviones, vi a varias personas descargar instrumentos musicales de sus vehículos y dirigirse con ellos a la puerta lateral de un edificio especialmente concurrido. También llamó mi atención una figura masculina muy familiar que salía de una limusina luciendo un suéter naranja y un sombrero de fieltro, con un maletín bajo el brazo y un chubasquero, dado el día tan nublado e inusualmente fresco para los estándares de California.

—¡Jim! —le grité—, ¿aquel no es Frank Sinatra?

Mahoney detuvo el vehículo y miró a través del parabrisas con los ojos entornados, en dirección al individuo que le señalaba.

—No —me dijo—, ese no es Frank. Es su doble: Johnny Delgado.

Me sorprendió que Sinatra tuviera un doble, pero no dije nada. Sabía de manera instintiva que debía guardarme mis pensamientos para mí. Mahoney me había advertido que no me acercara a Sinatra, pero no me había dicho nada de su doble. Johnny Delgado era el tipo de personaje secundario que siempre me había atraído como escritor. Lo mismo podía decirse de otras muchas personas que trabajaban para Sinatra o estaban socialmente conectadas con él, una lista que incluía a su publicista Mahoney, su abogado Rudin, su guardaespaldas Pucci y docenas de otros, sin olvidar a algunos de sus empleados domésticos y a infinidad de individuos que operaban entre bastidores, y a no pocos aprovechados.

En cualquier caso, de no haber estado en deuda con Harold Hayes y por el acuerdo al que habíamos llegado, sin duda yo habría preferido retratar al doble que al auténtico. En mi cabeza bullían ya muchas preguntas que lanzarle a Delgado. ¿Cómo había conseguido el trabajo? ¿Qué placeres, ventajas y dificultades le proporcionaba? Consciente de que Sinatra se encontraba rodando *Asalto al Queen Mary*, una película rodada en la costa del Pacífico, supuse que a Delgado se le reclamaba para aparecer en las escenas con agua de por medio, mientras que Sinatra permanecía bien seco en la playa. Pero ¿qué estaba haciendo Delgado ese día en los estudios de grabación? ¿Era capaz de seguir una melodía? ¿En algún momento había aspirado a convertirse en actor o cantante? En caso afirmativo, ¿de qué experiencia podía hacer gala? ¿Mantenía una relación personal con Sinatra?

Si lo abordaba, ¿accedería a hablar conmigo o el temor a perder su trabajo lo llevaría a evitarme? Solo sabría la respuesta si conseguía llegar a él, pero antes de intentarlo debía encontrar el modo de sortear a Jim Mahoney.

Capítulo diecisiete

Me mantuve pegado a Mahoney cuando entramos en el vasto y abarrotado estudio televisivo donde cientos de personas conversaban alrededor de la plataforma en la que algunos músicos, ya sentados, afinaban sus instrumentos. Presidiendo sobre el templete estaba la cabina acristalada de control, en la que el director y sus ayudantes probaban sus cámaras y equipos de sonido con la esperanza de que Frank Sinatra ganara la batalla al resfriado y pudiera ofrecer una actuación digna.

Tras dejar atrás el templete, anduvimos hasta llegar a la sala de ensayos, situada en el extremo más alejado del estudio. Mahoney se detuvo a hablar con algunas personas que estaban de pie al lado de la puerta y a quienes no me presentó. Tres de ellas eran hombres elegantes que lucían trajes oscuros y se acercaban a la mediana edad, y con ellos había una mujer de pelo blanco con un vestido estampado con flores y llevaba un maletín. Más adelante descubriría que su nombre era Helen Turpin y que su trabajo a tiempo completo consistía en acompañar a Sinatra allí donde actuara con un maletín en el que guardaba sus prótesis capilares. Su sueldo como acarreadora de peluquines era de cuatrocientos dólares semanales.

En el interior de la sala de ensayos, Sinatra comprobaba el estado de su voz acompañado de un pianista. Dado que la puerta estaba parcialmente abierta, con frecuencia lo oíamos interrumpir su canto para quejarse de algo, y en dos ocasiones llegó a golpear el piano con los puños mientras su acompañante le rogaba, con suavidad pero sin descanso: «Procura no alterarte, Frank».

Los que estaban fuera guardaban silencio, pero supuse que, al igual que Mahoney, debían ser gente próxima a Sinatra, por lo que la escena los tendría alterados y preocupados. Quizá Mahoney se culpara por dejarme ser testigo de cómo Sinatra perdía los papeles.

—Vamos —me dijo Mahoney, agarrándome del brazo y conduciéndome en dirección a un tipo que le hacía gestos a poca distancia—. Necesito hablar con alguien.

No tardó en presentarme a Andy Williams, responsable de la grabación de grandes éxitos como «Moon River» y presentador de un programa semanal de variedades de la NBC. No presté mucha atención a la extensa y amistosa conversación en la que se enfrascaron, pues me interesaba más observar cómo probaban las luces del escenario sobre Johnny Delgado, que permanecía tras un micrófono de pie. Entonces se nos sumó Claudine Longet, la esposa de Andy Williams, una joven de origen francés, morena y muy sociable, que era actriz y bailarina.

La prensa se había hecho un amplio eco del modo en que había conocido a Andy Williams cinco años atrás. Por entonces ella era una bailarina de la compañía Folies Bergère que actuaba en uno de los casinos de Las Vegas. Una tarde se le averió el coche circulando por la carretera y él se detuvo para ayudarla. Williams tenía treinta y dos años; ella, dieciocho. Empezaron a salir y se casaron al año siguiente. Él venía de una larga relación sentimental con una mujer que le doblaba la edad, Kay Thompson, cantante y profesora de dicción que lo había ayudado a lanzar su carrera. Thompson escribiría luego los libros infantiles protagonizados por Eloise, y después de que Andy Williams se casara con Claudine, se instaló en Roma.

Tras unirse a la reunión que su marido mantenía con Mahoney, Claudine llevó la voz cantante e insistió a Mahoney para que los llevara a ver a Sinatra.

—Está ocupado y no se encuentra muy bien —dijo Mahoney.

Pero ella se empeñó.

—Frank adora a Andy y entre los dos le levantaremos el ánimo.

—Ahora está ensayando y no puedo interrumpirlo —dijo Mahoney.

—Lo esperaremos fuera. Por favor, necesito hablar con él. Conseguiré animarlo —le dijo ella.

Al final Mahoney claudicó.

—De acuerdo, acerquémonos a ver cómo andan las cosas. Pero no os prometo nada —les dijo Mahoney, y antes de escoltarlos hasta allí se dio la vuelta para dirigirse a mí—. Espéreme aquí, ¿de acuerdo? No tardaré.

Permanecí en medio de la sala atestada de gente, rodeado de un montón de personas a las que jamás había visto. Mahoney me había comentado que ese día muchos comerciales de cerveza acudirían con su familias —Budweiser patrocinaba el programa de la NBC— y también muchas secretarias y otros empleados de diversos departamentos del complejo de la Warner Bros. Al final reconocí a alguien que recordaba haber visto en el club Daisy: Ed Pucci, el *exlineman* de la NFL*, guardaespaldas de Sinatra. Se dirigía hacia la sala de ensayos, y después de salir a su encuentro, me presenté como un redactor de *Esquire* que se encontraba trabajando en un perfil de su jefe.

—¡*Esquire!* —repitió Gucci con entusiasmo—. Es mi revista favorita. Siempre la leo. Me encanta la columna *Dining Out*. Soy copropietario de un restaurante fantástico aquí y quizá le gustaría que cenáramos juntos una noche y ayudarme a que aparezca reseñado en la columna.

—Me encantaría acompañarlo —le dije—, y sería un placer hablarle de su restaurante al editor de la columna.

Me apresuré a anotar el teléfono de Pucci en un trozo de cartón que llevaba guardado en el interior de la ame-

---

* Liga de Fútbol Americano. (*N. del T.*).

ricana y fijamos una cita para cenar esa misma semana. Confiaba, por descontado, que Pucci no se la mencionara a Mahoney.

Tras la marcha de Pucci, y a la espera de que Mahoney regresara, advertí que Delgado y el equipo de iluminación se estaban tomando un descanso junto a las escaleras del templete, por lo que me encaminé rápidamente hacia ahí. Encontré a Delgado de un ánimo cordial y receptivo. Me dio su teléfono y me prometió una entrevista tan pronto como su agenda se lo permitiera. Me explicó que, en 1953, cuando era un joven aspirante a actor, había realizado una prueba para *De aquí a la eternidad*, y que el responsable del casting, impresionado por su parecido físico con Sinatra, lo había contratado como doble del cantante.

Desde entonces lo habían contratado con frecuencia cuando Sinatra tenía una actuación o rodaba una película en Estados Unidos o fuera del país. A veces, mientras paseaba o se tomaba un café en ciudades extranjeras, había gente que lo confundía con Sinatra y se le acercaba para pedirle un autógrafo o una foto, y que él declinaba después de sacarlos de su error. Sin embargo, de tanto en cuanto, era alguna joven quien lo abordaba buscando una relación sentimental. Guiñándome un ojo y alzando una ceja, me admitió que en tales casos no se mostraba tan reticente.

Me alejé de Delgado al ver que Mahoney se dirigía hacia mí, acompañado por el matrimonio Williams. Claudine parecía apesadumbrada y guardó silencio a mi pregunta de si había podido ver a Sinatra. Mahoney respondió por ella.

—Frank estaba ocupado, pero lo bueno es que se encuentra mucho mejor. Enseguida estará listo para empezar.

Al cabo de cinco minutos, al son de muchos aplausos y vítores, vi a Pucci abrirse camino entre la multitud con Sinatra a su estela. Se dirigían hacia el templete. Sinatra lucía un sombrero de fieltro y unas gafas negras de montura de carey, y acarreaba lo que supuse que eran unas partituras. También vestía pantalones y zapatos marrones y un suéter naranja de cuello alto.

El naranja era su color favorito. Lo sabía gracias al muy publicitado sastre de Sinatra, Richard Carroll, cuya tienda de Beverly Hills había visitado el fin de semana. El señor Carroll, un hombre en la cuarentena y de prematura cabellera blanca, había abierto su negocio en 1949, y las prendas y accesorios que lucía eran acordes con la elegancia de los maniquíes que lo rodeaban. Me contó que Sinatra compraba jerséis de cachemir escocés, de color naranja y de primerísima calidad, no solo para él, sino para muchos de sus amigos y empleados, como su piloto, que siempre lucía un suéter naranja cuando llevaba al cantante en su jet privado Lear. El jet, por cierto, tenía un tapizado naranja, paneles laterales revestidos de cuero anaranjado y una franja naranja pintada en el fuselaje.

A lo largo de los años, la cinta métrica de Carroll había explorado cada centímetro del cuerpo de Sinatra: su cintura era de ochenta y un centímetros; las caderas, de noventa y nueve centímetros; el tiro de sus pantalones, de setenta y seis centímetros; la longitud de su americana, de setenta y tres centímetros; un cuarto, el tamaño de su sombrero, de diecisiete centímetros, y un cuarto, su número de pie, el cuarenta y medio. Aunque sus ciento setenta centímetros con dos milímetros de altura lo hacían dos centímetros y medio más alto que Napoleón Bonaparte, Carroll sabía que esto era un pobre consuelo para él, de modo que todos sus zapatos incorporaban alzas que lo acercaban a los ciento setenta y cinco centímetros con tres milímetros.

Carroll también estaba al corriente, previa consulta con el encargado del guardarropía de Sinatra, Dominic di Bona, de lo que el cantante iba a lucir en cada uno de los tres cambios de vestuario durante la grabación del especial de una hora de la NBC, donde interpretaría dieciocho canciones y que sería emitido el 24 de noviembre. El programa empezaría con Sinatra cruzando a paso rápido el estudio de una punta a otra. Luego, tras arrojar su sombrero a un rincón, ascendería por una plataforma blanca con los miembros de la orquesta tocando en penumbra a sus espaldas, y tras agarrar el micrófono, arrancaría a cantar «I've Got You Under My Skin».

Durante este y los cinco temas siguientes, vestiría una americana beis de tweed con chaleco naranja que había diseñado Carroll, pantalones y zapatos marrones, una corbata estampada de seda de color marrón y una camisa blanca con unos diminutos gemelos en forma de perla. Del bolsillo de la solapa de su americana asomaría un pañuelo naranja. Para la séptima canción, «It Was a Very Good Year», Sinatra se pondría un traje gris oscuro de tres piezas con una camisa de cuello cerrado con un alfiler, una corbata gris de seda y un pañuelo naranja con tonalidades rojizas.

Su último cambio de vestuario estaba formado por un esmoquin que luciría durante su décimo quinta canción, «Come Fly With Me». La americana negra llevaría hombreras y solapas de satén, y bajo el chaleco Sinatra luciría una camisa blanca con cuello punto de ala, una pajarita negra y botones tachonados. Sus pantalones a medida incorporarían una faja y, una vez más, su americana se embellecería con un pañuelo, esta vez de color rojo tomate.

Carroll ya llevaba confeccionados cuarenta esmóquines para el cantante; pero, dado que la formalidad en el vestir era un rasgo tan distintivo suyo cuando actuaba en público, había que entregarle siete modelos nuevos cada año. Carroll me dijo que su equipo de sastres tardaba unas cuatro semanas en confeccionar cada unidad y que siempre había dos en proceso.

Tras despejar un caminito entre la multitud que rodeaba el templete, Ed Pucci se apartó para dejar que Sinatra subiera a una pequeña plataforma blanca en la que lo esperaba un micrófono, un atril y un taburete acolchado de cuero blanco; el taburete lo flanqueaban unos grandes árboles de plástico con ramas de las que colgaban docenas de caléndulas artificiales de color naranja. Tras quitarse las gafas y embutirlas en el bolsillo de la solapa del suéter —todos sus suéteres incorporaban bolsillos para las gafas—, se dio la vuelta y levantó la vista hacia las hileras donde se sentaban los músicos, situados a unos nueve metros a sus espaldas, en la parte alta. La mayoría de ellos seguían afinando los instrumentos.

Sinatra sonrió y señaló a un trombonista que se había levantado para hacerle una foto. Luego echó un vistazo alrededor y preguntó en voz alta:

—¿Dónde está Nelse?

Nelson Riddle, el director de orquesta y arreglista —un tipo de unos cuarenta años, robusto, de cabello oscuro, discreto y tranquilo, que llevaba más de una década colaborando con Sinatra— apareció rápidamente por el lado izquierdo de la plataforma y dijo:

—Listo, Frank.

Cinco minutos después, con Riddle detrás de él en el podio, batuta en ristre y la orquesta de cuarenta y un miembros vibrando a su dictado, la voz de Frank Sinatra, acompañada de sus dedos chasqueando detrás del micrófono, reverberó por el sistema de sonido: «I've got you under my skin / I've got you, deep in the heart of me / So deep in my heart that you are really a part of me...».

Se detuvo a un tercio de canción porque se trataba de un mero calentamiento acompañado de la orquesta, sin intención de grabarse, y también porque lo interrumpió el director del espectáculo, Dwight Hemion, que reclamaba su atención desde la cabina de control.

—La voz suena de maravilla, Frank, ¿pero te importaría venir aquí un momento para echar un vistazo? Quizá tengamos demasiados movimientos de manos.

Hemion era un señor en los primeros años de la treintena, de voz suave y cabello rubio, que se movía en silencio de aquí para allá en zapatillas de deporte, aunque sin renunciar al traje y la corbata. En la última década había ganado varios premios Emmy por dirigir espectáculos musicales de variedades, el último de ellos protagonizado por Barbra Streisand.

Mientras Sinatra, acompañado de Nelson Riddle, repasaba los monitores con Hemion, se produjo un descanso de diez minutos. Las muestras de que Sinatra se encontraba bien de salud para cantar trajeron expresiones de alegría y alivio a los rostros de los amigos y socios que se apiñaban cerca del templete. Además de a Mahoney, a Andy Williams y su esposa, Claudine, el grupo incluía ahora a Brad Dexter, a Leo Durocher, a mi nuevo mejor amigo Ed Pucci y a varios otros. Al estar Mahoney enfrascado en una conversación con Dexter, le pedí en voz baja a Pucci que me dijera de quiénes se trataba y así fue como identificó a Mo Ostin, un ejecutivo de la empresa discográfica de Sinatra, Reprise; a Layne Britton, la maquilladora de Sinatra; a Al Silvani, entrenador de boxeo y exdoble de acción que había aparecido en muchas de las películas de Sinatra, y a John Lillie, corredor de seguros de Sinatra y compañero en el campo de golf.

No muy lejos de ese círculo vi a Helen Turpin, la dama de los peluquines. Me acerqué un momento a presentarme y me alegré de conseguir su número de teléfono y de su buena disposición para agendar una entrevista que le haría más adelante.

En el ínterin, Frank Sinatra había regresado a la plataforma y estaba de pie junto al atril, conversando con Hemion, con Riddle, con el compositor Gordon Jenkins y con algunos técnicos de iluminación. Debatían acerca de dónde debía colocarse Sinatra después de cantar el segundo tema, «Without a Song», y mirar a la cámara para leer las primeras líneas de su guion, que empezaba así: «¿Alguna vez se han preguntado cómo sería el mundo sin canciones?... Sería un lugar muy triste... Le hace pensar a uno, ¿verdad?».

Después de leer estas frases, Sinatra tosió.

—Disculpadme —dijo y añadió—: Ay, necesito una copa.

—Tómatelo con calma, Frank —le animó Hemion, y entonces, por detrás de él y de otros hombres que estaban sobre la plataforma, apareció de repente una mujer morena que le pasó un brazo por la espalda a Sinatra y le susurró algo al oído. A Sinatra no pareció importarle su presencia, pero delante de mí vi a Mahoney señalar en dirección a la plataforma y gritar:

—¡¿Qué demonios hace Claudine ahí arriba?!

Furioso y con la cara enrojecida, Mahoney se dio la vuelta para encarar al hombre que estaba a su lado, Andy Williams, con quien antes se había mostrado tan solícito, pero al que ahora repitió la pregunta. Alzando los hombros y disculpándose, Williams salió corriendo hacia la plataforma y para llevarse a su mujer. Agarrándola de la mano, la condujo escaleras abajo y la llevó hasta un extremo del estudio, bien lejos de Mahoney.

«¿Alguna vez se han preguntado cómo sería el mundo sin canciones?». Sinatra repitió la pregunta, esta vez sin toser, y acompañado de la orquesta, consiguió interpretar sin sobresaltos fragmentos del tercer tema, «Don't Worry About Me», tras lo cual dirigió su atención a Dwight Hemion, que se hallaba de regreso en la cabina de control, y le preguntó:

—¿Por qué no grabamos ya la maldita actuación?

Hemion no le hizo caso, de modo que Sinatra repitió:

—¿Por qué no grabamos ya la maldita actuación?

De inmediato, el regidor de producción, situado bajo la plataforma y con unos auriculares, le trasladó de nuevo a Hemion el mensaje de Sinatra, palabra por palabra: «¿Por qué no grabamos ya la maldita actuación?».

Sinatra se impacientaba por momentos. Llevaba veinte minutos de pie bajo los potentes focos, había volcado su energía en tres canciones y el equipo de la NBC aún no estaba listo para grabar. Había no menos de treinta empleados de la NBC por debajo de Hemion, más veinte tramoyistas, quienes chocaban con frecuencia yendo de un lado a otro para ajustar ángulos de cámara, mover decorados, realinear los asientos de la orquesta y debatir acerca de cuánta sombra debía esparcir Sinatra cuando deambulara por el escenario, micro en mano. De tanto en cuanto llamaban a Johnny Delgado para que se colocara en el punto que iba a ocupar Sinatra y creara sombras sobre el escenario, las cuales serían filmadas para luego simular que pertenecían al cantante.

Uno de los artilugios en el estudio que requería constantes pruebas era un soplador de hojas que, cuando Sinatra emprendiera el cuarto verso de «It Was a Very Good Year» —«By now the days are short / I'm in the autumn of the year...»—, esta máquina, colocada en una posición elevada, liberaría una cascada de ondeantes hojas naranjas, llamadas a revolotear lentamente por el aire antes de caer y esparcirse por el suelo que circundaba el micrófono. Por desgracia, el soplador fallaba con frecuencia y las hojas se quedaban atascadas en el depósito. Mientras Sinatra observaba tan poco fiable aparato, negó con la cabeza en señal de fastidio y soltó:

—Esto es como un parto.

En su larga trayectoria como trovador y estrella de cine, Sinatra era famoso por sus enfrentamientos con los directores y en especial por la ira que desplegaba cuando creía que su ritmo de trabajo se veía entorpecido por falta de preparación o una meticulosidad excesiva. Pensaba que un director de cine bien organizado debía ser capaz de rodar una escena en una o dos tomas y no esperar que un actor la repitiera varias veces por culpa de contratiempos evitables en el plató, o quizá por una idea equivocada de lo que constituía el perfeccionismo.

No cabía duda de que, respecto a Dwight Hemion, un atento y contrastado maestro de conciertos para especiales televisivos, Sinatra no podía acusarlo de alargar las escenas, más bien lo contrario. En apariencia, Hemion estaba tan volcado en los pormenores que no había comenzado a rodar ninguna escena y a Sinatra se le había acabado la paciencia. Quería ir al camerino, sacarse el suéter, ponerse la americana y la corbata, y volver al escenario para dar comienzo al verdadero espectáculo.

De modo que, una vez más, levantó la vista hacia la cabina de cristal y le gritó a Hemion:

—¿Por qué no me pongo la americana y la corbata y grabamos de una vez?

Ni una palabra de Hemion. Quizá algún botón de la cabina estuviera apagado. O quizá no tuviera ninguna prisa por contestar, al ser un individuo reflexivo y de calma inculcada, que acostumbraba a proceder en la vida según sus propios términos y tempos. Finalmente, en un tono relajado y apagado, llegó la voz de Hemion:

—Frank, ¿te importaría volver a...?

—Sí, me importa —respondió Sinatra, perdiendo los nervios—. Cuando por aquí dejamos de hacer las cosas como las hacíamos en los años cincuenta, quizá...—. Sinatra siguió con su diatriba y el hecho de ver que Hemion permanecía en silencio solo consiguió hacerle gritar aún más—: ¡Qué demonios hacéis ahí arriba, Dwight? ¿Os habéis montado una fiesta o algo por ahí arriba, Dwight?

Sinatra permaneció de pie sobre el escenario con los brazos cruzados, a la espera de una respuesta que nunca llegó. Los músicos, sentados detrás del cantante sin hacer nada, también daban señales de hartazgo, y quizá por esto Nelson Riddle no tardó en reunirse con Sinatra sobre el escenario, pasarle un brazo alrededor de los hombros y hablarle al oído durante unos minutos.

Luego Riddle volvió al templete e indicó a su orquesta que empezara a interpretar el quinto tema del programa: «Nancy (With the Laughing Face)». Esta era una de las melodías más célebres del vasto repertorio de Sinatra. Había sido compuesta veinte años atrás por Jimmy Van Heusen y Phil Silvers, y se asociaba con el nacimiento de la primogénita y la favorita de sus vástagos, Nancy. «If I don't see her each day / I miss her / Gee what a thrill / Each time I kiss her / Believe me I've got a case / On Nancy with the laughin' face...».

Enseguida Sinatra se sumó a la orquesta, y gracias a su fraseo sin igual y entonación característica, el público podía escuchar nítidamente cada palabra escrita por los compositores. El escritor Pete Hamill había apuntado en una ocasión que miles de recién llegados a América se familiarizaban con el idioma por medio de las canciones de Sinatra.

«She takes the winter and makes it summer/ Summer could take some lessons from her / Picture a tomboy in lace / That's Nancy with the laughin' face...».

Sinatra acabó la canción sin complicaciones, pero cuando Nelson Riddle lo guio por diversos fragmentos del sexto tema —«My Kind of Town»—, su voz emitió notas roncas y se quebró por completo en dos ocasiones. La orquesta se detuvo de forma brusca en el momento en que Sinatra se dobló para estornudar. Llegar hasta el final de «Nancy» probablemente había agotado su voz por completo, de modo que, tras sacarse un pañuelo del bolsillo y sonarse la nariz, abandonó el escenario y puso rumbo a la cabina de control para decirle a Hemion que el ensayo se había acabado. Iba a ser necesario reprogramarlo.

En consecuencia, todo lo ocurrido aquel día iría a parar a la basura, excepto la factura, de unos doscientos mil dólares o más, destinada a cubrir los costes: el alquiler del estudio, la reunión de los cuarenta y tres miembros de la orquesta y los salarios de los tramoyistas, los guardas de seguridad, el equipo de la NBC y su director.

Antes de despedir a Sinatra, Dwight Hemion se sentó con él frente al monitor para ver juntos cómo se había esforzado por tirar adelante «My Kind of Town» hasta que su voz lo traicionó.

—Esto tendría que haberse parado antes —dijo Sinatra, sus palabras audibles a través del sistema de sonido—. No deberíamos haber continuado tanto rato.

Hemion no se mostró disconforme.

Ver su propia imagen en la pantalla le mereció a Sinatra el siguiente comentario:

—He ahí a un hombre con un resfriado.

Capítulo dieciocho

Mientras me llevaba en su coche de vuelta a mi hotel, Mahoney me dijo que Sinatra se había marchado a su casa, en el desierto de Palm Springs, con la intención de recuperarse y que nuestra entrevista quedaba en suspenso hasta nuevo aviso.

—¿Hasta cuándo? —le pregunté.

—No lo sabré hasta que no hable con Sinatra —me dijo Mahoney y me repitió que la organización del cantante cubriría mis gastos si decidía cancelar el encargo y regresar a Nueva York.

—Jim, ya sabes que no soy yo quien toma este tipo de decisiones —le dije y añadí—: Cuando vuelva a mi habitación, contactaré con Harold Hayes y te haré saber lo que piensa.

Pero incluso antes de llamarlo, di por hecho que Hayes era un editor demasiado orgulloso para aceptar una proposición semejante. Además, consciente de su enorme interés por publicar un artículo sobre el cantante, yo no podía hacer otra cosa que intentar ver cumplido su deseo. Unos años atrás, cuando aún formaba parte de la plantilla de *The New York Times*, tuve que cancelar de forma precipitada un encargo puntual de *Esquire* en Los Ángeles debido a las largas que recibí de Natalie Wood, pero mi situación había cambiado. Ahora tenía treinta y tres años y un contrato vinculante con Harold Hayes como único interlocutor. A esto se sumaba que hacía poco mi esposa y yo habíamos sido padres por primera vez y *Esquire* suponía nuestra principal fuente de ingresos. Finalmente, sentía a un tiempo lealtad y gratitud hacia Hayes por haberme permitido escribir con mayor libertad y de forma más extensa que *The New York Times*.

Después de llamarlo desde mi hotel para contarle lo que me había dicho Mahoney, Hayes reaccionó tal y como me esperaba: rechazando el ofrecimiento de Mahoney al considerarlo ridículo. También descartó mi ofrecimiento de trasladarme a un hotel más económico que el Beverly Wilshire para reducir los gastos de *Esquire*.

—Quédate donde estás —me dijo— y sigue haciendo lo que estás haciendo. Sigue hablando con quien sea que estés hablando.

Entre las personas con las que confiaba poder hablar, a espaldas de Mahoney, por descontado, estaba Nancy Sinatra Jr., cuyo número de teléfono de casa conseguí gracias a Sally Hanson, que conocía a Nancy del club Daisy.

Otro individuo que creía que podría allanarme el camino hacia Sinatra era el campeón de los pesos pesados Floyd Patterson, amigo mío desde hacía muchos años y que contaba con las simpatías del cantante. Sinatra pensaba apostar por él en el combate por el título de la categoría que lo enfrentaría a Muhammad Ali dos semanas después, concretamente, el 2 de noviembre en Las Vegas. Sinatra no solo tenía planeado asistir al evento, me contó Mahoney, sino que había decidido enviar al campamento de Patterson a Al Silvani, un funcionario de cincuenta y cinco años que antaño había sido un renombrado entrenador de boxeo y que decía conocer una estrategia que presuntamente ayudaría a Patterson a vencer a Ali.

Sinatra era un gran aficionado al boxeo, con muchos exboxeadores y sus ayudantes en nómina o en la lista de beneficiarios de sus regalos. Antes de convertirse en bombero y propietario de un bar en Nueva Jersey, Marty, el padre de Sinatra, un siciliano de ojos azules, había sido un boxeador de peso gallo con ochenta combates a sus espaldas, hasta que se vio forzado a retirarse al romperse ambas muñecas.

El propio Sinatra había recibido lecciones de boxeo, a principios de su carrera musical, de Henry «Hank» Sanicola, un cazatalentos musical y exboxeador que se convertiría en su primer representante. En 1942, cuando Sinatra empezó a actuar en el Paramount Theatre de Times Square, Sanicola alquiló un espacio en el mismo edificio para hacer de sparring de Sinatra y enseñarle los fundamentos de la defensa personal. Por entonces, Sanicola, un hombre fuerte, de grandes pectorales y noventa kilos, había insistido en limitar los golpes a los hombros, evitando así cualquier contacto por encima del cuello, para no causarle lesiones faciales al cantante.

Sin embargo un día, mientras combatían, Sinatra, quizá incapaz de resistir la tentación de intimidar a un rival más fortachón, golpeó con fuerza la mandíbula de Sanicola. Más sorprendido que dolorido, Sanicola instintivamente contraatacó con un puñetazo al estómago que tumbó a Sinatra. El cantante se quedó unos momentos en la lona sin decir nada. Luego se levantó poco a poco y se disculpó con una sonrisa de medio lado.

Cuando Mahoney me contó que Sinatra asistiría al combate entre Patterson y Ali, no le dije que yo tenía planeado hacer lo mismo. Desde que Patterson ganara su primer título de los pesos pesados en 1956, con veintiún años, había asistido a más de una docena de sus combates.

Durante ese año y los siguientes le dediqué más de treinta piezas en *The New York Times* y un perfil en *Esquire*, artículos en los que abordaba tanto sus retos en el cuadrilátero como su vida privada.

En ellos di cuenta de lo que supuso crecer como un negro pobre de un barrio de Brooklyn, y ser un haragán y un ladrón de baja categoría que con diez años fue enviado a la Wiltwyck School for Boys, un reformatorio al norte de Nueva York que, en efecto, lo enderezó de una vez por todas. Ahí fue educado para aceptar la disciplina y la responsabilidad personal, y con catorce años comenzó a recibir lecciones de boxeo en un gimnasio. Fue entre las cuatro cuerdas donde al fin experimentó la sensación de no considerarse inferior.

A los diecisiete años ganó una medalla de oro en la categoría de peso medio en los Juegos Olímpicos de Helsinki de 1952, tras lo cual se profesionalizó, ganó peso y firmó un contrato con Cus D'Amato, un representante ascético y criado en el Bronx que lucía trajes oscuros y bombines, y que en su día había contemplado la posibilidad de meterse a cura, pese a ser famoso en el barrio por enzarzarse en peleas sin importarle una lesión ocular crónica. D'Amato no solo le organizaba los combates, sino que también ejercía de figura paterna, hasta que, en 1962, Patterson —que acababa de cumplir veintisiete años y de reconquistar el título de los pesos pesados tras vencer a Ingemar Johansson— lo desafió al firmar un acuerdo para combatir contra Sonny Liston, un boxeador de mayor fuerza y tamaño, y con un alcance impresionante a la hora de golpear.

El encuentro tendría lugar el 25 de septiembre, en el Comiskey Park de Chicago, y unos días antes de la cita, visité el campamento de Patterson en la localidad suburbana de Elgin, Illinois, a unos sesenta y cinco kilómetros al noroeste de la zona del Loop. Me llevé conmigo a un amigo novelista, James Baldwin, al que había conocido dos años antes en una fiesta de *Esquire*, organizada para celebrar la salida del número de julio de 1960, una edición especial, consagrada por entero a diferentes personas y lugares relacionados con Nueva York, en la que ambos habíamos colaborado.

A partir de entonces, Baldwin comenzó a ser un habitual en las cenas que mi mujer y yo organizábamos en casa, a las que invitábamos a amigos cercanos y a veces a colegas de *The New York Times*. Eran veladas muy agradables, si exceptuamos la ocasión en que Baldwin se enfrascó en una discusión con el corresponsal de asuntos políticos del diario, Tom Wicker, que manifestó unas simpatías por ideas afines a los sectores liberales blancos que Baldwin rechazó y ridiculizó con tanta vehemencia que la esposa de Wicker, Niva, no tardó en abandonar la mesa entre lágrimas y rogándole que no se dirigiera a Tom en ese tono.

En Chicago, antes del combate entre Patterson y Liston, me sorprendió cruzarme con Baldwin en el ascensor de mi hotel. Después de que me explicara que se encontraba en la ciudad para cubrir el evento para la revista *Nugget*, lo convencí para que me acompañara al campamento de Patterson, trayecto en el que hicimos una parada para comprar un par de libros de Baldwin para que se los llevara dedicados al boxeador.

Tras un trayecto de una hora de duración, en el transcurso del cual Baldwin me confesó que su interés en el boxeo había caído en picado desde que Joe Louis, que por entonces tenía treinta y siete años y estaba acuciado por las deudas, había sido noqueado por Rocky Marciano, de veintiocho años, en 1951, aparqué el coche de alquiler en un solar cubierto de barro, situado en una cuesta rodeada de bosque, junto a una casa blanca de dos plantas con revestimiento de tablillas, persianas verdes y una cabra en el patio delantero atada a un poste.

Aquí era donde Patterson se alojaba, y detrás había casas de menor tamaño y diseño similar, ocupadas por sus sparrings, su entrenador y un segundo entrenador que ejercía a su vez de cocinero. Cuando llegamos, Patterson acababa de despertarse de su siesta del mediodía y así es como Baldwin recordaría más tarde el encuentro en las páginas de la revista *Nugget*:

> Saludó a Gay y me dedicó una mirada furtiva y afilada, dando la impresión de concluir que si acompañaba a Gay probablemente se debiera a que era un tipo legal. Lo seguimos hasta el gimnasio... Lo vimos saltar a la cuerda, lo que debía hacer al son de algún tipo de música que sonaba en su cabeza, muy bella,

reluciente y lejana, como si fuera un monaguillo al que se pillara bailando sin control a través de las ventanas enteladas de un lugar de culto.

Una vez acabó de ejercitarse, lo seguimos al interior de la casa y nos sentamos en la cocina a beber té. Él bebió chocolate. Gay sabía que me sentía algo tenso a la hora de establecer contacto con Patterson —mi impresión era que ya tenía suficientes cosas con las que lidiar, por lo que consideraba que todo el mundo debía dejarlo en paz. ¿Qué me parecería a mí verme forzado a diario a responder preguntas inanes sobre cómo avanzaba mi trabajo?—, y acabé hablándole de algunos de mis libros. Pero Patterson no había oído hablar de mí ni leído nada mío.

Las explicaciones de Gay, sin embargo, lo llevaron a mirarme fijamente y a decir: «Yo te he visto antes. No sé dónde, pero sé que te he visto…».

Gay le sugirió que quizá me hubiera visto por televisión. Yo esperaba que el contacto se hubiera producido por una vía más personal, como un amigo común o alguna actividad ligada a la Wiltwyck School, pero Floyd recordó de golpe el tema de un debate televisivo que había visto —el problema racial, cómo no— y su rostro se iluminó. «¡Sabía que te había visto en algún sitio!», me dijo en tono triunfal, y por un momento me miró con el mismo orgullo fraternal que yo sentía, y sigo sintiendo, por él.

Ambos siguieron llevándose como la seda durante la media hora que se prolongó nuestra visita. Hacia el final, saqué los best sellers de Baldwin que había comprado —*Otro país* y *Nobody Knows My Name*— y le pedí a su autor que se los dedicara al boxeador: «Para Floyd Patterson —escribió Baldwin—, porque ambos sabemos de dónde venimos y tenemos alguna idea de hacia dónde vamos». Al despedirnos en la puerta, Patterson no solo agradeció a Baldwin los libros, sino el haberse mostrado esperanzado de que saldría ganador de su combate contra Sonny Liston.

Pero al día siguiente, cuando Baldwin y yo nos unimos a las docenas de periodistas que visitaban el campamento de Liston en Aurora, Illinois, a unos treinta kilómetros al sur del de Patterson en Elgin, nos impresionó constatar que Liston superaba en tamaño a Patterson por mucho. Con sus noventa y siete kilos y sus ciento ochenta y cinco centímetros, Liston pesaba nueve kilos más que Patterson —que medía ciento ochenta y dos centímetros de estatura—, a lo que se sumaba una ventaja de treinta y tres centímetros en términos de alcance de brazo. Después de sentarnos cerca del cuadrilátero a observar cómo Liston machacaba a sus sparrings como si fueran meros sacos de boxeo, Baldwin y yo coincidimos en que probablemente Floyd Patterson tuviera las de perder.

Ciertamente, el combate celebrado en el Comiskey Park de Chicago acabó siendo incluso menos igualado de lo que imaginábamos. Liston noqueó a Patterson cuando habían transcurrido poco más de dos minutos del primer asalto, y se convirtió así en el nuevo campeón de los pesos pesados. Y en el combate de revancha, que tuvo lugar en Las Vegas diez meses después, Patterson corrió la misma suerte: Liston volvió a noquearlo en el primer asalto.

Todo apuntaba a que la carrera de Patterson estaba acabada y que Liston dominaría la categoría de los pesos pesados durante bastante tiempo. Sin embargo, en febrero de 1964, Liston, con las apuestas a su favor por siete a uno, perdió su corona en Miami Beach en el sexto asalto contra Muhammad Ali, un boxeador de ciento noventa centímetros de altura, más rápido y, para sorpresa de todos, más fuerte. No solo eso, Liston se mostró incapaz de recuperar el título en Lewiston, Maine, en mayo de 1965, cuando Muhammad Ali lo fulminó en el primer asalto.

Por este motivo, y quizá por otros de cariz político, Floyd Patterson pudo firmar un contrato en 1965 por el que desafiaba a Muhammad Ali a un combate por el título mundial, que se celebraría en Las Vegas el 22 de noviembre. Patterson fue afortunado por recuperar su condición de aspirante en un momento en que los boxeadores de mayor peso habían perdido las simpatías de buena parte de los aficionados al deporte. A Liston lo perseguía el fantasma de sus antecedentes penales —dos años de prisión por latrocinio y robo a mano armada—, mientras que a Ali se lo asociaba abiertamente con la Nación del Islam y con frecuencia se le presentaba como un antipatriota, sobre todo después de negarse a luchar en la guerra de Vietnam. Por comparación con estos dos, Patterson conservaba un cierto poder de convocatoria entre el público.

Además de su ventaja de índole moral y de la tendencia de tanta gente a ponerse del lado del débil, Patterson fue elogiado por el escritor Norman Mailer por ser «el primer boxeador negro en ser considerado, y luego utilizado, como fuerza política. Era miembro de la élite liberal, el ojito derecho de Eleanor Roosevelt, combustible político para la NAACP* [...] un hombre de modales exquisitos, calmados y discretos».

Si bien Patterson había sucumbido frente a Liston, y probablemente había sido noqueado más veces que ningún otro boxeador de élite de los pesos pesados en la historia del deporte —mordió la lona hasta siete veces durante el combate en el que perdió el título a favor del sueco Ingemar Johansson, en 1959—, no era menos cierto que ningún otro boxeador de su categoría se había levantado tantas veces del suelo. Así lo estaba haciendo en 1959 en su duelo con Johansson, cuando el árbitro decidió poner fin al combate, y en su segundo enfrentamiento con Liston, celebrado en 1963, el árbitro hizo lo propio en el momento en que intentaba incorporarse por tercera vez.

---

* Asociación Nacional para el Progreso de las Personas de Color. *(N. del T.)*.

De modo que no importaba lo poco preparado que Patterson aparentara estar de cara al combate por el título que iba a enfrentarlo a Muhammad Ali. Los promotores lo presentaban como un ejemplo de perseverancia, un hombre que jamás se rendía y que siempre intentaba levantarse del suelo. Y entre los muchos aficionados al boxeo que seguían creyendo en él se encontraba Frank Sinatra, un tipo que conocía de primera mano lo que significaba protagonizar un retorno sonado.

Capítulo diecinueve

Durante el tiempo en que Sinatra intentaba curarse el resfriado en Palm Springs y lidiar con Mahoney en Beverly Hills, me procuré más de un quebradero de cabeza. Conseguí localizar a Floyd Patterson en el hotel Thunderbird de Las Vegas y, sin tener que convencerlo, me prometió hablarle bien de mí al cantante.

Aunque yo no tenía el número de teléfono de la casa de Sinatra en Palm Springs, Patterson me dijo que probablemente pudiera conseguirlo a través de Al Silvani, el exentrenador y socio de Sinatra, quien llegaría al cabo de uno o dos días para ayudarlo a preparar el combate contra Ali. Patterson añadió que el propio artista tenía pensado acercarse a su campamento antes de la pelea, de modo que podía dar por sentado que le transmitiría mi petición de que me concediera una entrevista.

Una mezcla de alivio y gratitud me embargó tras mi conversación con Patterson. Después de llevar una semana merodeando por el hotel Beverly Wilshire sin muchas esperanzas de contactar con Sinatra, de golpe sentía un cambio de rumbo. Esa misma tarde, mi optimismo se vio reforzado cuando hice una llamada para intentar hablar con Nancy, la hija de Sinatra, y me descolgó el teléfono su madre, la cual me trató con suma amabilidad.

—Sí, me ha llegado su nombre y el artículo en el que está trabajando —me dijo Nancy madre, después de que me hubiera presentado—. Mi hija no se encuentra aquí en estos momentos, pero a las seis de la tarde ya habrá regresado, por lo que, si quiere acercarse con el coche a esa hora, podríamos hablar un rato los tres.

—Será un honor —le dije, consiguiendo a duras penas disimular mi entusiasmo. A continuación, me dio indicaciones para llegar a su residencia, situada en el 700 de Nines Road, en Bel Air, y me recordó que debía entrar por el acceso del lado este.

Tras colgar, me quedé unos minutos junto al teléfono de mi habitación, celebrando en silencio mi suerte. Pronto iba a conocer a la primera esposa de Sinatra, la secretaria, pequeñita y morena, con la que Frank se había casado en 1939, cuando trabajaba de camarero en locales de Nueva Jersey en los que también se animaba a cantar. Más adelante, ella le confeccionaría todas las pajaritas que luciría con sus trajes y esmóquines durante las actuaciones en las que derretiría el corazón de sus fanes adolescentes, bautizadas como *bobby-soxers*.

Pese al divorcio y posterior matrimonio de Sinatra con Ava Gardner, en 1951, Frank y Nancy, junto con sus tres hijos, habían mantenido una relación de lo más amorosa a lo largo de los años. Desde mi perspectiva como entrevistador, no existía nadie que conociese mejor a Frank, y desde hacía más tiempo, que la mujer con la que me había citado a las seis de la tarde.

Acto seguido, el aparato sonó de nuevo y una voz exaltada al otro lado de la línea me preguntó:

—¿No le dije que no debía hablar con la hija de Frank? Era Mahoney.

—No he hablado con ella —le respondí—, he hablado con su madre.

—¿Pero no le advertí que no intentara nada parecido?

—No sé a qué se refiere —le dije—. He hablado con su madre, que ha sido de lo más amable conmigo y me ha invitado a su casa a las seis.

—Bueno, ya puede olvidarse de eso.

—¿Qué quiere decir con «olvidarse»?

—Lo he cancelado —me dijo—. No va a verla.

—¡Cómo se atreve! —le grité—. ¡Usted no es su publicista! ¡Usted trabaja para Sinatra, no para su exmujer! ¡Menudo descaro haber interferido!

—No va a recibirle —me repitió—. No se moleste en conducir hasta allí. Los vigilantes de la entrada no le dejarán pasar.

Y me colgó.

Furioso al no saber cómo proceder, permanecí un rato sentado, recorriendo la habitación con la mirada, que luego llevé al techo, y preguntándome si podrían haber colocado algún micro. ¿Qué otra explicación había para la rapidez con la que Mahoney se había enterado de mi conversación con Nancy? No tenía duda de lo fácil que habría resultado en aquella ciudad, donde Sinatra contaba con tanto poder e influencia, que uno de los miembros de su equipo hubiera sobornado a un empleado de mantenimiento del hotel para que instalara un pequeño dispositivo de escucha en un rincón de mi habitación.

A partir de ese momento, empecé a utilizar los teléfonos de pago del vestíbulo para solicitar entrevistas o comunicarme con Harold Hayes. Ciertamente, ya había preparado un listado de fuentes potenciales, que incluía a personas que quizá sintieran antipatía por Mahoney, Sinatra y la gente que lo rodeaba, entre ellas, posibles exmiembros de su círculo íntimo, a la postre expulsados y, por tanto, quién sabe si dispuestos a hablar del tema.

En mis comienzos en *The New York Times*, el miembro más famoso de la redacción era James Reston, columnista afincado en Washington, quien no se cansaba de repetir el siguiente consejo a sus colegas periodistas: «Hablad con los disgustados». Al elaborar mi propia lista de potenciales disgustados con Sinatra, uno de los nombres que la encabezaban era el de Warren Cowan, el publicista al que Sinatra había despedido antes de contratar a Mahoney.

Al llamar a su oficina para solicitar una entrevista —era uno de los socios de la firma Roger & Cowan—, no mencioné a Sinatra, sino que me presenté como un periodista recién contratado por *Esquire* que estaba interesado en hablar con el señor Cowan acerca de su larga experiencia en el mundo del entretenimiento.

Al cabo de uno o dos días ya disponía de una cita, pero cuando tomé asiento en su despacho y saqué a colación su relación con Sinatra, Cowan puso fin al encuentro de manera abrupta.

—Debo decirle que, si bien lamento no representar más al señor Sinatra, lo sigo considerando un gran amigo y confío en poder recuperarlo algún día como cliente. Antes de decir nada que le concierna, preferiría aclararlo con él y, dado que es un hombre muy ocupado, es posible que me lleve un tiempo.

Acto seguido, el señor Cowan se levantó, me agradeció la visita, y a partir de ese momento se mostró completamente inaccesible.

Esta experiencia se repetiría con otros nombres apuntados en mi lista de presuntos disgustados. Había oído que el guionista, dramaturgo y productor Rod Sterling estaba furioso con Sinatra por haberle metido mano a su guion de *Asalto al Queen Mary*, película que se estrenaría en 1966, protagonizada por la actriz italiana Virna Lisi y el propio Sinatra.

—Les entregué un buen guion, pero ese bastardo flacucho y renacuajo se meó en él —me contó Sterling por teléfono, después de negarse a verme en persona e insistir en que no mencionara su nombre en mi artículo para *Esquire*. Sí reconoció que Sinatra era «un buen actor, con instinto», si no uno muy bueno, y aunque pocas de las películas en las que había participado podían considerarse obras maestras, la mayoría de ellas seguían dando beneficios que mejoraban las vidas de todos los implicados, desde los jefes de los estudios a los tramoyistas, lo que en parte explicaba que los directores y los productores se mostraran deferentes con él y le permitiesen editar guiones, dar forma a las escenas y tener voz en la duración programada de los rodajes.

Por lo general, los ejecutivos de Hollywood le tenían miedo, prosiguió Sterling, conscientes de que, antes de su regreso, muchos de ellos le habían dado la espalda y habían acabado lamentándolo, de modo que nadie pensaba incurrir en el mismo error. Sterling concluyó recordándome que la industria del entretenimiento era un negocio muy arriesgado en el que se invertían enormes sumas de dinero en proyectos que con frecuencia fracasaban. Y dado que ningún alto cargo podía predecir con fiabilidad lo que el público iba a abrazar o rechazar, los encargados de tomar las decisiones en los estudios compartían una sensación de ansiedad y pánico ante la posibilidad de que se los culpara de un batacazo en la taquilla. De ocurrir esto, quizá perdieran el privilegio de seguir entregándose al fastuoso tren de vida al que se habían acostumbrado en Beverly Hills y alrededores.

—Se lo tienen tan bien montado que no quieren correr ningún riesgo —me dijo Peter Bart, un amigo de la redacción de *The New York Times*, al frente en esos momentos de la oficina del diario en Los Ángeles—. Aquí todo el mundo es muy rico. Excepto los reporteros y los agentes judiciales, todo el mundo tiene una piscina.

Durante esta y mis anteriores visitas a Beverly Hills, yo mismo había sido testigo del mundo de privilegios al que se refería: casas majestuosas, construidas a lo largo de bulevares flanqueados por palmeras, con sus céspedes kilométricos y pistas de tenis privadas, y también la abundancia de gente guapa como Sally Hanson, con frecuencia atrapada en los atascos de Wilshire Boulevard, al volante de su Rolls-Royce Silver Cloud, con la capota bajada en las tardes soleadas, lo que confería un toque de glamur al parón de la circulación.

Me daba la sensación de que todos aquellos con los que me cruzaba por la zona de Bevely Hills, tanto hombres como mujeres, estaban físicamente en forma y rebosaban atractivo, lo que quizá se debiera a que eran los descendientes de individuos que, generaciones atrás, habían sido votados los más guapos en los anuarios de sus institutos, antes de emprender camino a Hollywood para cumplir con su sueño de triunfar en la industria del cine. Aunque pocos de ellos rozarían siquiera la posibilidad de desarrollar una carrera exitosa delante de una cámara, habían podido transmitir su buena genética a sus hijos y sus nietos. Algunos de estos californianos con los que entré en contacto —camareros y camareras, agentes de oficinas de alquiler de coches, sastres, estilistas, dependientes de la zona de servicio de mi hotel— quizá estuvieran personificados en la chica grácil, delgada y de ojos azules que cada mañana venía a limpiar la habitación. Me contó que asistía a clases de interpretación y que conocía a residentes fijos del hotel Beverly Wilshire como el actor Warren Beatty o Abe Lastfogel, el director de la William Morris Agency.

Ninguna de estas personas trabajadoras con las que me crucé me dio la impresión de sentirse desdichada o desesperanzada. Puede que, a imagen de la empleada de la limpieza, se hubieran dejado influenciar por sus clases de interpretación o por la atmósfera irreal que los circundaba. En cualquier caso, con una notable excepción, todos sonreían mucho y parecían estar seguros de sí mismos y contentos, pese a hallarse al servicio de los demás.

La excepción estaba representada por los jóvenes, mal remunerados y con frecuencia endurecidos, que, desde la mañana hasta pasada la medianoche, trabajaban de aparcacoches a las puertas de algunos de los mejores restaurantes y clubes privados de la ciudad. Estos hombres eran quienes, recibo en mano, se acercaban a saludar a los recién llegados, por lo general displicentes, que bajaban de sus fastuosos vehículos, algunos de los cuales costaban más de lo que los empleados ganaban en dos o tres años: Bugattis, Ferraris, Daimlers, Rolls-Royces, Bentleys. Muchos de estos coches estaban personalizados con las llamadas «llaves de los aparcacoches», que desbloqueaban las puertas laterales, pero no el maletero ni la guantera, susceptibles de guardar artículos valiosos: joyas, dinero en efectivo, envoltorios para bocadillos que en realidad contenían cocaína o cualquier otra posesión cuyos dueños querían mantener bien lejos del alcance de los fugaces cuidadores de sus vehículos.

En ningún otro sitio de Hollywood convivían de forma tan próxima los-que-sí-tenían y los-que-no-tenían como en las esquinas donde se levantaban los atriles de los aparcacoches. El conserje de mi hotel y otro tipo que en el pasado había trabajado como aparcacoches me contaron que, si bien algunos aparcacoches del turno de noche eran jóvenes buscando costearse los estudios, la mayoría era gente muy amargada y que no encontraba otra forma de ganarse la vida, cuyas personalidades insatisfechas se veían agravadas por las faltas de respeto que con frecuencia recibían por parte de los ricos y privilegiados que les entregaban las llaves de sus coches: magnates del cine, superrepresentantes o los hijos creciditos y malcriados de las estrellas de cine, cuya edad no difería mucho de la de los aparcacoches. Unos y otros no tenían nada en común ni tampoco nada que decirse en el momento en que las llaves cambiaban de manos y los malcriados se dirigían al interior del restaurante a cenar —a veces acompañados de mujeres que eran complementos igual de estilizados y decorativos que aquellos que adornaban la parte delantera de los automóviles—, mientras los aparcacoches, antes de conducir estos modelos clásicos hasta un parking o un solar cercano, se divertían dando una vuelta a la manzana y se reafirmaban ajustando el asiento y el retrovisor, apretando a fondo el pedal y poniendo el equipo de música a tope, tras lo cual —me gustaría pensar— asomaban la cabeza por la ventana y gritaban lo suficientemente alto para ser oídos por cualquier persona que anduviera cerca de ellos en esa ciudad de oropel, fingimiento y falsedad: «¿Por qué yo no?».

Y de nuevo, pero más alto: «¡¿Por qué yo no?!».

Capítulo veinte

Más o menos recuperado de su resfriado en su domicilio en el desierto de Palm Springs, a unos ciento noventa kilómetros al este de Beverly Hills, Frank Sinatra decidió que la grabación del especial de la NBC que había tenido que cancelarse se reprogramaría para el miércoles 17 de noviembre, en los estudios de la Warner Bros en Burbank, pero me decepcionó descubrir que mi nombre no iba a estar en la lista de invitados.

Así me lo había comunicado Mahoney dos días antes, en una llamada realizada al mediodía a la habitación en la que me alojaba y que empezó con estas palabras:

—Bueno, Gay, ha ocurrido lo que me imaginaba que ocurriría.

—¿Qué ha ocurrido? —le pregunté.

—Frank ha dicho «de ninguna manera».

—¿«De ninguna manera» qué?

—Puesto que no ha cumplido su parte del trato, él tampoco piensa hacerlo —me dijo Mahoney.

—No había ningún trato, excepto el que ha cocinado usted solo —le dije, refiriéndome a su solicitud de que el abogado de Sinatra pudiera revisar mi artículo antes de que *Esquire* lo publicara.

—Bueno, las cosas son así —prosiguió Mahoney.

—¿Quiere decir que no voy a poder seguir a Sinatra ni asistir a la grabación en Burbank?

—No, no podrá —me respondió.

Hubo unos segundos de silencio.

—De acuerdo, Jim —apunté finalmente—, llamaré a Harold Hayes para contárselo.

—No me deje mal en todo este asunto —me pidió Mahoney.

—Por supuesto, Jim —le contesté.

—Quiero decir que le explique a Hayes que he tenido las manos atadas.

—Por supuesto, Jim —repetí y colgué el teléfono.

A continuación, me dirigí al vestíbulo para llamar a Hayes, pero se encontraba en una conferencia, por lo que me senté a la barra del bar y pedí el almuerzo mientras daba vueltas a mis opciones. Primero, decidí que sería inútil seguir en contacto con Mahoney. Dado que había cancelado mi encuentro con la exesposa de Sinatra, di por sentado que también había maniobrado para sabotear otras entrevistas con personas que en un principio habían acordado verme para luego evitarme bajo todo tipo de excusas. Entre ellas se contaban el doble de Sinatra, Johnny Delgado; la dama de los peluquines, Helen Turpin; el compinche de Sinatra, Leo Durocher; el actor Richard Conte, que había participado con Sinatra en diversas películas y había mostrado buena predisposición a hablar conmigo si iba a escribir sobre él, y el ayudante y cocinero fijo de Sinatra, George Jacobs, un apuesto y desenvuelto afroamericano de treinta y ocho años, que había sido marinero, agente judicial en Los Ángeles y chófer al volante de un Rolls-Royce para el agente de talentos Irving Paul «Swifty» Lazar.

De todos modos, era consciente de que mis apuros no se debían exclusivamente a Mahoney. Él se limitaba a seguir las órdenes del abogado de Sinatra, Mickey Rubin, y sin duda del propio cantante. También podía entender por qué en aquellos momentos mi presencia podía resultar incómoda para toda esa gente y que se negasen pues a colaborar conmigo. Sinatra era un artista orgulloso que funcionaba mejor cuando lo mantenía todo bajo control, y tener a un reportero entrometido revoloteando no era en absoluto deseable cuando claramente no estaba todo atado, su voz le daba problemas, presuntamente lo iban a acusar de estar compinchado con la mafia en un programa de la NBC que se retransmitiría el martes siguiente, era el protagonista de *Asalto al Queen Mary*, una película que le despertaba recelos, y cuando se le pedía que superara sus dolencias, dudas y distracciones para garantizar una actuación estelar en Burbank ese mismo miércoles, durante la grabación del especial de la NBC *Frank Sinatra: Un hombre y su música*.

Bajo circunstancias tan exigentes y estresantes, ¿qué otros artistas de renombre se habrían abierto a los reporteros? ¿Lo habría hecho Ella Fitzgerald? ¿Elvis Presley? ¿Pavarotti? ¿Picasso? Mi opinión era que todos ellos se habrían mostrado igual de inaccesibles que Sinatra. También me vino a la cabeza el comentario que me había hecho James Baldwin después de que asistiéramos a las ruedas de prensa organizadas a diario por los promotores del combate entre Patterson y Liston que se celebraría en Chicago: «¿Cómo me sentiría si cada día me viera forzado a responder a preguntas inanes acerca de mis progresos en el trabajo?».

Ciertamente, Mahoney y yo no éramos adversarios: solo hombres que habían acabado enredados en medio de todo ese asunto. Él debía responder ante Sinatra y yo debía responder ante Hayes, un exmarine de armas tomar que me había enviado colina arriba a batallar contra una superestrella recalcitrante. Aquella situación me hermanaba con el escribiente subordinado del relato de Herman Melville, cuyos ruegos expresados con las palabras «Preferiría no hacerlo» languidecían ante la determinación de mi jefe en *Esquire* para conseguir su propósito: presionarme para exprimir la fama de Sinatra y satisfacer los deseos de los lectores de la revista con un tema de portada que arrasaría en los quioscos.

No era la primera vez que me recordaba que ya no era el joven reportero despreocupado, de mentalidad independiente y soltero de antaño, sino un hombre casado y con obligaciones familiares que me exigían sacar el mayor provecho de mi situación. Por fortuna, mientras estaba en la barra de la zona del bar, conocí a dos extraños, sentados en un reservado cercano, que se ofrecieron a ayudarme.

Ambos rondaban unos veintitantos años y compartían un apartamento en Los Ángeles, y después de que me acercara a presentarme, me invitaron a sentarme con ellos y unirme a la conversación. Brolin acabó resultando una fuente de información especialmente rica, dado que el año anterior había pasado varias semanas cerca de Sinatra por Europa, mientras el cantante rodaba *El coronel Von Ryan*, una película de aventuras ambientada en la Segunda Guerra Mundial.

Sinatra interpretaba al coronel Joseph Ryan, un piloto americano de un P-38 que era abatido en la Italia ocupada por los nazis, acababa en un campo de prisioneros con otros soldados aliados —Brolin interpretaba al soldado Ames— y diseñaba el plan de fuga de todos ellos. El director de la película era Mark Robson; pero, a juicio de Brolin, Sinatra con frecuencia se había mostrado furioso ante la lentitud con que a su parecer avanzaba el rodaje, e incluso un día llegó a mostrar su disconformidad agarrando una ametralladora y disparando al aire una ráfaga de balas de fogueo. En otra ocasión, después de un nuevo parón por culpa de lo que Sinatra interpretó como un exceso de ponderación por parte del director, el cantante abandonó el plató, ubicado a las afueras de Roma, se subió a su helicóptero y aterrizó en la azotea de la sede de los estudios de la RCA* en la misma ciudad, para grabar varias canciones.

Uno jamás se aburría en compañía de Sinatra, prosiguió Brolin, añadiendo que estaba de acuerdo con él en que los directores tendían a invertir más tiempo del necesario en rodar las escenas y mostraban poca consideración hacia los actores cuando los hacían presentarse en el rodaje a las seis

---

* Radio Corporation of America. *(N. del T.)*.

de la mañana para luego tenerlos esperando durante horas antes de empezar a grabar. En aquellas películas en las que participaba Sinatra, el reparto llegaba al trabajo no mucho antes del mediodía, por insistencia del cantante, y después de la jornada, con frecuencia, se los llevaba a cenar y luego a fiestas hasta altas horas de la noche.

Cuando el rodaje de *El coronel Von Ryan* se trasladó al norte, de los alrededores de Roma a Cortina d'Ampezzo, en los Alpes italianos, y el equipo de producción tomó posesión de parte del hotel Cristallo —a cuyas pistas de tenis se les extrajeron las redes y los pilones de soporte para que el helicóptero de Sinatra pudiera aterrizar sin obstáculos—, una noche Sinatra organizó una fiesta de cumpleaños para uno de los miembros del reparto que se salió de madre. La gente bebió en exceso, se roció mutuamente con champán, volaron profiteroles por las habitaciones, tiraron al suelo lámparas y jarrones... Provocaron tantos desperfectos que, al día siguiente, en un intento por reparar los frutos de tanta diversión y desmadre, Sinatra le soltó al director del hotel un fajo bien grueso de billetes de cien, cuya suma se elevaba en torno a los mil quinientos dólares. Brolin citó a Sinatra diciendo: «Mereció la pena».

Pese a semejantes correrías nocturnas, Brolin remarcó que, día tras día, todo el equipo trabajó en la película de forma armoniosa, y que, gracias a la mediación de Sinatra, el calendario de rodaje se redujo de ocho a cinco semanas. Cuando *El coronel Von Ryan* se estrenó, en junio de 1965, el éxito de taquilla fue tal que recaudó más de diecisiete millones de dólares sobre un presupuesto de cinco millones setecientos sesenta mil dólares.

Antes de que me marchara del bar, Brolin me recomendó que localizara a un puñado de actores y agentes que habían estado involucrados en la película, entre ellos el publicista Martin Fink y un actor secundario especializado en papeles poco convencionales, de treinta y cuatro años y orígenes armeniocanadienses, llamado Richard

Bakalyan, el cual había interpretado a un cabo en *El coronel Von Ryan* y había participado previamente en otras dos películas con Sinatra: la comedia *Cuatro gánsteres de Chicago*, en la que hacía de gánster, y *Todos eran valientes*, donde se metía en la piel de un veterano de la marina de armas tomar.

Primero llamé a Bakalyan y accedió a reunirse conmigo al día siguiente para almorzar en el bar. Aquella misma noche tenía una cita para cenar en el restaurante del guardaespaldas Ed Pucci, ubicado en Encino, en la región del Valle de San Fernando, a unos veinticinco kilómetros de Beverly Hills. Pucci era el único miembro del círculo de Sinatra que se mostraba amable conmigo, sin duda impelido por el deseo de que intercediera para que su local apareciera recomendado en la columna *Dining Out* de *Esquire*.

Pucci me recibió a la entrada del restaurante con un entusiasta abrazo de oso, con la fuerza de sus ciento trece kilos, y procedió a guiarme por un comedor muy grande y concurrido, con un estruendoso pianista en la parte trasera y un untuoso maître en la zona delantera llamado Fred Farouk, a quien Pucci presentó como «el Rey Farouk». Lo primero que me dijo Farouk fue que *Esquire* era su revista favorita. Tras elogiarle el bonito reloj de pulsera con pedrería que lucía, me dijo que era un regalo de Pucci. Cuando me di la vuelta hacia Pucci para preguntarle por qué había obsequiado a Farouk con una pieza tan impresionante, me respondió: «Porque no se mete en los asuntos que no le conciernen».

Al sentarnos a la mesa, se nos unió otra comensal a la que Pucci había invitado a cenar y que se colocó a mi lado. Era una morena vivaracha y sobradamente perfumada que lucía un vestido de cóctel rojo. No nos habían servido el primer plato cuando ya me había deslizado su número de teléfono y se había ofrecido a hacerme un tour por la ciudad cuando tuviera un rato libre. Carecía de prueba alguna, por descontado, pero imaginé que podía formar parte de un plan de Pucci para ponerme en una situación comprometida de la que pudieran sacar provecho, bien él, bien Sinatra. Sabiamente, nunca la llamé, aunque sí que puse en conocimiento del editor de la columna gastronómica de *Esquire* el deseo de Pucci de aparecer mencionado. No mostró ningún interés.

A la mañana siguiente, Richard Bakalyan, un tipo intenso y áspero, de cabello oscuro y con cierto parecido a actores como John Garfield y Peter Falk, se presentó a desayunar en el bar, y quizá debido a su desencuentro con Sinatra meses atrás, se mostró bastante sincero.

Me contó que había conocido a Sinatra en 1963, durante el rodaje de *Todos eran valientes*, una película sobre la Segunda Guerra Mundial en la que dieciséis soldados japoneses varados en una isla del Pacífico se descubren un día acompañados de diecinueve americanos, cuyo avión de mercancías ha sido abatido por un piloto japonés.

Sinatra no solo dirigió la película, sino que interpretó a un médico de férreos principios éticos que decidía atender a un oficial japones gravemente herido e intentar salvarlo de una muerte casi segura. Aunque Bakalyan tenía un papel menor como cabo, siguió con mucha atención las evoluciones diarias del rodaje y en una ocasión tuvo el descaro de darle un consejo a Sinatra. A juicio de Bakalyan, una escena rodada en Hawái no casaba bien con la siguiente, que se había filmado en los estudios de la Warner Bros en Los Ángeles. Bakalyan aprovechó un parón para señalárselo a Sinatra en presencia de otros actores.

—Frank se puso hecho un basilisco —recordó Bakalyan—, y me soltó con desprecio: «¿Tú qué eres, un jodido editor?». Acto seguido, miró al resto de personas que lo rodeaban, entre ellas el productor ejecutivo Howard Koch, y añadió sarcásticamente: «Ahora resulta que los jodidos actores son editores». Nadie abrió la boca, pero vi que estaban atemorizados, sobre todo Koch, al que Sinatra siempre intimidaba. Yo me limité a levantar las manos y a marcharme de allí, y desde ese día Sinatra me hizo el vacío. Pero al cabo de unos días, se me acercó y me dijo: «Quiero hablar contigo antes de que te vayas». Yo pensé: «Mierda, este me va a despedir o va a cortar todas mis escenas de la película». Recuerdo que era un viernes por la tarde. Durante los rodajes Sinatra siempre organizaba fiestas al final de la semana laboral, los viernes, a las que invitaba tanto a los actores como al equipo técnico. Pedía comida y todo tipo de bebidas. Por lo general, era un anfitrión atento. De modo que empieza la fiesta y me acerco a él para decirle: «¿Querías verme, Frank?». Y me contesta: «Sí, coge una copa y vuelve aquí». Sigo sus indicaciones y me dice: «Quiero que llames a tu agente y le digas que ya no vas a trabajar como actor». «¿Cómo?», le pregunto. «Vas a ser mi asistente».

Bakalyan no sabía si a la postre su franqueza le había granjeado el respeto de Sinatra.

—Frank jamás dice: «Me equivoqué» o «Lo siento» —me explicó Bakalyan—, pero lo demuestra de otras maneras.

Para Bakalyan la prueba de ello llegó con su repentino cambio de estatus en el plató, la deferencia mostrada por el reparto y el equipo técnico y por su admisión gradual en el círculo de amigos y socios de Sinatra, que incluía a Brad Dexter, Leo Durocher, el ayudante George Jacobs, Mahoney, Pucci y otros.

Sinatra también había dejado claro que, tras el rodaje de *Todos eran valientes* y las dos películas que la seguirían —*El coronel Von Ryan* y *Asalto al Queen Mary*—, Bakalyan comenzaría a ejercer de asistente a tiempo completo durante el proyecto que se rodaría el año siguiente: *Divorcio a la americana*, una comedia protagonizada por Sinatra, Deborah Kerr y Dean Martin. Pero hasta que llegara ese momento, Bakalyan debía familiarizarse con la forma de trabajar de Sinatra, por lo que lo acompañaría a Italia, al rodaje de *El coronel Von Ryan*. Además de interpretar el papel del cabo Giannini, lo animaba a compartir con Sinatra cualquier sugerencia ligada a la evolución de la película.

Antes de coger un vuelo a Italia por cuestiones de pre-producción de *El coronel Von Ryan*, Bakalyan se unió al séquito de Sinatra en una visita de fin de semana a Nueva York, donde se alojó en el ático que el cantante tenía cerca del East River. También se le dio acceso a la siempre abarrotada mesa situada en la habitación trasera del bar del itinerante Jilly Rizzo, uno de los amigos del alma de Sinatra, donde conoció al publicista en la Costa Este del cantante, Henry Geni, y a la esposa de Jilly, Honey, cuyo cabello de color azul le había granjeado el apodo afectuoso de «la Judía Azul» entre los miembros de aquel círculo.

Más adelante, ya en Roma, Bakalyan se alojó con Sinatra y otros en una villa a las afueras de la ciudad, aunque algunas noches iban a comer y a beber a alguna de las cafeterías que se desplegaban por las aceras de la via Veneto, lo que garantizaba acabar rodeados por una nube de paparazzi. Dado que Ed Pucci solo trabajaba en California, a veces Bakalyan se sentía tentado de asumir el papel de guardaespaldas de Sinatra, protegiéndolo no solo de los paparazzi, sino también de las mujeres que insistían de malos modos en rodearlo con los brazos para hacerse una fotografía.

Sinatra agradecía especialmente tener cerca a Bakalyan en Roma por la privacidad que anhelaba durante las visitas de su exmujer, a la que seguía amando, una Ava Gardner que en esos momentos se encontraba en el sur de Italia rodando *La Biblia*, a las órdenes de John Huston. Un día un fotógrafo se acercó a Bakalyan para ofrecerle quince mil dólares si Sinatra se prestaba a posar con Ava Gardner. Al transmitirle el mensaje, Sinatra realizó una contraoferta: treinta mil dólares por romperle una pierna al fotógrafo.

Una vez rodadas las escenas de *El coronel Von Ryan* en Italia, Sinatra financió un crucero por el Mediterráneo para celebrarlo, en un yate de alquiler de sesenta y cinco metros, al que invitó a miembros del reparto y a algunos amigos de Hollywood que se encontraban de vacaciones en Europa.

Después Sinatra puso rumbo a Mónaco para visitar a Gene Kelly, a lo que siguió un vuelo a España —a bordo del cual estuvo Bakalyan— para relajarse unos días en Madrid. Durante la estancia allí, Bakalyan se enteró de que su novia se encontraba ligeramente enferma en Los Ángeles, lo que provocó que Sinatra pusiera a su disposición el teléfono de la productora de cara a que pudiera mantenerse en contacto regular con ella. Y al saber que a su pareja le gustaban los animales como elemento decorativo, le hizo llegar una bonita joya: un broche con forma de animal.

A finales de 1964, Bakalyan regresó a Los Ángeles con Sinatra y el equipo de rodaje para empezar a filmar algunas escenas de interior de *El coronel Von Ryan*, y durante las vacaciones, él y su novia fueron invitados a la muy concurrida reunión de amigos que Sinatra organizaba por Navidad en el restaurante Chasen's.

Pero desde principios del nuevo año hasta el mes de marzo, Bakalyan tomó gradualmente conciencia de un enfriamiento en su relación con Sinatra. Ya no recibía llamadas frecuentes de él ni de nadie de su oficina. Al principio lo achacó al hecho de que Sinatra era un hombre mucho más ocupado en California que en Europa, o a que ahora sus numerosos compromisos no estaban ligados al cine, sino a la grabación de discos y a una gira de conciertos que lo había llevado lejos de la Costa Oeste. O quizá influyeran asuntos más personales como el duelo que sentía desde febrero tras la muerte de su amigo Nat King Cole, víctima de un cáncer de garganta a los cuarenta y cinco años. O quizá Sinatra anduviera en las nubes por culpa de su relación intermitente con Mia Farrow, que por aquel entonces tenía veinte años.

Fuera lo que fuese, Bakalyan decidió que Brad Dexter podría sacarlo de dudas. Y así ocurrió, en el transcurso de una llamada.

—Nos ha llegado que has estado hablando mal de Frank —empezó Dexter.

Bakalyan se quedó sin palabras durante unos momentos, en shock. Aquello era una mentira rotunda.

—Eso son gilipolleces dignas de un patio de colegio —acabó respondiéndole—. Y tú lo sabes.

—Yo no lo sé —contestó Dexter—. Solo te digo lo que he oído.

—¿Dónde lo has oído?

—No puedo decírtelo, pero las palabras vuelan.

Y Dexter le colgó el teléfono.

A continuación, Bakalyan llamó a la oficina de Jack Donohue, el director que estaba dando los últimos retoques a *Asalto al Queen Mary*, al tiempo que su próxima película, *Divorcio a la americana*, era aquella en la que él debía empezar a ejercer de asistente de Sinatra. Sin embargo, uno de los ayudantes de Donohue le comunicó que el rodaje de *Divorcio a la americana* estaba paralizado debido a problemas con los sindicatos y otros asuntos. Al día siguiente, Bakalyan recibió una llamada del abogado de Sinatra, Mickey Rudin, quien le preguntó:

—¿Estás buscando un acuerdo económico?

—No —le respondió Bakalyan—. No ando detrás de dinero. Solo intento averiguar qué está pasando. Y no puedo contactar con Frank.

—Está de viaje —le dijo Rudin—, pero le haré saber que estás intentando localizarlo.

Pasaron las semanas y Sinatra siguió sin dar señales de vida. Marzo llegaba a su fin y no había visto a Sinatra desde la fiesta de Navidad. El 25 de marzo, le escribió una carta a Sinatra, que deslizó por debajo de la puerta de su residencia en Los Ángeles y en la que ponía: «Si alguien está intentando derribarme, me gustaría saber quién es». Unos días después, Sinatra lo telefoneó desde algún lugar en el extranjero que no le reveló.

—No te preocupes. Todo se solucionará. Me pondré con ello cuando regrese a Los Ángeles, en cosa de una semana.

Transcurrieron dos semanas. No ocurrió nada. Bakalyan carecía de ingresos y estaba ansioso por preguntarle directamente a Sinatra: «¿Voy a ser tu asistente o no?». Echando mano de un número privado que hasta entonces había sido reacio a utilizar, consciente de los irregulares hábitos de sueño y la naturaleza impredecible de Frank, llamó en diversas ocasiones sin éxito. Finalmente, una tarde, el ayudante George Jacobs respondió y le dijo que Frank dormía, pero que le devolvería la llamada. No lo hizo. En vez de eso, alguien de la oficina del director Jack Donohue lo llamó para sondear si estaba interesado en trabajar como director de diálogos en *Asalto al Queen Mary*, bajo las órdenes del propio Donohue. Bakalyan rechazó la oferta porque aquello no era lo que había acordado con Sinatra.

Al día siguiente, fue Brad Dexter quien lo llamó.

—¿Estás seguro de que no quieres el trabajo de director de diálogos?

—Que te den, Brad —le dijo Bakalyan, antes de colgar bruscamente el teléfono.

Y ahí se acabó todo. A partir de ese momento —desde abril de 1965 hasta esa mañana del martes 16 de noviembre en la que desayunábamos juntos en el bar del Beverly Wilshire—, Bakalyan había perdido por completo el contacto con el equipo de Sinatra y seguía sin la menor pista acerca del motivo de la ruptura.

¿Cabía la posibilidad de que, sin ser consciente, le hubiera dicho algo a alguien en algún sitio que hubiese sido malinterpretado como una crítica hacia Sinatra, la cual habría llegado a oídos de Brad Dexter? Bakalyan lo dudaba, pero tampoco podía estar seguro al cien por cien. Bakalyan también barajaba la opción de que, una vez que Sinatra le ofreció trabajo como asistente y el acceso a su esfera íntima que llevaba aparejado, él quizá lo había dado todo por sentado y había pecado de negligente al no preocuparse por reforzar su vínculo con Sinatra.

No importaba cuán ocupado estuviera Sinatra, o precisamente por esto, Bakalyan debería haberse percatado de la necesidad de mostrarse agresivo a la hora de mantenerse «unido» a él, según sus propias palabras, y ser menos vulnerable a los cancerberos del cantante que aparentemente lo habían exiliado.

—Si quieres una amistad perdurable con Sinatra, supongo que has de estar ahí a cada minuto —me reconoció Bakalyan.

Justo en el momento en que me decía esto, anunciaron mi nombre por los altavoces del bar. Una llamada a mi habitación había sido desviada al teléfono junto a la caja registradora del bar y se me conminaba a acudir ahí. Me disculpé y abandoné la mesa para ir a atenderla.

—¿En qué anda? —me preguntó Mahoney al otro lado de la línea.

—Nada —le dije, procurando sonar relajado, aunque me había cogido desprevenido.

—¿Qué planes tiene?

—Nada especial, Jim —proseguí.

—¿Por qué no se viene?

—Ahora no puedo, pero no tengo problema en hacerlo por la tarde.

—Por la tarde ya no estaré aquí. Me marcho dentro de una hora.

—Lo siento, Jim, ahora me coge liado, pero le llamo mañana.

Al colgar, eché un rápido vistazo a la gente sentada junto al dispensador de refrescos y en los reservados tapizados de cuero blanco, y me pregunté: «¿Alguien me vigila? ¿Cuenta Mahoney con un espía en el hotel pendiente de mis movimientos?».

Tras apresurarme a pagar la cuenta en la caja, volví junto a Bakalyan y le dije:

—Ahora no puedo explicárselo, pero marchémonos de aquí.

Al cabo de unos momentos, ya en el vestíbulo, no compartí con Bakalyan mis sospechas acerca de Mahoney, pero le pregunté si podríamos vernos más avanzado el día, en algún lugar que no fuera el hotel. Me dijo que su novia y él no pensaban salir de casa aquella noche y me invitó a unirme a ellos para ver el programa de la CBS en el que Walter Cronkite entrevistaría a Sinatra. Acepté encantado, apunté la dirección de Bakalyan, lo acompañé a coger un taxi y regresé al vestíbulo para llamar a Harold Hayes desde una de las cabinas telefónicas.

—Ah, no te preocupes —me dijo cuando le transmití mis sospechas de que podían estar vigilándome—. Ya le he enviado una carta exprés a Mahoney que debería alterarlo. Probablemente haya una copia esperándote en la recepción del hotel. Búscala y léela.

16 de noviembre de 1965,
Señor Jim Mahoney
120 El Camino
Beverly Hills, California

Estimado señor Mahoney:
Su comportamiento a la hora de gestionar la entrevista con Frank Sinatra que le solicitamos me ha causado una profunda consternación que honestamente no creo que deba obviarse y proceder sin reprobación [...]
Talese me acaba de confirmar que nuestra petición de gozar de tiempo con el señor Sinatra ha sido denegada. A esto se añade la prohibición de que Talese acuda al plató donde Sinatra prepara su película y la insinuación de que no debe esperar cooperación alguna a la hora de preparar su artículo de parte de ninguna persona cercana o afín al señor Sinatra.
Como ya le dije previamente, era nuestra intención —y lo sigue siendo— publicar una historia favo-

rable al señor Sinatra. A partir de este momento, procederemos con el artículo sin su cooperación, y presumo que tampoco con la del señor Sinatra, pues, a la luz de lo que le ha contado a Talese en el curso de los últimos días, solo puedo asumir que, de algún modo, nosotros somos los únicos responsables de todo este contratiempo, y que usted se siente condenadamente irritado por la posición en la que le hemos dejado en relación con su jefe, y que él se siente igual.

Déjeme asegurarle que yo no me siento irritado, pero sí creo haber sido testigo de cómo se las gastan en Jim Mahoney Asociados [...]

Atentamente, Harold Hayes, Editor.

cc: Señor Robert Stein, Editor, *McCall's*
Señor William Emerson, Editor, *Saturday Evening Post*
Señor Don Schanche, Editor, *Holiday*
Señor Sey Chassler, Editor, *Redbook*
Señor Frank Sinatra

Mi primera reacción a la carta fue que era innecesariamente severa con la agencia de Jim Mahoney. En vez de limitar el tema a *Esquire* y a Sinatra, el marine Hayes había expandido el conflicto al reclutar a sus amigos, editores de primer nivel de otras revistas, para que se sumaran a su causa y quizá crear una suerte de embargo susceptible de afectar no solo a la futura cobertura de la figura de Frank Sinatra en cinco revistas, sino de otros muchos artistas representados por Mahoney y sus asociados, una lista que incluía nombres como los de Liza Minnelli, Yul Brynner, Debbie Reynolds, Glenn Ford, Bob Newhart y otros cuyas fotografías enmarcadas había visto colgar de las paredes del despacho de Mahoney cuando fui a visitarlo.

Que Hayes pretendiera enseñarle una lección a Mahoney era una cosa; pero si lo que buscaba era dañarle el negocio, entonces yo estaba del lado de Mahoney, de los cinco hijos a su cargo y de su joven y sonriente mujer, cuya foto había visto sobre su escritorio. Por otro lado, la carta de Hayes dejaba bien clara su determinación de publicar un artículo sobre Sinatra en *Esquire*, y pese a que hacía poco Mahoney me había retirado la invitación a asistir a la grabación del especial de la NBC *Frank Sinatra: Un hombre y su música*, que tendría lugar en Burbank la tarde siguiente, decidí que iría de todas maneras. Me sentí en la obligación de hacerlo. Tenía que completar ese artículo de una vez por todas. Tenía que dejar de sentir el aliento de Hayes en la nuca. Ya llevaba más de dos semanas en Los Ángeles, los gastos acumulados eran enormes y apenas había avanzado. Sí, me repetí a mí mismo, al día siguiente debía subirme a mi coche de alquiler de tamaño medio de la compañía Avis, conducir hasta Burbank, colarme en su fiesta y ver cuán lejos podía llegar.

Capítulo veintiuno

Si bien durante el trayecto de cuarenta y cinco minutos al estudio de Burbank no sentí en ningún momento la tentación de dar media vuelta, sí que experimenté cierta ansiedad respecto a cómo me recibirían. ¿Cómo reaccionaría Mahoney al verme ahí? ¿El guardaespaldas Pucci seguiría mostrándose amigable? De cruzarme con Sinatra, ¿qué le diría?

Al mismo tiempo pensaba que estaba pecando de un excesivo dramatismo. Desde mi llegada a Los Ángeles quizá mi sentido de la realidad había incurrido en cierta exageración porque cuanto rodeaba a Sinatra tendía a ser así: su poder, su atractivo sexual, su soledad, su extravagancia, su generosidad, su ánimo vengativo y su semipertenencia a la mafia.

Le había estado dando vueltas a esta idea durante la noche anterior, mientras veía con Bakalyan y su novia, Dolores, la entrevista de la CBS que Walter Cronkite le hacía a Sinatra en el domicilio del cantante en Palm Springs: un programa que se había vendido como un acontecimiento apocalíptico, un tercer grado a un *crooner* con conexiones en el mundo del crimen, una revelación escandalosa de asuntos privados tan dañina que su abogado, Mickey Rudin, había amenazado con demandar a la CBS antes de su emisión, lo que, por descontado, había generado un tráfico informativo que había agudizado la controversia y presagiado un incremento de los índices de audiencia para la cadena.

Sin embargo, el programa en sí supuso una decepción, una tarde apacible en la que un Cronkite paternal se había sentado frente a un elegante Sinatra en traje oscuro para lanzarle una serie de preguntas sin filo y acompañadas de diversos clips que mostraban al cantante sobre el escenario, en el estudio de grabación y en eventos sociales, charlando de forma relajada con amigos cercanos y miembros de su familia. Un crítico de la Associated Press describió el programa como «un gatito de lo más mono», mientras que Kay Gardella, del *New York Daily News*, escribió que las preguntas incisivas de Cronkite «habían sido eliminadas para calmar a la tempestuosa estrella». Jack Gould, el crítico de *The New York Times*, comentó que la emisión del show «no había requerido de una autorización previa, pero bien podría haber sido el caso».

En otras palabras, el programa era otro ejemplo del bombo, la grandilocuencia y el espectáculo que llevaban décadas rodeando a Sinatra, desde los tiempos en que el baladista delgaducho, jaleado y aficionado a lucir pajaritas, había aparecido por primera vez frente a una multitud orquestada de *bobby-soxers* gritonas en el Paramount Theatre de Times Square en los años cuarenta. Y puede que detrás del conflicto que yo anticipaba con mi visita al estudio de Burbank latiera una trascendencia imaginaria.

¿Estaba exagerando la relevancia de mi llegada? Con todo lo que Sinatra tenía en la cabeza, ¿iba a reconocerme o a percatarse de mi presencia si acabábamos cara a cara? Además, ¿con qué derecho vetaba Mahoney mi asistencia a la grabación? La NBC era la productora del evento, no Sinatra Enterprises. Si Mahoney pretendía barrerme el paso, podía ir rápidamente a quejarme al departamento de publicidad, o incluso al director del espectáculo, Dwight Hemion, amigo mío de Nueva York, un dato que no le había suministrado a Mahoney. Vivíamos en el mismo barrio y quedábamos con frecuencia para comer en Gino's, un restaurante italiano y familiar, ubicado en Lexington a la altura de la calle Sesenta y uno, un local de toda la vida, que no admitía reservas ni tarjetas de crédito, no contrataba a camareros que llevaran pendientes y se distinguía por su empapelado de color rojo tomate sobre el que había dibujadas cebras saltando por los aires para evitar ser alcanzadas por las flechas.

Tras pensarlo con calma concluí que, por mucho que compartiéramos mantel en Gino's, Hemion estaba a sueldo de Sinatra. En cualquier caso, ¿qué podía hacerme el cantante? ¿Ordenar a Pucci que me zarandeara un poco? ¿Ofrecerle a alguien treinta mil dólares para que me rompiera una pierna? ¿Montarme un numerito como a Harlan Ellison en la sala de billar del club Daisy?

No, volví a repetirme, mientras entraba en el aparcamiento del estudio, menuda ridiculez. Llovía con fuerza y no traía paraguas. Cerré de un portazo y corrí por el aparcamiento para unirme a una cola de docenas de personas que iban apretujándose hasta franquear la entrada al estudio, sin que ningún guardia de seguridad los detuviera. Para mi sorpresa, aquel día no había nadie comprobando nombres o credenciales, de modo que fui avanzando con el resto de personas, entre las cuales supuse que se encontraban muchos empleados de la Warner Bros y comerciales de Budweiser con sus familias. No me detuve hasta encontrarme a unos diez metros del templete, ahí me paré.

Delante de mí tenía a un sonriente Frank Sinatra, rodeado de un grupo de socios y aduladores a los que estrechaba la mano o abrazaba, y con los que departía en voz muy alta y no poca euforia acerca de la entrevista con Cronkite emitida la noche anterior.

—Ah, fue la hostia —oí decir a Sinatra, tras detenerme justo detrás de dos tipos a los que reconocí, Brad Dexter y Leo Durocher.

—Fue lo más, Frank —dijo Dexter.

—¿Sabéis lo que me dijo Jilly después del programa? —prosiguió Sinatra—. Me envió un telegrama en el que ponía: «El mundo es nuestro». Palabras mágicas de una borracha propietaria de un bar.

—Completamente de acuerdo, Frank —dijo alguien que no pude identificar. Nos rodeaban el ayudante de Sinatra, George Jacobs; su maquillador, Layne Britton; la dama de los peluquines, Helen Turpin; el líder de su banda y arreglista, Nelson Riddle; el compositor Gordon Jenkins, y el cantante Andy Williams, esta vez sin la compañía de su esposa, Claudine. A poca distancia, Mahoney se dirigía a nuestro encuentro, seguido de Pucci.

—Contaban con mucho más material del que tirar —prosiguió Sinatra, haciendo referencia al programa de Cronkite—. ¿Habéis leído la columna de Jack Gould en *The New York Times* esta mañana? Llevaba razón. Tendría que haber habido más sobre el hombre y no tanto sobre su música.

—Estoy de acuerdo —apuntó Durocher.

En ese momento, el líder de la banda, Nelson Riddel, agarró a Sinatra del brazo y lo condujo en dirección al escenario, diciéndole: «Frank, casi estamos listos». Pero antes de que se marchara, Sinatra estrechó más manos y, al percatarse de mi presencia detrás de Dexter, me extendió la mano. No tenía la menor idea de si sabía quién era yo, pero alargué la mía y le dije: «También me gustó el programa de anoche, señor Sinatra. Felicidades».

—Podrían haber hablado más del hombre —repitió con una sonrisa.

—Bien, para eso estoy aquí —me apresuré a decirle—. He estado intentando contactar con usted, pero aún no he tenido suerte.

Me miró directamente a los ojos con expresión amable, y en el momento en que Riddle tiró de él, me dijo casi en tono de disculpa: «He estado muy ocupado». A continuación, añadió muy bajito —tanto que cabe la posibilidad de que yo oyera lo que deseaba oír y no lo que en realidad dijo o pretendió decir—: «Quizá podamos arreglarlo».

Después de que se marchara, me quedé ahí de pie unos instantes en silencio, aunque consciente de la cercanía de

Mahoney y Pucci, quienes habían sido testigos de mi breve intercambio de palabras con su jefe. Además, pude percibir, por lo menos en el caso de Mahoney, quien se acercó a estrecharme la mano, que mi estatus había subido. Mahoney, tan obstruccionista unos días atrás, se mostraba ahora de lo más cordial.

—Mañana le llamaré —me dijo— y podremos hablar.

Quizá hubiera recibido la carta de Hayes. Pero no importaba.

—Por supuesto —le dije—. Mañana hablamos.

Acto seguido, me estrechó la mano, se dio la vuelta y se alejó con el amigable Pucci a su estela, a quien todavía no le había dicho que el editor de la sección *Dining Out* de *Esquire* había declinado publicitar su restaurante. Mientras ambos se encaminaban sin prisa a reunirse con su camarilla, posicionada ahora frente al templete, permanecí en mi sitio, sopesando mi situación.

¿Ahora era libre de quedarme en el estudio, rodeado por varios centenares de personas, a esperar a que empezaran a grabar? ¿Me había librado, aunque fuera temporalmente, de mi guardián, Mahoney? Hacía escasos días me había dicho que la reacción de Sinatra a mi presencia en el estudio había sido un «de ninguna manera», pese a lo cual ahí me encontraba, y nadie amenazaba con echarme.

De este modo, aunque al principio guardando las distancias con el círculo íntimo de Sinatra, me pasé las dos horas siguientes deambulando con casi total libertad, y la grabación de la NBC de la que fui testigo aquella tarde fue completamente distinta a la que había visto dos semanas atrás. La voz de Sinatra estaba del todo recuperada de su resfriado, y desde la primera canción y durante las diecisiete que la siguieron, su dulce voz de barítono entonó con fluidez cada palabra, de un modo que llevaba a pensar al oyente que las letras del compositor, en realidad, habían brotado de su corazón y su alma, fruto de una vida repleta de todo tipo de experiencias trascendentales.

Incluso al verse interrumpido por el error de algún músico o algún problema técnico, se mantuvo cortés e imperturbable. A mitad de la canción «When We Were Young», un cámara que avanzaba por un raíl tiró al suelo un árbol de plástico de color blanco, situado cerca de un micrófono. Sinatra se detuvo y se dio la vuelta con calma para encarar a la orquesta.

—Esperad —les dijo—. Hemos tenido un pequeño incidente.

Cuando el cámara, paralizado, se disculpó, Sinatra se limitó a encogerse de hombros y decir: «No te preocupes. Podemos volver a empezar».

Estaba convencido de que, si este encontronazo hubiese tenido lugar durante la primera grabación, cuando Sinatra estaba enfermo y desafinaba, la torpeza del cámara no habría merecido una reacción tan comprensiva. Pero aquel día, con la voz de Sinatra en plena forma y disipada toda preocupación acerca de las consecuencias para su carrera que podría tener la entrevista con Cronkite, la atmósfera reinante en el estudio era despreocupada, jovial y desprovista por completo de la tensión que había existido nueve días atrás, por ejemplo, entre Sinatra y Dwight Hemion.

Después de que esta vez Sinatra hubiese ensayado con éxito «The Girl Next Door», Hemion quiso grabarla y le gritó desde la cabina: «¡De acuerdo, Frank, ¿probamos a grabar?!».

—Estoy contigo, Dwight —le contestó Sinatra muy animado.

Tras cantar seis temas como los ángeles, y a punto de encarar el séptimo, Sinatra levantó la vista hacia Hemion y le preguntó:

—¿Cómo verías tomarnos algo reconstituyente después de esta? ¿Un poco de ponche para calentar el cuerpo?

—Trato hecho, Frank —respondió Hemion, entre los vítores de fondo de la orquesta.

De modo que, después de la séptima canción, tuvo lugar un descanso de cuarenta y cinco minutos para disfrutar de un piscolabis. Los empleados del catering sirvieron aperitivos ligeros y bebidas en las mesas dispuestas a la entrada del camerino de Sinatra.

Al unirme discretamente al grupo, oí a Sinatra hablar con Durocher y otros acerca del inminente combate en Las Vegas entre Floyd Patterson y Muhammad Ali. Aunque este último había renegado en 1964 de su «nombre esclavista» (Cassius Clay) a favor del que le había escogido su líder espiritual, Elijah Muhammad, Sinatra y sus amigos, igual que algunos periodistas y el propio Floyd Patterson, no estaban por la labor de aceptar su nombre musulmán.

—Floyd está capacitado —escuché que decía Sinatra.

—Sí, pero Clay tiene alcance —le contestó Durocher.

—Déjame que te diga —prosiguió Sinatra— que, si Clay repite con Floyd lo que hizo con Liston, retroceder, bajar las manos y dejar la cabeza al descubierto, Floyd le golpeará sesenta veces. Floyd tiene las manos más rápidas...

—Espero que lleves razón, Frank —dijo Brad Dexter.

Entonces alguien llamo a Dexter desde el fondo y le dijo que el comediante George Jessel, que había compartido escenario con Sinatra en un club, estaba intentando contactar con el cantante.

—Ah, no te preocupes por Jessel —dijo Dexter—. Lleva peluquín...

—También cierto cantante italiano que conozco —le contestó el otro, al que seguía sin poder identificar. Pero Sinatra se limitó a reírse, alzó la botella de burbon, se sirvió un chupito en un vaso de plástico y se lo bebió de un trago. «Un poco de ponche para calentar el cuerpo», repitió. Algunos miembros de su círculo íntimo en ocasiones se referían a su melodiosa voz como «barítono de burbon».

Después de cambiarse para una nueva tanda de canciones, Sinatra regresó a la plataforma y el programa continuó con fluidez y sin sobresaltos. Si alguna vez se veía forzado a parar, siguió sin dar muestras de enfado. Por ejemplo, cuando al perder pie mientras cantaba «When I was twenty-one, it was a very good year...», se dirigió de forma despreocupada al compositor Gordon Perkins para decirle: «Ahí he sonado un poco áspero, volvamos a empezar». Al acabar el último tema, «Put Your Dreams Away (For Another Day)», giró sobre los talones desde detrás del micrófono, señaló a Gordon Jenkins y exclamó: «Estupendo, Gordie». Acto seguido, invitó a sus amigotes a la sala de control para un visionado del programa en el monitor.

Entre veinte y treinta personas fueron subiendo de forma escalonada para situarse detrás de donde se sentaban Hemion y su equipo, a las que enseguida se sumó Sinatra. Dado que nadie me lo impidió, y como además me sentía invisible, me uní a la procesión y en un abrir y cerrar de ojos me encontré en la tercera fila, apretujado entre los que permanecían de pie detrás de Sheldon Keller, uno de los guionistas del espectáculo.

Delante de mí, de pie en la segunda fila, justo detrás de Sinatra y Hemion, y con la vista fija en el monitor, estaban Durocher, Mahoney, Andy Williams y Brad Dexter, que siempre era el primero en aplaudir cuando acababa una canción.

—Genial, Frank, simplemente genial —no paraba de repetir. Tras haber escuchado una docena de canciones, dijo bien alto: «Frank, este va a ser el mayor espectáculo que jamás se haya visto».

Sinatra se dio la vuelta y le dijo de buen rollo: «Cállate, Brad».

Sin embargo, este comentario no pareció disuadir a Dexter, ni Sinatra dio muestras de que le importunara la incesante cascada de elogios por parte de sus seguidores. De hecho, demostraba sentirse complacido e impresionado, y cuando ya se acercaba el final del espectáculo, resplandeciente en su esmoquin, se inclinó hacia Hemion para decirle: «Si a la gente sigue gustándole la música, creo que este programa gustará».

Tras concluir la última canción, «Put Your Dreams Away», todo el mundo regresó a las mesas situadas frente al camerino de Sinatra para reanudar la fiesta. Mahoney se acercó a Sinatra con un trocito de papel en una mano en el que se indicaba que Don Hewitt, productor de la CBS, estaba intentando ponerse en contacto con él.

—¿No fue Hewitt el tipo que provocó todo este lío? —le preguntó Sinatra, al que le había llegado que Hewitt había presionado a Cronkite para incluir preguntas ligadas a la mafia.

—Sí, fue él —le dijo Mahoney—. ¿Qué debo responderle?

—¿Puedes enviarle un puñetazo por correo? —le dijo Sinatra.

Capítulo veintidós

Al día siguiente, Mahoney me recibió en su despacho con idéntica amabilidad que en Burbank y me preguntó si estaría interesado en acompañarlo al combate entre Patterson y Ali, y añadió que también podía conseguirme una entrevista previa con Al Silvani, el veterano entrenador de boxeo que ahora colaboraba con el equipo de Patterson. Silvani llevaba tiempo a sueldo de Sinatra, ocupándose de encargos menores y recientemente había trabajado como asistente de producción en *Asalto al Queen Mary*, la película protagonizada por el cantante que seguía rodándose.

La oferta de Mahoney me sorprendió bastante porque, al sospechar que habían intervenido el teléfono de mi habitación de hotel, había deducido que estaba al corriente de mis conversaciones privadas con Patterson, quien ya me había apartado una entrada. Mahoney quizá me quisiera como compañero de viaje para tenerme controlado en Las Vegas y asegurarse de que no fuera detrás de Sinatra de un modo agresivo, lo que sí podría suceder si iba por mi cuenta.

En cualquier caso, no vi motivo alguno para rechazar la oferta de Mahoney, porque acompañarlo probablemente garantizara mi proximidad al círculo íntimo de Sinatra. Así fue como, por sugerencia suya, volamos juntos a Las Vegas la mañana del lunes 22 de noviembre, y después de coger un taxi al hotel y casino Sands, donde nos alojaríamos, fuimos recibidos en el vestíbulo por el jefe del casino, un gigante simpático llamado Jack Entratter. Cincuenta años, ciento noventa y tres centímetros de altura, ciento trece kilos de peso, pelo oscuro y elegante en el vestir, Entratter se había hecho popular en los años cuarenta por su educación y afabilidad como portero del Stork Club de Nueva York.

Mahoney me había contado en el avión que la amistad entre Sinatra y Jack Entratter se remontaba a principios de los años cincuenta, momento en que el segundo había dejado de ser el encargado del club nocturno Copacabana de Nueva York para ayudar a lanzar el hotel y casino Sands de Las Vegas. Provisto de numerosos y jugosos contactos en el mundo del entretenimiento gracias a sus años en el Copacabana, y echando mano de sus habilidades diplomáticas para conseguir el apoyo de varios inversores —algunos de ellos con vínculos mafiosos—, Entratter no tardó en convertir el Sands en el casino más lujoso de la ciudad, se embolsó millones de dólares y reclutó en exclusiva a artistas de primera fila como Sinatra y sus colegas del Rat Pack, entre ellos Dean Martin, Joey Bishop y Sammy Davis Jr.

Dos de ellos actuarían aquella noche, después del combate, junto con Sinatra, en un escenario del Sands, me contó Mahoney. También añadió que Entratter me conseguiría una entrada para el espectáculo, cosa que hizo rápidamente. Entratter demostró ser incluso más servicial de lo esperable a tenor de la descripción de Mahoney. Tras acomodarnos en nuestras suites, confirmar nuestra reserva para almorzar en el restaurante con el entrenador Al Silvani y conducirnos a su despacho para entregarnos las entradas al combate, Entratter se sentó a hablar conmigo a solas durante unos diez minutos, mientras Mahoney andaba por algún lado. Supuse que había ido a ver a Sinatra, que había llegado la noche anterior en su jet privado. Sinatra se alojaba por defecto en el Sands cuando viajaba a Las Vegas.

—Frank y yo somos más o menos de la misma edad y yo también soy rico y exitoso —arrancó Entratter—. Tengo casas aquí y allá, y podría permitirme un jet si quisiera. Desde la muerte de mi esposa, cuatro años atrás, estoy solo y libre para hacer cuanto me plazca. Ojalá pudiera vivir como Sinatra. Pero no puedo —hizo una pausa antes de repetir—: Ojalá pudiera vivir como Sinatra. Pero no puedo porque, la verdad, es que no sé cómo vivir. Soy como tantos tipos de cincuenta años que en sus años mozos conocieron el entusiasmo y la aventura. Pero luego, pese a irnos bien las cosas, nuestras vidas se estabilizaron y acabaron siendo monótonas. En mi caso, probablemente, porque en mi interior soy conservador.

Me explicó que era una persona religiosa, había sido presidente de la congregación del Templo Beth Sholom y además no jugaba, ni fumaba ni bebía. Admitió tener una novia, Lari Laine, pero se guardó el hecho de que había sido chica de portada en revistas como *Playboy*.

—Lari es una persona encantadora —me dijo—, pero no creo que pueda llegar a casarme con ella. De alguna manera entraría en conflicto con las enseñanzas que les he transmitido a mis hijas. No sé. Estoy pillado. Me siento atrapado. Pero cuando estoy en compañía de Frank, todo cambia de repente. Siempre es excitante estar a su lado. Vive cada momento. Se niega a envejecer. Tiene un enorme talento, sí, pero también sabe cómo divertirse. A muchos de los que pasamos tiempo con Frank nos ocurre lo mismo. Nos sirve de ejemplo sobre cómo vivir y divertirse. Es contagioso. Vive nuestras vidas por nosotros.

Mahoney regresó al despacho de Entratter, y tras despedirnos de él nos dirigimos al comedor, para lo que había que atravesar la sala de juego, donde la única música pregrabada que sonaba por los altavoces era la de Sinatra. Por el camino nos cruzamos con un escritor amigo mío que estaba jugando a las tragaperras y me saludó con la mano.

—¿No es ese Norman Mailer? —me preguntó Mahoney, deteniéndose un momento para mirarlo mejor.

—Lo es —le dije—. Mailer adora el boxeo. Nos encontramos en todos los grandes combates.

—¿Es rico?

—Desconozco cuán rico es —le dije—. Es un autor superventas, por lo que imagino que le van bien las cosas.

—De acuerdo, entonces, ¿por qué lleva esos zapatos tan desastrados, que prácticamente se le caen a tiras? ¿Por qué no viste mejor en general?

Como de costumbre, Mahoney iba de lo más atildado, con unos caros zapatos de cuero con hebilla, una camisa de rayas blancas, una corbata marrón y un blazer de cachemir por cuyo bolsillo de la solapa asomaba un pañuelo naranja, también de cachemir. Sospecho que todo el atuendo había sido adquirido en la tienda favorita de ropa masculina de Frank Sinatra, Carroll & Co., en Beverly Hills.

—¿Quiere enviar a Mailer al sastre de Frank Sinatra? —le pregunté, forzando una sonrisa—. Eso sería ridículo. Al contrario que al señor Sinatra y a usted, a Mailer no le va la ropa elegante.

Mahoney guardó silencio mientras nos acercábamos al restaurante, pero a mí me dio por pensar que, dejando la ropa a un lado, Mailer y Sinatra en realidad tenían mucho en común. Ambos poseían un ego descomunal, ambos eran asombrosamente productivos, ambos habían alcanzado fama y éxito de forma temprana y ambos habían consagrado el resto de sus días a intentar retener las dos cosas.

La celebrada primera novela de Norman Mailer, *Los desnudos y los muertos*, fue publicada en 1948, cuando su autor tenía solo veinticinco años, y a imagen de Sinatra, Mailer había mostrado interés pronto por dirigir e interpretar películas, así como por el activismo político y social. El uno y el otro eran aficionados a la bebida y a los combates profesionales de boxeo, incluso habían recibido lecciones de pugilismo, al tiempo que eran conocidos por haber llegado a las manos en enfrentamientos con otros hombres y por buscar la compañía de mujeres aduladoras. Norman Mailer, de cuarenta y dos años, estaba casado en esos momentos con Beverly Bentley, su cuarta esposa.

Una vez en el comedor del restaurante, Mahoney me presentó a Al Silvani, nos dimos un apretón de manos y tomamos asiento, tras lo cual le deseé toda la suerte del mundo ayudando a Patterson en el combate de esa noche. Sinatra había contratado a Silvani para que se uniera al equipo de Patterson, después de la muerte, un mes antes, de Dan Florio, que había sido su entrenador durante muchos años.

—Creo que Patterson puede ganar —dijo Silvani, un hombre musculoso, ancho de espaldas y de cabello gris que se encontraba en mitad de la cincuentena. Silvani, entre otros, había dado clases de boxeo a Sinatra, a principios de los años cuarenta, y luego había repartido su tiempo entre preparar a luchadores profesionales de boxeo de alto nivel, como Jake LaMotta, Henry Armstrong, Carmen Basilio y Rocky Graziano, ejercer de asistente de Sinatra en la producción de películas e interpretar pequeños papeles cinematogáficos.

—Si no pensara que Patterson tiene muchas opciones de tumbar a Clay —prosiguió Silvani—, no habría dejado las Bahamas, donde Johnny Delgado y yo estábamos rodando algunas escenas acuáticas de *Asalto al Queen Mary*, ni me habría pegado la paliza de venir hasta Las Vegas con el único propósito de levantar a un tipo de la lona. He recorrido casi cinco mil kilómetros para estar aquí, por lo que voy a repetirlo: vine porque creo que Patterson puede ganar.

A continuación, se sacó una ficha blanca del bolsillo de la chaqueta con notas apuntadas a lápiz y, tras ofrecérmela, me dijo: «Tenga, lea. Aquí están los consejos que le he dado a Patterson acerca de qué hacer y qué no en el combate de esta noche».

La ficha contenía cuatro frases sucintas, y mientras se las leía en voz alta a Silvani y a Mahoney, sentados delante de él, el primero iba asintiendo con los ojos cerrados.

1. Mantener siempre las manos en alto. Balancear el cuerpo de un lado al otro. Seguir a Clay; pero, si baila hacia atrás, no correr detrás de él.
2. Nunca lanzar golpes desde lejos. Acercarse. Olvidarse de su cabeza. Golpe cruzado de derecha/gancho de izquierda al cuerpo de Clay.

3. No hacer *clinch*. *Uppercuts* rápidos y cortos con la derecha. Seguir con el codo apuntando a la barbilla. Sé malo. No es un colega.
4. Al balancearte de un lado al otro evitas los *jabs* de izquierda de Clay. No le hables. Él te hablará, pero no le respondas. Durante el paso por la báscula, y cuando el árbitro os dé las instrucciones antes de la campana, ignora a Clay. Limítate a clavar la vista en su pecho.

Le devolví la ficha a Silvani y le agradecí que la hubiese compartido, pero en mi interior pensaba que nada de lo escrito ahí iba a evitarle a Patterson la derrota, por mucho que deseara lo contrario. Tanto si uno se refería a él como «Cassius Clay» o «Muhammad Ali», el oponente de Patterson lo superaba en tamaño, altura, fuerza en el golpeo y talento como boxeador de los pesos pesados, un tipo que había aniquilado a Liston dos veces, un Liston que a su vez había destrozado a Patterson en dos ocasiones, y me resultaba imposible imaginar un escenario en el que Patterson saliera vencedor aquella noche. De todos modos, Al Silvani era un individuo con mucha experiencia y muy respetado en el mundo del boxeo, por lo que me guardé mis pensamientos para mí, aunque sin poder evitar preguntarme si tantas alabanzas a Patterson no se deberían al hecho de que Sinatra le había cogido aprecio y apostado a su favor.

También me sentía un poco raro en ese almuerzo no solicitado con Silvani. La idea había sido de Mahoney, probablemente un intento por mostrarle a Hayes que estaba cooperando conmigo. Mahoney no había hecho mención alguna a haber recibido la indignada carta de Hayes la semana anterior, pero me inclinaba a pensar que la había leído y se había sentido amenazado por ella, lo que explicaría que ahora, por primera vez, me hubiera presentado a alguien cercano a Frank Sinatra. Mahoney no quería, o no podía, conseguirme una entrevista en persona con el gran hombre, pero confiaba en que apuntar más bajo tendría efectos positivos con Hayes. Conociendo a Hayes como lo conocía, se me antojaba improbable.

Unas horas después, me reuní con Mahoney en el vestíbulo del Sands y compartimos trayecto al centro de convenciones de Las Vegas, que se encontraba a kilómetro y medio. Mahoney estuvo muy hablador en el coche, pero yo le presté poca atención. Me preocupaba mucho que mi viejo amigo Floyd Patterson —que tenía treinta años, había participado en casi medio centenar de combates profesionales y mordido la lona en varias ocasiones desde principios de los años cincuenta— sufriera una paliza severa de manos del feroz y agilísimo de pies Muhammad Ali, que a los veintitrés años ya estaba en la cima de su carrera.

En la rueda de prensa celebrada esa misma mañana, que había seguido por televisión justo antes de abandonar la habitación del hotel, advertí que Patterson había ignorado las instrucciones de Silvani durante el paso por la báscula, mostrándose desafiante con Ali al llamarlo de forma reiterada «Cassius Clay» y prometiendo recuperar el título de campeón de los pesos pesados de manos del «musulmán negro» y «devolver la corona a América». De esto último se deducía que Ali, nacido en Louisville, era extranjero dada su afiliación espiritual con la Nación del Islam y que recaía en Patterson el «deber patriótico» de vencerlo. Ali reaccionó considerando a Patterson un negro que le lamía el culo a los blancos, así como prediciendo que, una vez iniciado el combate, empezaría a correr por el cuadrilátero como un «conejo asustado».

Para desgracia de los fanes de Patterson, esto es básicamente lo que ocurrió. Antes de perder por K. O. técnico en el décimo segundo asalto, Patterson, con sus ciento ochenta centímetros de estatura y sus noventa kilos, se mostró completamente indefenso frente a un rival que pesaba casi siete kilos más, era ocho centímetros más alto y contaba con veinte centímetros de ventaja en términos de alcance, lo que le permitía superar las defensas de Patterson a voluntad. Al mismo tiempo, Ali era demasiado escurridizo para permitir que Patterson se acercara lo suficiente para soltar algún golpe importante que igualara las tornas.

Mahoney y yo no nos sentábamos juntos. Mi asiento se ubicaba dos filas por detrás del suyo. Mahoney se sentaba en la segunda fila con parte del séquito de Sinatra, mientras el cantante se encontraba a pie de pista, flanqueado por Jilly Rizzo y Dean Martin, a los cuales acompañaban Joey Bishop, Jack Entratter y su novia, Lari Laine.

Yo compartía la cuarta fila con otros periodistas que escribían para diversas revistas y escritores a los que les apasionaba el boxeo. Además de Norman Mailer, ahí estaban el novelista Budd Schulberg, que había firmado el oscarizado guion de *La ley del silencio*, y George Plimpton, el alto, patricio y educado en Harvard editor de *The Paris Review*, conocido también por ser un deportista amateur al que le gustaba competir con atletas profesionales de cara a escribir sobre ello con mucho ingenio.

En uno de sus libros, *Out of My League*, publicado en 1961, Plimpton describió la experiencia de ser lanzador en un partido de béisbol de exhibición con grandes estrellas de la liga profesional. En una ocasión anterior, en 1959, en el gimnasio Stillman, ubicado en la calle Cincuenta y cuatro con la Octava Avenida, en Manhattan, hizo de sparring durante unos pocos asaltos para el afroamericano Archie Moore, campeón de peso medio, quien tuvo la gentileza de limitar el castigo a romperle el cartílago de la nariz, lo que le provocó una hemorragia. Este episodio empujó al trompetista Miles Davis a preguntar después del combate: «Archie, ¿lo que veo en tus guantes es sangre negra o sangre blanca?». A lo que uno de los amigos de Plimpton respondió: «Señor, lo que ve es sangre azul».

Durante el combate entre Patterson y Ali, que se alargó más de lo previsto según la mayoría de los escritores, si bien el desenlace nunca se puso en duda, la impresión general fue que Ali podría haber noqueado con facilidad a Patterson mucho antes, pero que prefirió jugar un poco con él, avergonzándolo y llenándole los oídos de insultos —«¡Vamos, América!»—, al tiempo que lo frustraba a base de bailecitos tan alegres como amenazadores a lo largo y ancho del cuadrilátero. Aquel fue un espectáculo que el especialista en boxeo de *The New Yorker* comparó con ver a alguien «arrancándole las alas a una mariposa».

En el undécimo asalto, con Patterson fatigado después de haber lanzado diversos golpes muy lejanos, contraviniendo así las órdenes de Silvani, se lesionó la espalda y ya no pudo mantener la postura adecuada. Entre asaltos, Silvani intentó sin éxito desenredarle los nudos musculares, agarrándolo por detrás y alzándolo. Más tarde, en el décimo segundo asalto, con Patterson ya prácticamente incapaz de mostrar resistencia, el árbitro detuvo el combate y declaró vencedor por K. O. técnico a Ali.

Mientras un triunfante Ali alardeaba a gritos a través del micrófono por el que se anunciaban los asaltos, y el equipo de Patterson le limpiaba los cortes en las cejas y le colocaba un albornoz sobre los hombros, observé cómo la solemne figura de Frank Sintara abandonaba su asiento a pie de pista y se dirigía lentamente hacia la salida, seguida por sus amigos. Supuse que regresaban al Sands, donde en breve Sinatra ofrecería una actuación con Joey Bishop y Dean Martin.

Mahoney se fue con ellos, pero yo no los acompañé, ya que preferí asistir a la rueda de prensa posterior al combate que se celebró en el vestuario de Patterson con los periodistas y otros que, como yo, eran invitados habituales del publicista y promotor. De pie, al fondo de la habitación, junto a Plimpton y Ted Hanson, el piloto de Patterson, que esa misma noche lo llevaría de regreso a Nueva York, escuché durante varios minutos las preguntas que los reporteros, situados en primera fila, le lanzaban a Patterson sobre sus problemas de espalda.

—No hay excusas para esta derrota —les respondió Patterson, sentado a una mesa de entrenamiento con una toalla sobre los hombros. Admitió que su rival, al que seguía llamando «Clay», era claramente mejor boxeador y que pertenecía a una categoría aparte dentro del mundo de los luchadores profesionales de los pesos pesados.

Flanqueado por un médico y por su representante, Cus D'Amato, y Al Silvani, Patterson siguió respondiendo a preguntas pacientemente, pero a veces lo hacía con un hilo de voz, lo que me dificultaba entenderlo. Sin embargo, hacia el final de la entrevista, me pareció que pronunciaba mi nombre. No le presté atención. Luego volví a oírlo, esta vez con mayor claridad.

—¿Gay Talese anda por aquí?

Era la voz de Floyd Patterson.

Todos los periodistas en primera fila se dieron la vuelta y se quedaron mirándome, y entonces Plimpton, tras posar también los ojos en mí con expresión interrogativa, me dio un codazo en la espalda y me dijo:

—Está hablando contigo.

Enderecé el cuerpo, alcé el brazo derecho y grité:

—¡Estoy aquí detrás, Floyd!

—¿Ya has conseguido hablar con Sinatra? —me preguntó.

Me quedé tan sorprendido que no reaccioné, así que repitió:

—¿Ya has conseguido hablar con Sinatra?

Aquella era un pregunta absurda e inesperada, procedente de un boxeador bien peculiar al que hacía nada habían humillado delante de una audiencia televisiva global, cuya carrera quizá por ello estuviera acabada, pese a lo cual, ¡ahí estaba, recordando mi llamada de auxilio para proceder con el fastidioso encargo de una revista!

¿Qué explicación tenía aquella pregunta de Floyd Patterson? ¿Cómo funcionaba su mente? Quizá resultara procedente acudir a la cita de Durocher: «Los buenos tipos acaban últimos», al menos dentro de los límites del despiadado mundo del boxeo. Llevaba escritos más de treinta artículos sobre Patterson a lo largo de los años y mi perplejidad continuaba intacta.

En cualquier caso, no me quitaba los ojos de encima, esperando una respuesta. Por lo tanto, se la di.

—Muchas gracias, Floyd; pero sí, he conseguido hablar con Sinatra —le mentí.

Capítulo veintitrés

Por lo general a cierta distancia, aunque en ocasiones lo suficientemente cerca para escuchar con disimulo sus palabras, seguí los pasos de Sinatra desde la medianoche, una vez acabó el combate, hasta el amanecer del día siguiente.

En primer lugar, formé parte del público que asistió a su actuación con Dean Martin y Joey Bishop, en el bar del Sands. Luego cogí un taxi al club Sahara, donde él y sus amigos se pasaron más de una hora bebiendo y charlando en una mesa abarrotada de gente, al tiempo que sobre el escenario Sinatra era objeto de bromas suaves de manos del comediante Don Rickles, también amigo suyo. Finalmente, cerca de las cuatro de la madrugada, abandonó el Sahara para regresar al Sands, siempre escoltado por su séquito, algunos de cuyos miembros se habían llevado consigo los vasos de whisky, a los que iban dándoles sorbos en la acera o en el interior de los vehículos, despreocupados y alegres en sus respectivos mundos.

Sinatra debía tener hambre porque al entrar en el Sands se dirigió al restaurante y se sentó en una mesa larga y esquinera, previamente reservada para él y sus invitados. Frente a la mesa, para aumentar la privacidad, se levantaba una celosía de madera blanca que entendí como mi punto límite, el lugar más allá del cual no debía aventurarme. De modo que me senté solo en una mesita cercana, en un comedor que compartía con docenas de jugadores y turistas, cerca de la sala del casino, que vibraba con los giros de las ruletas y los gritos de los jugadores del pase inglés.

Provisto de una hamburguesa y de una cerveza, mientras repasaba las notas garabateadas en trozos de cartón recortado, advertí que Mahoney me saludaba con la mano desde la mesa de Sinatra. Le devolví el saludo con una sonrisa, y acerté al suponer que nuestro intercambio no llevaba implícita una invitación a que me uniera a ellos. Entre los ahí reunidos se contaban Dean Martin, Joey Bishop, Jilly Rizzo, Jack Entratter y su novia, Liri Laine, Leo Durocher con una cita llamada Betty, Harold Gibbons, un alto cargo del sindicato de camioneros, y algunos más a los que no pude identificar.

La verdad era que no me importaba estar solo. Al menos se me permitía seguir a Sinatra y su gente por Las Vegas, como ya había hecho la semana anterior durante la grabación del especial de la NBC en Burbank. Aunque no se había producido ninguna concesión explícita por parte de Sinatra o sus representantes, parecía que habíamos alcanzado una suerte de distensión. Mientras no importunara a Sinatra, Sinatra no iba a importunarme. Recordé las palabras del actor Richard Bakalyan, al que Sinatra había ridiculizado primero y agasajado después: «Frank jamás dice "me equivoqué" o "lo siento", pero encuentra otras formas de expresarlo». Quizá esto explicara el que ahora se me permitiera ser la sombra del mismo hombre que con anterioridad había intentado vetarme con su dictamen «De ninguna manera». O quizá la carta amenazadora de Hayes estuviera jugando a mi favor. Nunca lo sabría.

Excepto por las contadas palabras que había intercambiado con Sinatra la semana anterior, durante la grabación de la NBC, cuando alabé su entrevista con Cronkite en la CBS, no habíamos vuelto a hablar. Tampoco me dirigió la palabra en Las Vegas, ni siquiera me miró directamente a los ojos. Sin embargo, no daba muestras de molestarle mi presencia entre el corrillo de gente que lo rodeaba, como cuando abandonó brevemente el comedor para ir a jugar al blackjack y yo pude observarlo y escuchar su intercambio con el crupier.

En las notas que mecanografié de vuelta en mi habitación del Sands antes de acostarme, poco después de las cinco de la madrugada —ahora seguía los horarios de Sinatra—, constaba lo siguiente:

> … apoyando su vaso de tubo sobre la mesa de blackjack, de cara al crupier, Sinatra se mantuvo algo apartado de la mesa, sin apoyarse en ella. Introdujo la mano por la americana de su esmoquin y la llevó hasta el bolsillo del pantalón, del que extrajo un fajo grueso pero limpio de billetes. Sacó con delicadeza un billete de cien dólares que colocó sobre el tapete. El crupier le entregó dos cartas. Sinatra pidió una tercera carta, se pasó y perdió los cien.
> Sin mudar de expresión, Sinatra depositó otro billete de cien dólares. Perdió de nuevo. Depositó un tercero y volvió a perder. Luego deslizó dos billetes de cien dólares y los perdió. Finalmente, tras entregar su sexto billete de cien dólares sobre el tapete y perder, Sinatra se alejó de la mesa, hizo un gesto de asentimiento en dirección al hombre y dijo: «Buen crupier».
> La multitud que había ido rodeándolo se fue abriendo para dejarlo pasar, pero una mujer se le plantó delante y le tendió un trozo de papel para que le firmara un autógrafo. Así lo hizo y él le dijo: «Gracias».

A continuación, también describí a Sinatra y su gente cenando:

> La mesa era del mismo tamaño que la que tiene reservada cada vez que acude al Jilly's en Nueva York, y muchas de las personas sentadas en esta mesa de Las Vegas eran las mismas con las que se le ve en el Jilly's o en un restaurante de California, o de Italia, o de Nueva Jersey, o allá donde Sinatra se encuentre. Cuando Sinatra se sienta a cenar, sus amigos de confianza están a su vera, y no importa dónde esté, no importa lo elegante que sea el local, siempre hay algo de su barrio

flotando en el ambiente, porque Sinatra, por muy lejos que haya llegado, conserva algo del chaval del barrio que fue, con la salvedad de que ahora se puede traer al barrio consigo.

Unos días después de regresar a Los Ángeles, conduje hasta el plató de la Paramount, y de pie en un rincón, detrás de varios tramoyistas y extras, observé a Frank Sinatra y a Virna Lisi, la estrella italiana del cine, actuar juntos en *Asalto al Queen Mary*. Sinatra interpretaba a un buzo contratado por unos aventureros desalmados que habían intentado secuestrar el transatlántico Queen Mary durante una de sus travesías. En la escena de la que fui testigo, Sinatra y la señorita Lisi iban a la deriva en una piscina de aguas turbulentas e intentaban subirse a un endeble flotador, una maniobra que el director, Jack Donohue, tuvo que rodar varias veces ya que la señorita Lisi parecía tener problemas a la hora de recordar o pronunciar correctamente su texto.

En circunstancias normales, Sinatra podría haberse mostrado irritado con tantas interrupciones, pero en esta ocasión se le vio sorprendentemente paciente e hizo cuanto pudo por calmar a la señorita Lisi.

De hecho, aquella tarde estuvo de buen humor y fue muy atento con todos los del plató; sin duda, seguía en una nube después de las críticas entusiastas a su actuación en *Frank Sinatra: El hombre y su música*, el especial de una hora de duración que la NBC había emitido la noche anterior. Solo cuando el director se tomó su tiempo para indicarles a Sinatra y la señorita Lisi que ya podían salir del agua, el cantante se mostró algo quejoso con Donohue y los cámaras.

—Avancemos, compañeros. Hace frío en el agua y acabo de recuperarme de un resfriado.

Una hora después, tras haberse cambiado de ropa, Sinatra se encontraba a la entrada de su camerino, recibiendo las felicitaciones de algunos amigos por el espectáculo de la NBC, un grupo del que formaba parte el actor Richard

Conte, que interpretaba a un mecánico naval en *Asalto al Queen Mary*, y el comediante Steve Rossi, quien junto con su socio, Marty Allen, formaba el tándem cómico Allen & Rossi, muy popular por entonces, tanto en la televisión como en los clubes nocturnos.

En un momento dado, al estar detrás de Rossi, llamé la atención de Sinatra, de modo que di un paso al frente para elogiarlo también por el espectáculo de la NBC. Sinatra sonrió y reconoció que el programa había sido excelente, y añadió: «No soy fácil de contentar». A continuación, le expresé mi deseo de que me concediera un rato de su tiempo, antes de tener que regresar a Nueva York. A esas alturas, ya llevaba tres semanas en Los Ángeles.

—Ah, he estado ocupadísimo —me dijo Sinatra.

Antes de darse la vuelta en dirección a su camerino, hizo una pausa y sugirió:

—Quizá podamos arreglar algo para el lunes, a mi regreso de Palm Springs.

Quedaban solo cuatro días para el lunes, pero dudaba de que llegara a producirse un encuentro cara a cara con Sinatra. La misma excusa de estar muy ocupado ya la había esgrimido durante nuestro breve intercambio de palabras en Burbank. Asimismo, recordé un comentario reciente que me había hecho Dave Stutton, un fotógrafo de la Warner Bros:

—Para tener ese encuentro que quieres con Sinatra, tienes que ser su amigo. Y si vas a ser su amigo, descubrirás que no vas a poder escribir sobre él.

De vuelta a mi hotel desde el plató de la Paramount, le escribí una nota a Hayes para ponerlo al día, la cual enviaría por correo al día siguiente:

Viernes, 26 de noviembre de 1965:

Estimado Harold:
Ayer vi brevemente a Frank Sinatra. No tuvo tiempo de hablar —nunca parece tener tiempo...—,

pero quizá estemos haciendo progresos... Puede que no consiga la pieza que esperábamos —el auténtico Frank Sinatra—, pero quizá, al no conseguirla y ser rechazado una y otra vez, y al ver a sus lacayos proteger sus flancos, nos acerquemos más a la verdad sobre el hombre.

Cuando Sinatra regresó a Los Ángeles el lunes por la tarde para rodar sus últimas escenas de *Asalto al Queen Mary*, me uní a un centenar de personas en los laterales del estudio de la Paramount, un grupo que incluía a Jim Mahoney, Brad Dexter, Ed Pucci, Mickey Rudin, Al Silvani, la hija del cantante, Nancy, y fanes tan célebres de Sinatra como Don Drysale, el *pitcher* estrella de Los Angeles Dodgers, de dos metros de altura, y Francis «Bo» Wininger, uno de los golfistas profesionales más destacados del país.

Wininger me había contado que, si bien Sinatra no se dejaba caer mucho por los campos de golf, su tarjeta de golpes se situaba en los ochenta y pocos, a lo que Nancy Sinatra añadió que su padre evitaba jugar al golf «porque le robaba demasiado tiempo». Había podido tratar personalmente a Nancy durante un almuerzo celebrado unos días atrás, el viernes, lo cual me hizo sentir a un tiempo sorprendido y agradecido al verla aceptar mi invitación, y más sorprendido y agradecido aún al comprobar que Mahoney no la cancelaba, como ya había hecho con anterioridad.

Mahoney tampoco interfirió en el encuentro que organicé para el día siguiente con Brad Dexter, quien me invitó a visitarlo en Sinatra Enterprises, donde era el vicepresidente, y dado que su jefe estaba fuera de la ciudad, se tomó la libertad de ocupar el enorme despacho de Sinatra. Era un cubículo de cristal de diseño moderno, adornado con palmeras de bambú e higueras y dominado por una mesa larga de madera que adoptaba la forma de unas alas de avión. Detrás había una silla negra de cuero con un cojín naranja, en la que Dexter se acomodó durante nuestra entrevista.

Al tomar asiento delante de él, lamentó que si era conocido por algo era en gran medida por haberle salvado la vida a Sinatra, cuando este salió a nadar en Hawái y se vio atrapado por unas olas traicioneras. Sinatra había acudido ahí a dirigir y protagonizar *Todos eran valientes*, una película ambientada en la Segunda Guerra Mundial en la que Dexter había interpretado a un tenaz sargento de la marina. Libre de toda modestia, afirmó que solo era uno entre las varias docenas de papeles relevantes que jalonaban su carrera como actor, tan inesperada como talentosa.

Ciertamente, no llevábamos conversando mucho rato cuando me sugirió que, en el caso de que mi artículo sobre Frank Sinatra no fructificara, quizá podría valorar la posibilidad de dedicarle a él un perfil en *Esquire*.

Capítulo veinticuatro

En mis encuentros con ella, Nancy Sinatra, que por aquel entonces tenía veinticinco años, demostró ser tan cercana como esquivo era su padre. No solo respondió a todas mis preguntas, sino que les añadió más información de la requerida, como sus sentimientos sobre el romance de su padre con la actriz Mia Farrow, cinco años más joven que ella.

—He coincidido con Mia en la casa de mi padre en Palm Springs y nos hemos llevado muy bien —me contó Nancy durante el almuerzo celebrado el lunes en la cafetería de la Paramount—. Mi padre tiene su vida privada y yo la mía, pero él sabe que puede ser él mismo delante de mí. Sabe que podemos salir en una cita doble y que no me molesta. No tiene motivo alguno para sentirse culpable. No está casado. Es un hombre soltero y, al mismo tiempo, un buen hombre de familia.

Pese a haberse divorciarse de su madre en 1951 para irse con Ava Gardner, después de más de diez años de matrimonio, nunca abandonó a su familia, me señaló Nancy; fue capaz de mantener un vínculo amoroso y de por vida con sus tres hijos, así como una relación con su exmujer basada en el respeto y las atenciones. Su madre nunca cambió las cerraduras de la casa tras su marcha ni restringió sus visitas para limitar sus privilegios como padre.

Cuando Ava Gardner se divorció de su padre en 1957 —Nancy tenía entonces diecisiete años—, albergó la esperanza de que sus padres volvieran a casarse. Sin embargo, su padre le explicó que su madre «ya no podía llevar el tipo de vida que llevaba él», lo que no disminuyó la cercanía entre ambos, como demostraba el hecho de que su madre estuviera al frente de los preparativos para la fiesta del quincuagésimo cumpleaños de Sinatra, que se celebraría próximamente en el hotel Beverly Wilshire.

Nancy me dijo que creció «buscando algún rastro de su padre en todos los chicos que conoció», pero admitió que era difícil, ya que él era un «perfeccionista» con una personalidad fuerte al mismo tiempo que una persona sensible, intuitiva e introspectiva.

—Es capaz de adueñarse por completo de una fiesta, o bien puede quedarse en silencio, limitándose a observar y escuchar, y el ambiente de la fiesta cambiará de arriba a abajo dependiendo de su comportamiento. Por lo general, es igual que cualquier otra persona, pero la gente no lo cree así. Se imaginan que, mientras ellos están en casa viendo la televisión, él está participando en un intercambio de parejas en algún sitio. Olvidan que a él también le gusta quedarse en casa viendo la tele. Recuerdo que una vez pasamos dos semanas juntos y no estuvo con ninguna mujer. También tiene una serie de cualidades que cualquier mujer apreciaría, sin importarle quién haya detrás: su gusto en el vestir, lo bien que huele siempre, su puntualidad, sus atenciones, lo ordenado que es, el hecho de que se acuerde de todo... Menciónale un libro que te gustaría leer y al día siguiente te lo encontrarás en el buzón. Cuando eres su invitado en Palm Springs, no debes preocuparte de traer nada. Todo está ahí a tu disposición. Tendrás ropa que ponerte, los baños dispondrán de todos los artículos imaginables y, antes de que regreses a casa, tu coche estará limpio y con el depósito lleno.

Hizo una pausa y luego prosiguió:

—Es quisquilloso y quiere saberlo todo. Cuando participa en un programa de televisión, conoce todos los detalles: los anuncios, la iluminación, el sonido, los ángulos de la cámara y las marcas. Probablemente él solo podría encargarse de todo. Lo mismo ocurre con los aviones, se los conoce del derecho y del revés. Cuando se compra un coche, no se comporta como un cliente normal. Lo ha estudiado de la cabeza a los pies. Si se coloca tras una barra, conocerá todas las bebidas que existen. No hace ninguna cosa a medias. Es dueño de un helicóptero y, aunque no tiene título, sabe cómo pilotarlo.

Además de disfrutar de un largo almuerzo en la cafetería de la Paramount, Nancy Sinatra y yo nos vimos brevemente en otras dos ocasiones a lo largo del fin de semana, y el lunes me invitó a los estudios de la United Western en Hollywood para oírla cantar un tema de folk-rock que no tardaría en vender más de un millón de discos y encaramarse a lo más alto de la lista de éxitos Billboard Hot 100. Escrita y producida por Lee Hazlewood, la canción se titulaba «These Boots Are Made for Walkin'».

Aquello acabaría suponiendo el cénit de su carrera, la primera vez que triunfaba como solista en vez de cantar, actuar o aparecer al lado de su padre, Elvis Presley u otro cantante famoso, o de interpretar algún papel secundario en diversas películas. Pude percibir su satisfacción cuando abandonamos el estudio de grabación, y también que estaba adaptándose rápidamente a estar sola, después de su reciente divorcio del cantante y actor Tommy Sands. Ahora vivía en una nueva casa en Beverly Hills, que ella misma se había encargado de decorar y amueblar a su gusto, y quizá el hecho de que estuviera colaborando conmigo sin restricciones —llevando a cabo lo que su padre y tantos de sus seguidores se habían resistido a hacer— fuera prueba de su incipiente espíritu de independencia.

Me preguntaba, aunque nunca le saqué el tema, si su padre estaría al corriente del tiempo que pasábamos juntos. Di por sentado que sí, al ser una persona tan meticulosa y pendiente de todo, pero quizá la idea de cooperar con *Esquire* había partido de ella —y luego su padre y Mahoney habían dado el visto bueno—, porque pensaba que así rebajaría un poco el enfado de su editor, Harold Hayes.

O quizá se mostraba tan abierta conmigo porque, a imagen de Brad Dexter, creía que esto le podría abrir las puertas a un futuro perfil en las páginas de la revista.

En el fondo, a mí nada de esto me importaba. Después de casi un mes de estrés y reveses en Los Ángeles, por fin disfrutaba de mi trabajo y estaba contento no solo por haber estado presente en la grabación de la canción de Nancy Sinatra, sino también por haberla acompañado a bordo de su deportivo Ford Mustang verde al set de rodaje en el que su padre interpretó la escena final de *Asalto al Queen Mary*.

Nancy conocía a casi todos los miembros del reparto y a los que seguían la escena, a algunos de los cuales me presentó, y a su lado me sentía más integrado, no tanto un intruso. Quizá esto explique el que, cuando el director Jack Donohue anunció un descanso y advertí que Frank Sinatra estaba sentado en una silla plegable charlando con uno de los cámaras, me sintiera con la confianza suficiente para tomar la iniciativa y abordarlo. La última vez que lo había visto, cuatro días atrás, antes de que se marchara a Palm Springs a pasar el fin de semana, me había sugerido la posibilidad de hablar con él a su regreso. Puesto que yo estaba cansado de esperar, pensé que era ahora o nunca.

—Discúlpeme, señor Sinatra —arranqué, agachándome delante de él. Sinatra se dio la vuelta y me dedicó una sonrisa mientras proseguía—. Confío en que finalmente podamos fijar una cita para su entrevista, una vez haya acabado usted con esta película.

—Lo siento —se apresuró a responderme—, pero no tengo tiempo. Cuando acabe hoy aquí, tengo una grabación por la noche y luego me subiré a un avión con rumbo a México. Quiero marcharme, lo necesito —me dijo e hizo una pausa antes de proseguir—. Ha sido de locos. He llegado a un punto de saturación. Cuando era más joven, siempre me preocupaba la posibilidad de saturar el mercado, y eso es precisamente lo que ha ocurrido ahora.

—Le entiendo —le dije, y era cierto. Lo que me decía era lo mismo que yo le había intentado argumentar un mes atrás a Harold Hayes en mi intento fallido por evitar ese encargo. A lo largo de todo el año, la figura de Sinatra se había publicitado por todo el país de una manera exagerada, coincidiendo con la inminente celebración de su quincuagésimo cumpleaños. Él se sentía abrumado y lo mismo me ocurría a mí. Aquel mismo día, la revista *Look* lo llevaba en portada, y el artículo consiguiente no aportaba nada que no hubiera leído ya en otras revistas o diarios, o escuchado en entrevistas radiofónicas o televisivas.

Cuando el director Donohue se nos acercó y nos interrumpió para decirnos que se reanudaba el rodaje, Sinatra se levantó de un salto, me estrechó la mano y se alejó. Jamás volvería a hablar con él. Me sentí decepcionado por su marcha tan repentina, pero también resignado, porque mis esfuerzos por captar su atención habían llegado a su fin. Había hecho todo cuanto había estado en mi mano por que me atendiera y ya no había motivo alguno para demorar mi vuelta a Nueva York.

Mis notas mecanografiadas contenían información suficiente para el artículo de *Esquire*, casi toda recabada a partir de mis observaciones desde los márgenes o de las entrevistas a sus colaboradores en el mundo del cine y la música, a los que trabajaban en su empresa o directamente para él y a los que conformaban su círculo social en los ratos de ocio. En otras palabras: amigos, parientes, sirvientes, parásitos y una tropa de individuos relativamente secundarios que, como ya he indicado repetidas veces, siempre han constituido mis fuentes principales de información y conocimiento.

Con muy raras excepciones, ninguno de estos sujetos habría sido considerado digno de un obituario por un editor de esta sección de no estar conectados con Sinatra, pese a lo cual, en su conjunto me habían ayudado a escribir sobre él sin tener que tratarlo personalmente. Sin embargo, reflexionando un poco sobre el asunto, esto no era del todo verdad, pues, de algún modo, lo llevaba tratando personalmente desde mi infancia, algo que me habría gustado mencionarle antes de que se despidiera de mí.

Como italoamericano que había crecido en South Jersey escuchándolo cantar por la radio y leyendo acerca de él en la prensa durante los años cuarenta, su vida me inspiró, su forma de afrontarla y la repercusión de esta en los demás. Lo admiraban la mayoría de mis compañeras del instituto y las matronas que frecuentaban la tienda de ropa que tenía mi madre en Ocean City, una isla volcada en el ocio, de población blanca y protestante, situada a unos veinte kilómetros al sur de Atlantic City.

En las películas seducía a actrices muy bellas en comedias ligeras, coprotagonizaba musicales al son de la música de Duke Ellington, Count Basie o la banda de Tommy Dorsey, y en una época en la que los italianos solían aparecer en las noticias solo como miembros de la mafia, evitaba interpretar a gánsteres para decantarse por papeles de hombre respetuoso con la ley, que repudiaba el racismo y el antisemitismo. Un actor siempre cautivador, generoso y patriótico, ya fuera bailando con Gene Kelly vestido con uniforme de marinero en *Levando anclas*, regalando flores a una criada extasiada en *Cada vez más alto* o dando lecciones de tolerancia a una banda de chavales prejuiciosos en *The House I Live In*.

En esta última película hablaba sobre su experiencia como descendiente de inmigrantes italianos, y remontaba a sus orígenes, como era mi caso, a las desfavorecidas masas de oportunistas foráneos que, tras permanecer un tiempo en las capas más bajas del orden social en América, se las habían apañado para mejorar gradualmente sus vidas gracias a su propia iniciativa, la flexibilidad y el crecimiento de la economía del Nuevo Mundo, y sin duda una pizca de suerte.

Entre los inmigrantes llegados a las costas americanas hacía un siglo o más se contaba gente con apellidos como Di-

Maggio, Cuomo, Scalia, Iacocca, Coppola, Giamatti, DeLillo, Stella, Scorsese, De Niro, Pelosi y Germanotta —los ancestros de Lady Gaga—, pero probablemente ninguno de los descendientes de estos italianos viajeros superara la fama mundial y la popularidad sostenida del nieto cantante de un zapatero siciliano llamado Francesco Sinatra.

Francesco Sinatra, nacido en 1857 en un pueblo de minas de sulfuro a unos cincuenta kilómetros al sudeste de Sicilia, donde el trabajo infantil era la norma, llegó solo a América a finales de la década de los noventa del siglo XIX. Después de trabajar en una fábrica de lápices al haber una sobreabundancia de zapateros italianos en Nueva York, consiguió ahorrar dinero suficiente para que su esposa y sus cuatro hijos se reunieran con él.

Entre ellos estaba Antonio Martino Sinatra, de nueve años, el futuro padre de Frank Sinatra, quien de adolescente trabajaría en una fábrica de calderas en los diques secos de North Jersey y luego se dedicaría al boxeo, adoptando el nombre de «Marty O'Brien» en honor a los numerosos aficionados y promotores irlandeses, pero también porque por entonces los nombres y las costumbres italianas suponían un estigma para los recién llegados como Antonio, a los que se les negaba la menor posibilidad de aparecer en los carteles que anunciaban un evento deportivo incluso tan bárbaro y propio de castas inferiores como ese.

Los prejuicios hacia los inmigrantes italianos en América proseguirían durante décadas, algo de lo que yo mismo fui testigo a través de los insultos —«*Dago*», «Espagueti», «Guineano»— que recibía con frecuencia de los abusones de origen irlandés con los que iba a clase en mi escuela parroquial. Los años cuarenta, con la Segunda Guerra Mundial de por medio, fueron especialmente duros a título personal. No solo Italia era entonces una aliada de la Alemania nazi, sino que dos de los hermanos pequeños de mi padre, ambos nacidos en Italia, mis tíos Nicola y Domenico, quienes habían decidido no emigrar a América, servían en las filas del ejército de Mussolini para intentar evitar la invasión aliada de Calabria, la región de sus ancestros, una zona montañosa situada en la punta de la bota que dibujaba la península italiana, apenas separada del extremo este de Sicilia por un pequeño estrecho. Los esfuerzos militares en los que estaban implicados mis tíos no tardarían en ser causas perdidas y derivar en heridas de guerra, derrota y confinamiento en un campo británico de prisioneros de guerra en el norte de África.

En una cómoda de nuestro apartamento, frente a la radio de la que salía la voz de Frank Sinatra los sábados por la noche, reposaban fotos enmarcadas de mis tíos que habían sido hechas en un estadio más temprano de la guerra y en las que aparecían sonrientes, vestidos con sus uniformes, adornados con unas charreteras muy raras. Tras la noticia de su detención, con frecuencia escuchaba a mi padre rezar a altas horas de la noche por que estuvieran sanos y salvos. Y los domingos en misa, lo observaba acercarse al altar a encender velas votivas, sin duda en recuerdo de sus hermanos cautivos.

Fuera de esto, mi padre, Joseph Francesco Talese, se mostraba abiertamente proamericano cuando hablaba con los clientes de su sastrería o cuando almorzaba en la cafetería que quedaba en la esquina de enfrente. Durante un discurso ofrecido en el Rotary Club local, declaró que de ser más joven habría servido con orgullo en el ejército de Estados Unidos y participado así en la destrucción de su país de origen.

Sus declaraciones ocuparon la portada de nuestro semanario *Ocean City Sentinel-Ledger*, acompañadas de una fotografía de mi atildado padre; pero, aunque sus sentimientos fueron muy bien recibidos, no sorprendieron a nadie pues, en aquella comunidad marcadamente republicana, su figura llevaba mucho tiempo considerándose la de un americano asimilado, alguien leal y compatible, en parte gracias a su gran talento como sastre.

También contribuía el hecho de que llevara siendo ciudadano estadounidense desde 1928, así como residente de Ocean City desde 1922. Dos años antes, tras la muerte prematura de su padre, había abandonado su pueblecito calabrés y viajado solo a París, con diecisiete años, para ayudar a llevar comida a la mesa de su madre viuda y sus hermanos, al tiempo que aprendía el oficio de sastre bajo la tutela temporal de un amable primo, Antonio Cristiani, quien a su vez había llegado allí en 1911 y ahora estaba al frente de una exitosa tienda de ropa masculina en la rue de la Paix.

Siete meses después, en la primavera de 1921, mi padre continuó su periplo hacia América, partiendo del puerto de Cherburgo, en el norte de Francia, con destino a Ellis Island, en el puerto de Nueva York. Primero se asentó en Filadelfia —donde encontró trabajo en unos grandes almacenes, tomando medidas de trajes y pantalones—, y al año siguiente, consiguió un préstamo que le permitió comprar una sastrería, pequeña y vacía, en Ocean City, a unos cien kilómetros al sudeste de Filadelfia, un popular retiro veraniego para las numerosas familias pudientes de la ciudad.

Muchos de los hombres de esas familias, más los pertenecientes a la aristocracia local que marcaba tendencia para los tres mil habitantes fijos de la isla, con el tiempo se convertirían en clientes de mi padre, impresionados por la calidad de su trabajo y por el de su estilizada, atractiva y a la moda socia, mi madre, que con anterioridad había vendido vestidos en el mejor centro comercial de Brooklyn, Abraham & Strauss. Tras conocer a mi padre en una boda italiana en el mismo condado, y casarse con él unos meses después, a principios del verano de 1929, ella y mi padre adquirieron un local más grande en la calle principal de Ocean City, expandiendo el negocio de la sastrería con la apertura de una boutique para las mujeres más distinguidas de la isla.

A imagen de los periodistas, que se relacionan con frecuencia con individuos influyentes e importantes, los mercaderes de la moda, consagrados a vender trajes y vestidos de calidad a gente prominente, se comprometen con una profesión que les ofrece la posibilidad de ascender socialmente. Sin duda, este fue el caso de mis padres, como evidenció su éxito a la hora de trabar amistad con su selecta clientela, paso a previo a que esta los invitara a partidas de bridge y a unirse a los clubes de campo a lo largo de la bahía, donde el alcohol fluía con libertad al no aplicarse la ley seca que imperaba en Ocean City.

Pero fuera cual fuera el elevado estatus otorgado a mis padres por su clientela, a mí no me libraba del acoso diario que sufría a manos de los hijos de las clases trabajadoras de origen irlandés, el cual a veces, en el patio del colegio, adoptaba la forma de tierra arrojada sobre mis prendas confeccionadas a medida.

Durante mis años preadolescentes, me sentí dividido, autóctono y a la par extranjero, miembro de una minoría juvenil en una tierra que asociaba los nombres italianos a los fascistas fuera de sus fronteras y a los gánsteres dentro de ellas, y ni siquiera la presencia del venerado Joe DiMaggio en los años previos a la guerra resultaba de mucha ayuda. DiMaggio era un hombre solitario, una superestrella introvertida y egocéntrica que solo se comunicaba a través de su bate y que se negaba a socializar hasta con sus compañeros de los Yankees.

Sin embargo, las cosas habían cambiado mucho cuando empecé el instituto, en 1945. La guerra había terminado, el ejército aliado había salido victorioso, Mussolini estaba muerto, mis tíos habían sido liberados del campo de prisioneros y el joven y celebérrimo Frank Sinatra, gracias a su talento y a una personalidad pública extrovertida que tocaba los corazones tanto de las minorías como de los grupos dominantes, se había erigido en el primer ciudadano estadounidense de origen italiano completamente asimilado, un individuo que había abierto camino para que gente como yo, al fin, se sintiera como en casa en América.

Todo esto se lo conté a Nancy Sinatra en el transcurso de nuestra última conversación en Los Ángeles. Me dijo que entendía mi deseo de hacerle llegar una nota de despedida a su padre y, tras prometerme que ella se la entregaría, escribí lo siguiente:

Sábado, 4 de diciembre de 1965

Estimado señor Sinatra:

Esta tarde he llamado a su adorable y amable hija Nancy, y en el transcurso de nuestra conversación le he mencionado mi decepción por no haber podido acceder a usted durante el mes que he permanecido aquí. De haber gozado de la oportunidad de pasar un tiempo distendido en su compañía, le dije a Nancy, de habérseme permitido acompañarle en sus viajes con sus amigos, y tener algún atisbo de la calidez que anida en su mundo interior, no me cabe duda de que habría podido completar un perfil llamado a convertirse en un clásico, uno que habría cumplido con todas las promesas incumplidas por los documentales de televisión y los artículos de revistas que ha protagonizado en el pasado.

A imagen de usted, mi deseo es siempre trabajar con todas las garantías. Lamentablemente, este último mes he disfrutado de muy pocas: su enfermedad, su agenda llena de compromisos y otros asuntos me mantuvieron al margen. De todos modos, confío en hacerle justicia en mi perfil para *Esquire*, ofrecer un retrato excitante de Sinatra y el hombre, que muestre el efecto de su figura en sus amigos, sus enemigos y su época. Llegué aquí como un amigo y me marcho como tal.

Antes de conocerlo, me lo tomé muy en serio como la fuerza viva que es, y ahora me lo tomo incluso todavía más. Confío en que todo siga yéndole de cara como hasta ahora y le deseo una suerte a la altura de su incomparable talento.

Gay Talese

Capítulo veinticinco

Jamás recibí respuesta alguna de Sinatra a mi carta, y ni él, Nancy o nadie de su círculo me transmitió sus reacciones a mi artículo de *Esquire*, si es que para empezar llegó a leerlo.

Publicado en abril de 1966 bajo el título «Frank Sinatra está resfriado», empezaba con la primera vez que lo vi durante mi estancia en Los Ángeles, es decir, sentado entre dos rubias en una noche solitaria en el bar del club Daisy, fumando un cigarrillo, sorbiendo su burbon y a punto de provocar a Harlan Ellison en la sala de billar. Lo cerraba con una nota más calmada, describiendo a un relajado Sinatra al volante de su Ghia cupé por las soleadas calles de Beverly Hills, detenido frente a un semáforo:

Frank Sinatra detuvo su coche. El semáforo estaba en rojo. Los peatones cruzaban de forma apresurada por delante de su parabrisas; pero, como de costumbre, uno no lo hacía. Era una chica en la veintena. Permaneció observándolo desde una esquina. Él podía verla por el rabillo del ojo izquierdo, y sabía bien, porque le ocurría a diario, que la chica estaría pensando: «Se parece, ¿pero es realmente él?».

Justo antes de que el semáforo se pusiera en verde, Sinatra se dio la vuelta en su dirección, la miró directamente a los ojos y esperó la reacción que sabía que llegaría. Así lo hizo y él sonrió. Ella sonrió y él ya se había esfumado.

Esta escena callejera no solo me fue descrita por varias mujeres «peatones» a las que conocí en el transcurso de mi proceso de documentación, sino que el propio Sinatra la corroboró en diversas conversaciones que mantuvo con personas de su círculo íntimo, entre ellas su hija Nancy. El resto de mi artículo de catorce mil palabras, que llenaban cincuenta y tres páginas manuscritas, surgía de haber observado a Sinatra en el plató de rodaje, el estudio de grabación, durante su viaje a Las Vegas, y de mis comentarios personales y quejas, garabateados a diario a bolígrafo en las tiras de cartón que cabían en los bolsillos de mis americanas y que me acompañaban a todas partes.

Más tarde había revisado estas notas de trabajo, eliminado lo que ya no consideraba relevante y, en un intento por darle un toque estético a un proceso tan aburrido, había utilizado rotuladores de punta fina de varios colores de la marca Sharpie para reimprimir el resto del material seleccionado a lo largo de dos cartulinas sin cortar de treinta y cinco por veinte centímetros, dando forma a una gráfica muy llamativa que me servía de guía. Este borrador mostraba, de forma abreviada y recurriendo a flechas multidireccionales, una suerte de cuadro dividido en escenas de todo el artículo y referencias a algunas de las frustraciones que había experimentado durante el proceso de documentación y escritura.

Un día, poco después de acabar el artículo, pero dos meses antes de que viera la luz, me encontraba en las oficinas de *Esquire*, echando una mano a los comprobadores de datos, cuando alguien del departamento de publicidad, en apariencia entusiasmado con el esquema que me había traído conmigo, insistió en fotografiarlo para reproducirlo en la parte delantera del número de abril, cerca del sumario y la nota del editor, una especie de truco para llamar la atención sobre el artículo dedicado a Sinatra que se desplegaba más adelante.

Por desgracia, la persona de publicidad y los comprobadores de datos no leyeron con detenimiento todas las palabras que había escrito a mano con una letra minúscula y que aparecían repartidas alrededor de la gráfica, incluyendo aquellas en las que mostraba mi disconformidad con el encargo relativo a Sinatra o me refería al editor de la revista de forma poco respetuosa:

> Yo no quería volar hasta aquí. Pero la revista *Esquire* llevaba años detrás de un artículo de portada sobre Sinatra y me fue imposible sacárselo de la cabeza a Harold Hayes. Yo no confiaba del todo en él..., y si fallaba en el intento, no se creería mi estúpida excusa sobre el resfriado de F. S. Que le jodan a Hayes...

Cuando se publicó el artículo, y después de que Hayes lo alabara y me invitara a cenar en un restaurante muy caro, yo aguardaba el momento en que me recriminaría los comentarios apuntados en la gráfica. También daba por hecho que despediría al tipo de publicidad y a los comprobadores, cuya incompetencia había permitido que mis groserías acabaran reproducidas. Pero la verdad es que no ocurrió nada. Si Hayes había escudriñado la gráfica y leído lo que yo había escrito, decidió no mencionármelo, y sin duda yo me abstuve de advertirle acerca de ello. Tampoco estaba al corriente de si alguna persona de la redacción había llegado a leerlo, o si algún lector de la revista había enviado una carta al respecto, todo lo cual me llevó a concluir que me había ido de rositas, o bien que Hayes y sus subordinados habían optado por ignorar el asunto al pensar que nada bueno podría salir de él.

En cualquier caso, como ya había apuntado en la gráfica, no confiaba del todo en Hayes, lo que me hizo pensar que no solo estaba al tanto, sino que en el futuro me recordaría el incidente y lo usaría contra mi persona. Entre los colaboradores de *Esquire*, Hayes era conocido por la volatilidad de sus elogios y hacerle un favor no era garantía de su gratitud a largo plazo.

Tres años antes, en 1962, después de que Hayes rechazara el artículo de James Baldwin dedicado a la vida nocturna de Harlem por considerarlo incompatible con las ilustraciones de Tom Keogh, que ya habían sido enviadas a la imprenta, y ser ya demasiado tarde para reemplazarlo por otra cosa, y tras la negativa de Baldwin a modificar lo escrito, Hayes me llamó a casa un jueves por la tarde para pedirme ayuda de forma desesperada.

Pretendía que les echara un vistazo a las fotocopias de las ilustraciones, que él mismo había entregado en mano por la mañana, para que pensara cómo escribir unas tres mil palabras que armonizaran con el trabajo de Keogh. Hayes también me sugirió que reservara una habitación en el hotel Theresa de Harlem durante el fin de semana y que me dedicara a visitar los lugares de moda del barrio, así como a entrevistar a sus dueños y clientes, todo esto para entregarles, el lunes por la mañana, un artículo publicable, antes de la hora del cierre del número, prevista para la tarde de ese mismo día.

Por algún milagro, después de un fin de semana prácticamente en vela, y gracias a los consejos y contactos ofrecidos por un amigo afroamericano, a la par que colega en *The New York Times*, me las apañé para cumplir con el encargo de Hayes. Tras agradecérmelo profusamente y titular la pieza «Diversión en Harlem», apareció publicado en el número de septiembre con las ilustraciones de Keogh.

Aunque yo no había quedado del todo satisfecho con la fluidez de mi prosa, tenía el consuelo de que, dadas las circunstancias, por lo menos había cumplido con el desafío. Pero unos meses más tarde, cuando solicité un aumento de la tarifa por artículo, Hayes, aun reconociendo que había realizado muy valiosas contribuciones a la revista, me reprochó que no todos mis esfuerzos hubieran sido excepcionales, poniéndome como ejemplo «Diversión en Harlem». Yo no dije nada, pero me prometí que era la última vez que me metían prisa a la hora de escribir.

Necesité cinco semanas para acabar la pieza sobre Sinatra, y aunque Hayes me fue pidiendo muestras a lo largo del trayecto, no le enseñé nada hasta haber quedado satisfecho con lo que había escrito. Por fortuna, le gustó el resultado, no cambió una palabra ni redujo la extensión.

Más adelante, en 1966, cuando al fin pude ponerme manos a la obra con lo que siempre había sido mi prioridad —un perfil dedicado a Clifton Daniel, el director editorial de *The New York Times*—, escribí un artículo de veinte mil palabras que me llevó cuatro semanas de documentación y redacción, el cual se publicó como pieza destacada en el número de noviembre de 1966 de *Esquire*, que le dedicó veintisiete páginas al texto y las ilustraciones. El artículo no solo se centraba en el método de gestión de Daniel, sino que lo comparaba con el de sus predecesores en el cargo, remontándose a la guerra civil y más atrás. También abordaba los éxitos y fracasos de generaciones de reporteros, correctores de pruebas y un amplio abanico de supernumerarios que habían formado parte de la historia del diario desde su fundación, en 1851.

La respuesta de los lectores al artículo fue espectacular, lo que sorprendió e impresionó a Hayes, quien desde buen principio había creído que la gente de la prensa sobre la que yo había querido indagar no era lo suficientemente famosa o relevante para interesar a los lectores de *Esquire*. Sin embargo, tras la pieza dedicada a Daniel, me animó a continuar centrándome en trabajadores de *The New York Times*. Mi siguiente pieza estuvo dedicada a Harrison Salisbury, un controvertido corresponsal extranjero; luego fue el turno de John Corry, un insatisfecho reportero local, y por último el de Tom Wicker, el frustrado director de la oficina en Washington. Estos perfiles, junto con el consagrado al escritor de obituarios, Alden Whitman, llamaron la atención de los editores literarios y en 1967 me ofrecieron un contrato para escribir un libro sobre *The New York*

Times. Lo terminaría tres años después y se convertiría en un best seller nacional: *El reino y el poder*.

Después de esto, dejé de estar bajo contrato con *Esquire* y me volqué en la escritura de libros de no ficción con un generoso surtido de personalidades tan discretas como Bartleby, por no decir almas gemelas del personaje. Incluso cuando me centré en un líder de la mafia llamado Joseph Bonanno, que reclutó a dos secuaces para que simularan su secuestro una noche en Manhattan con un doble objetivo: esquivar a otros mafiosos rivales que deseaban matarlo y a agentes del FBI que querían detenerlo, el párrafo clave adoptaba el punto de vista de un lánguido portero, que custodiaba la entrada al edificio de apartamentos de Park Avenue donde tuvieron lugar los hechos.

Conscientes de la posibilidad de ver más de lo necesario, la mayoría de los porteros de Nueva York han desarrollado un extraordinario sentido de visión selectiva: saben qué ver y qué ignorar, cuándo ser curiosos y cuándo ser indolentes. Cuando se produce un accidente o discusión delante de sus edificios, ellos acostumbran a estar dentro, ignorando los hechos, y cuando unos ladrones escapan por el vestíbulo, ellos acostumbran a estar en la calle, buscando un taxi. Aunque un portero pueda desaprobar el soborno y el adulterio, por defecto estará de espaldas cuando un administrador entregue dinero a un inspector contraincendios, o cuando un inquilino acompañe a una joven al ascensor, aprovechando que su esposa está de viaje. Esto no significa que se deba acusar a los porteros de hipocresía o cobardía, simplemente constatar lo muy desarrollado que tienen el instinto de involucración, así como especular acerca de la posibilidad de que la experiencia les haya enseñado que nada se gana ejerciendo de testigo material de los hechos indecorosos de la vida o de las locuras que procura la ciudad. Así las cosas, no resultó sorprendente que la noche en que a Joseph Bonnano, el reputado jefe de la mafia, se le abalanzaron dos hombres a punta de pistola delante de un edificio de apartamentos de lujo de Park Avenue, cerca de la calle Treinta y seis, poco después de la medianoche de un lluvioso martes de octubre, el portero se encontrara en el vestíbulo, hablando con el ascensorista, y no viera nada.

Un extracto de este libro, titulado *Honrarás a tu padre*, apareció en el número de *Esquire* de agosto de 1971, y la misma revista publicó un extracto de mi siguiente libro, *La mujer de tu prójimo*, que empezaba con la historia de un adolescente solitario entregado al onanismo mientras contemplaba en una revista la fotografía de una bella modelo llamada Diane Webber, quien posaba desnuda sobre unas dunas en Baja, California.

El libro que vino a continuación, *Los hijos*, exploraba mi turbio linaje de Calabria e incluía la historia personal de aquellos dos tíos míos que acabaron en un campo de prisioneros británico y que tanto me hicieron sufrir durante los belicosos años cuarenta, cuando empecé a escuchar a Frank Sinatra cantar por la radio.

Pasé la mayor parte del verano de 1982 en Italia, entrevistando a mis tíos y a otros familiares a los que también veía por primera vez. En otoño emprendí el primero de muchos viajes a París para conversar con el mentor de mi padre, Antonio Cristiani, cuyo diario, escrito a lo largo de más de cuarenta años, yo mismo había traducido y a cuya memoria prodigiosa había recurrido extensa y frecuentemente hasta su muerte, en 1986, superados ya los noventa años. El libro resultante, de seiscientas sesenta y dos páginas, se componía en esencia del relato de dos sastres, Cristiani y mi padre, y seis extractos del texto aparecieron en *Esquire* antes de publicarse en 1992.

Durante todos estos años, estuve al corriente de las andanzas de Frank Sinatra, algo sencillo si tenemos en cuenta que su nombre aparecía constantemente en las noticias y lo mucho que se prodigaba en actos públicos. En 1992, ofreció ochenta y siete conciertos, en 1993 (el año en que su compinche Jilly Rizzo murió en un accidente de coche), noventa, y en 1994 actuó en el Radio City de Nueva York, Japón, Filipinas, Atlantic City y Las Vegas. El 12 de diciembre de 1995, día en que cumplía ochenta años, el Empire State Building se iluminó en su honor, y Bruce Springsteen lo definió como «el Santo Patrón de Nueva Jersey».

En julio de 1996, él y su cuarta esposa, Barbara Marx, celebraron sus bodas de plata —su tercer matrimonio, con Mia Farrow, apenas duró dos años, hasta 1968—, y a mediados de mayo de 1998, su nombre y su imagen aparecían destacados en los periódicos y televisiones de todo el mundo: a los ochenta y dos años, Frank Sinatra había fallecido en el hospital Cedars-Sinai de Los Ángeles.

Una gran foto de él, vestido con esmoquin y sujetando un vaso de whisky en la mano, ocupó la parte superior de la primera página de *The New York Times*, el cual le dedicó un extenso y muy respetuoso obituario, firmado por Stephen Holden, el crítico musical del diario, puesto que el mayor especialista en obituarios, Alden Whitman, fallecido en 1990 a los setenta y seis años, nunca fue reemplazado. Como anécdota, uno de los responsables de la sección de editoriales me pidió que contribuyera con una pieza, y si bien empecé hablando del humilde padre de Frank Sinatra, me las ingenié para acabar con un tributo al cantante que nunca tuve ocasión de transmitirle en persona.

Érase una vez un boxeador rubicundo, tatuado, pequeñito, de ojos azules y origen siciliano llamado Martin Sinatra que, determinado a ampliar sus posibilidades laborales en América en un momento en que poseer un apellido italiano no aportaba ninguna ventaja aparente (excepto para entrar en la mafia), se subió al cuadrilátero bajo el nombre de «Marty O'Brien».

No pretendo mostrarme irrespetuoso con este hombre que comprometió su identidad en aras del interés comercial, pues hablamos de una práctica muy común a lo largo de la historia, extendida entre los nacidos fuera de este país que han necesitado camuflarse para integrarse en la cotidianidad americana, o en el caso específico de Sinatra y su apodo, llamar la atención del gran número de promotores de boxeo de ascendencia irlandesa, así como del amplio espectro de americanos con raíces en Irlanda que en aquellos lejanos tiempos se contaban entre los más fervorosos aficionados a los combates.

Sin embargo, en el caso del único hijo del boxeador, comprometerse de cualquier manera siempre sería un anatema, y es por ello por lo que estuvo destinado a una vida tan turbulenta como triunfal, una existencia marcada por la atención mediática que, a lo largo de medio siglo, el resto de nosotros (en especial los americanos con raíces italianas) encontraríamos inspiradora al darnos finalmente el coraje para aceptar y respetar lo que éramos.

Cinco años después, en 2003, coincidiendo con el septuagésimo aniversario de la salida a la calle de *Esquire*, los editores y otros miembros de la redacción de la revista escogieron por votación «Frank Sinatra está resfriado» como «La mejor historia jamás contada» en la trayectoria de la publicación. La pieza fue reeditada íntegramente en una sección especial y las ilustraciones de acompañamiento incluían la gráfica con el «Que le jodan» que en apariencia todo el mundo había pasado por alto. Por descontado, ninguno de los miembros de la revista que votaron en 2003, por lo general en la veintena o la treintena, había formado parte de la plantilla cuando la pieza se publicó originariamente en 1966, y es probable que la mayoría la hubiera leído ahora por primera vez. Harold Hayes, que había dimitido de *Esquire* en 1973 tras un encontronazo con el editor de la revista, Arnold Gingrich, falleció en 1989 a los sesenta y dos años, y recibió, por cierto, un destacado obituario a dos columnas en *The New York Times*, con foto incluida.

De haber estado vivo en 2003, Harold Hayes probablemente habría sido la única persona en saber que me distinguían por escribir algo que no había querido escribir. En cualquier caso, semejante tributo llegó en un buen momento, dado que por entonces mi trabajo no era objeto de muchos elogios ni respaldo. Durante los últimos diez años —entre 1993 y 2003—, había abandonado diversos proyectos, y cuando entregué un manuscrito casi terminado, mi editor me dijo que desistiera al aducir que mi trabajo era demasiado arcano, irrelevante o, en definitiva, que carecía de gancho comercial.

En 1995, por ejemplo, tras vender una pieza corta a *The New Yorker* sobre el restaurante Gino's con motivo del medio siglo de su apertura, quise expandir mi investigación y escribir un libro que explorara las vidas de los trabajadores de la cocina, inspirándome en *Sin blanca en París y Londres*, el clásico firmado por George Orwell en 1933. Mientras que Orwell había reflejado sus experiencias trabajando de forma temporal en la sofocante cocina de un hotel parisino —colaborando con «cocineros gordos y sonrosados», «lavaplatos grasientos» y «camareros dedicados a traficar con comida»—, mi intención era ambientar mi historia en la cocina de un restaurante poco distinguido llamado Tucci, ubicado en el 206 Este de la calle Sesenta y tres, entre la Segunda y la Tercera avenidas.

Mi amistad con uno de los dueños me había granjeado acceso a todas las zonas del restaurante siempre que lo deseara, incluso me entregaron un delantal que debía llevar en la cocina mientras preparaban los platos. A veces me unía al mâitre en la entrada para saludar y acomodar a los clientes, todo para entender al detalle cómo operaba un restaurante y cuáles eran los cometidos de cada uno de sus empleados en el esfuerzo común por responder a los gustos y caprichos de los comensales.

Por desgracia, la plantilla del Tucci no fue capaz de satisfacer a suficientes clientes que mantuvieran el negocio a flote durante mucho tiempo. En marzo de 1997, trece meses después de su inauguración, cerraba sus puertas y de paso yo dejaba de ser su escritor residente. Aparqué mis notas y consagré el resto de 1997 y 1998 a tirar adelante dos proyectos de libro que tenía en mente hacía mucho tiempo.

Uno era una puesta al día sobre el conocido pueblo de Selma, Alabama, antaño dominado por plantaciones y que había copado los noticiarios en 1965, cuando las fuerzas de la ley habían reprimido violentamente las marchas lideradas por el reverendo Martin Luther King en las que se exigía facilitar el derecho al voto, incidentes conocidos bajo el nombre de Domingo Sangriento. Yo me había graduado por la Universidad de Alabama en 1953, y al haber participado en la cobertura de los enfrentamientos de 1965 realizada por *The New York Times*, al tiempo que mantenido mis contactos personales en Alabama a base de frecuentes visitas durante los siguientes treinta años (el 7 de marzo de 1990 había firmado un artículo de portada en el diario con motivo del vigésimo quinto aniversario del Domingo Sangriento), disponía de muchas cajas a rebosar de material y tres capítulos que confiaba en que se tradujesen en un contrato por un libro. Sin embargo, mi editor, que recientemente había publicado un libro sobre el tema de los derechos civiles, me convenció para que pausase el proyecto durante un año o más.

El otro libro en el que trabajaba, pero que aún no estaba listo para mostrárselo a mi editor, lo había bautizado como *Un matrimonio de no ficción*, un recuento íntimo de mi larga relación con mi esposa, Nan, una editora de alto nivel en el sello Doubleday, entre cuyos autores se contaban Margaret Atwood, Ian McEwan y Pat Conroy. Desde nuestra boda en 1959, había llevado un diario de nuestra vida en común y tenía archivadores llenos de correspondencia y centenares de fotos juntos. Nuestra relación ha tenido naturalmente sus altos y bajos, pero creo que se ha caracterizado por ser a un tiempo cercana y alejada.

Ella tenía su vida literaria con sus instruidos colegas y escritores, mientras que yo frecuentaba a un círculo de amigos más aficionado a los deportes, al tiempo que mostraba un interés insaciable por temas que, por decirlo suavemente, ella no siempre compartía. Cuando empecé a documentarme para escribir *La mujer de tu prójimo* a principios de los años setenta, lo que implicó visitar salones de masaje y luego regentar dos de ellos en Manhattan, actividades que simultaneaba con recoger por escrito las impresiones y observaciones que ello me procuraba a diario, Nan no se mostró en desacuerdo con semejante método de recopilación de datos —ya la había puesto en sobreaviso—. Sin embargo, se disgustó después de que la revista *New York* publicara un artículo en el que se me describía retozando en un salón de masajes del Midtown donde las masajistas desnudas y los clientes con el culo al aire tenían la opción de alternar en la sauna y la piscina (el titular rezaba: «Una tarde con Gay Talese como Dios lo trajo al mundo»). Tras la publicación de la pieza, ambos acordamos separarnos a modo de prueba.

Este y otros conflictos los reproduje con detalle en el manuscrito, junto con los recuerdos de mi estancia de tres meses en una colonia nudista y a favor del amor libre llamada Sandstone Retreat, un retiro de seis hectáreas en las montañas de Santa Mónica y con vistas a la playa de Malibú. Solo se podía acudir en pareja, por lo que a Nan la sustituyó mi amiga Sally Hanson, que por entonces se estaba divorciando de su marido, Jack, aunque ambos seguían compartiendo la propiedad y la gestión del club Daisy. Sally tenía mucho protagonismo en el manuscrito, pero el personaje principal era sin duda Nan, y la gran pregunta a la que intentaba dar respuesta como escritor para beneficio de mis lectores era: «¿Qué llevaba a una mujer tan inteligente, económicamente independiente, bien conectada, deseable y encantadora a estar casada tantos años conmigo?».

Aparqué la pregunta hasta sentirme listo para revelarle mis papeles íntimos a mi editor (y compartirlos con Nan) y viajé a China, en octubre de 1999, para explorar una historia menos compleja: la de una jugadora de fútbol de veinticinco años nacida en Pekín, Liu Ying, que había llamado mi atención unos meses atrás, mientras veía por televisión la final del mundial de fútbol entre China y Estados Unidos, celebrada en Pasadena, California, delante de 90.185 espectadores —en ese momento un récord histórico de asistencia para un evento deportivo femenino.

Liu Ying tuvo el dudoso honor de fallar un penalti durante el tiempo de descuento, lo que hizo que recayera sobre sus espaldas la derrota de su equipo frente al conjunto estadounidense, en una coyuntura de creciente hostilidad del Gobierno chino contra Estados Unidos a raíz de desencuentros en materia de política exterior. Aquel año también se cumplía medio siglo de la Revolución de Mao y no podía imaginarme lo que habría supuesto para aquella joven regresar con semejante deshonra a un país inflamado de orgullo y de casi cuatro billones de personas, tras su propia debacle en Pasadena.

Liu Ying encerraba una gran historia, pensé, y tras un largo periodo de tira y afloja con el Ministerio de Deportes de China, al fin conseguí que me la presentaran, y durante los siguientes cuatro meses no solo pude entrevistarla a ella y a sus familiares docenas de veces —con la ayuda de un intérprete—, sino unirme a la expedición de su equipo en el marco de una gira por lugares como Hong Kong, Taiwán y la región portuguesa de Algarve, organizada como puesta a punto para los Juegos Olímpicos del año 2000, que se celebrarían en Sídney, Australia.

También las acompañé a Sídney y luego regresé a China, en 2001 y 2002, para hacer entrevistas de seguimiento a Liu Ying. Después me impuse dos años de reclusión en Nueva York con la idea de poner orden en los centenares de papeles con notas manuscritas y completar un primer borrador de mi libro sobre las tribulaciones de Liu Ying.

Pero nadie me lo compró. Ningún editor se mostró interesado. La redacción mereció algún que otro halago, es cierto, pero los diversos editores entre los que hice circular el manuscrito coincidieron al resaltar que no había mercado en América para una historia así. Más tarde obtuve la misma respuesta de los editores chinos. El único factor redentor fue que pude resucitar una parte de la desafortunada historia de Liu Ying —junto con algo del material salido de mi trabajo sobre los restaurantes, el tema de Alabama y un encargo maldito e inédito de *The New Yorker* que versaba sobre un exmarine aficionado a la bebida, John Bobbitt, que una noche se fue a dormir y perdió su pene por cortesía de un cuchillo de cocina esgrimido por su furiosa esposa— en unas memorias publicadas en 2006 con el título *Vida de un escritor*. Los pronósticos de su visionario editor se cumplieron y el libro atrajo a pocos lectores.

De todos modos, en aquel momento ya me encontraba inmerso en otro proyecto ilusionante: un libro que describiría los méritos, heroicos si bien escasamente reconocidos, de las muchas docenas de trabajadores de la New York Metropolitan Opera que operaban entre bastidores, es decir, aquellos dedicados a la escenografía, la iluminación, los cordajes, la utilería, el vestuario..., sin olvidar al apuntador susurrante, que durante las interpretaciones permanecía recluido bajo la tarima del director de orquesta, ni a los amaestradores que suministraban animales y pájaros para sus apariciones puntuales sobre el escenario.

El director de la ópera, Peter Gelb, asignado en el año 2006, se mostró al principio muy colaborador, y me permitió entrevistar a todos los trabajadores durante el transcurso de una velada operística —ciertamente, algunas tardes podía quedarme de pie tras una cortina lateral, mientras los cantantes se encontraban en el escenario. Sin embargo, para mi sorpresa y decepción, llegó un momento en que el señor Gelb empezó a mostrarse preocupado por el acceso que me había granjeado y decidió que cualquier cosa que escribiera debería recibir su aprobación previa.

Por descontado, esto resultó inadmisible, y dado que no hubo forma de hacerle cambiar de opinión, abandoné el proyecto y archivé mis notas. La única satisfacción surgida de todo esto fue que más adelante tuve la oportunidad de escribir una pieza sobre una soprano rusa, Marina Poplavskaya, a la que había conocido mientras deambulaba por el edificio, artículo que vio la luz en *The New Yorker* en diciembre de 2010.

Unos meses después, recibí una nota de un hombre llamado Gerald Foos, que vivía en Aurora, Colorado, donde llevaba muchos años regentando un motel en el que había construido unos conductos de visualización en una docena de habitaciones, los cuales le permitían espiar a sus clientes desde la buhardilla, situada bajo el techo a dos aguas de su negocio. De hecho, yo ya había sido invitado a visitar ese motel en los años ochenta, después de que su dueño me enviara una carta describiéndome lo que había aprendido durante los años que llevaba invadiendo la privacidad de la gente. En el otoño de 1980, a lo largo de tres días con sus respectivas noches, me uní a sus labores como mirón en el ático, al tiempo que leí el libro de notas en el que había apuntado sus comentarios y observaciones.

En todo caso, de cara a compartir su historia conmigo, me exigió que no usara su verdadero nombre, una condición que les impongo a todos aquellos sobre los que escribo, ya que quiero que mis lectores conozcan mis fuentes. Al insistir en que revelar su identidad seguramente le reportaría demandas y prisión dadas sus actividades delictivas, mantuve su historia en silencio durante más de treinta años.

Entonces, en 2010, me escribió para decirme que ya no estaba en el negocio de los moteles, pero que seguía queriendo hacer pública su historia, y no solo eso, también creía que su delito había prescrito, por lo que ya no tenía inconveniente en que figurase su nombre. Esto me llevó a visitarlo con frecuencia en su hogar, cerca de Denver, para entrevistarlo y leer con detenimiento sus pilas de apuntes manuscritos en los que había consignado lo visto, lo oído y lo aprendido durante su trayectoria como voyeur. Tras haber completado un extenso borrador de lo que titulé *El motel del voyeur* y mostrárselo al editor de artículos de *The New Yorker*, este me animó a seguir con la historia, la cual acabé de pulir en 2015 para luego publicarla en el semanario a principios de abril de 2016 y finalmente sacarla en forma de libro con el sello Grove Atlantic.

La publicación de *El motel del voyeur* levantó tanta controversia como la de *La mujer de tu prójimo* unas décadas atrás, lo que en ambos casos ya había visto venir teniendo en cuenta los poco edificantes individuos que protagonizaban ambas historias. Una vez más, los resultados no solo perturbaron a los lectores, sino que desencadenaron una respuesta muy negativa por parte de *The Washington Post*, a mi parecer de lo más injusta. En consecuencia, cometí la estupidez de poner en entredicho el tipo de periodismo practicado por el diario, lo que generó aún más críticas al libro.

En cualquier caso, con el tiempo aprendí a ignorar la polémica y a distraerme con otra idea para un libro que me cautivó, aunque de nuevo tenía detrás a una figura llena de imperfecciones, a la par que triste. Se trataba de Nicholas Bartha, un doctor de sesenta y seis años y divorciado que trabajaba largas jornadas en diversas unidades de cuidados intensivos, y que por lo demás vivía solo en el *brownstone* de cinco plantas que tenía en el Upper East Side de Manhattan. Su historia merecía ser contada y me recordaba al personaje de Bartleby.

A imagen de la creación de Herman Melville, el doctor Bartha era un tipo extraño y taciturno, que acabó tan unido a su hábitat que prefirió matarse y volar por los aires su *brownstone* antes de venderlo o entregarlo, según dictaba una sentencia judicial. La decisión del doctor Bartha, no tan distinta a la fatalidad que le sobreviene a Bartleby por culpa de su obcecamiento a la hora de conservar su vivienda, despertó el interés de la prensa de Nueva York y otros lugares, y así fue como llegué a conocer a aquel infeliz doctor y a escribir sobre él.

Pero en vez de seguir extendiéndome sobre el asunto será mejor que les presente sin más dilación lo que me llevó tres años investigar y escribir, una historia titulada «El *brownstone* del doctor Bartha», que acabé ayer mismo y que se despliega en las páginas que siguen.

Tercera parte
El *brownstone* del doctor Bartha

Capítulo veintiséis

En torno a un millón de edificios se alzan en la ciudad de Nueva York. Estos incluyen rascacielos, bloques de apartamentos, *brownstones*, bungalós, tiendas, grandes almacenes, ultramarinos, talleres mecánicos, colegios, iglesias, hospitales, centros de día y refugios para indigentes.

A lo largo de sus aproximadamente setecientos ochenta kilómetros cuadrados también se cuentan más de diecinueve mil solares vacíos, uno de los cuales amaneció así por sorpresa hace muchos años —el ubicado en el 34 Este de la calle Sesenta y dos, entre la avenida Madison y Park Avenue—, después de que el infeliz dueño de un *browstone* decidiera volarlo por los aires (con él dentro), antes que vender su preciada residencia decimonónica y de estilo neogriego y desembolsar cuatro millones de dólares a la mujer de la que se había divorciado tres años atrás, por orden judicial.

Este hombre era un médico de sesenta y seis años llamado Nicholas Bartha. Un individuo corpulento, con gafas, de pelo blanco, dos metros de estatura, de modales formales y un ligero acento extranjero. Había nacido en Rumanía, en 1940, en el seno de una familia con recursos —su padre era católico, y su madre, judía—, cuyo hogar y su negocio ligado a las minas de oro habían sido confiscados por los nazis y luego por los soviéticos. Muchas décadas después, cuando una jueza de Nueva York había fallado a favor de su exesposa y le había ordenado desalojar el 34 Este de la calle Sesenta y dos, el doctor Bartha había jurado: «No voy a permitir que nadie me eche de mi casa como ya hicieron los comunistas en Rumanía en 1947». A lo que añadió: «Los tribunales de la ciudad de Nueva York son la quinta columna».

En julio de 2006, poco antes de llevar a cabo la explosión de la que ya no se recuperaría, se encontró una nota de suicidio en su ordenador, dirigida a su exmujer. «Siempre quisiste que vendiera la casa y yo no me cansé de repetirte: "La única manera de que la abandone es con los pies por delante"».

—Simplemente, se le cruzaron los cables —declaró su abogado, Ira Garr, refiriéndose a la reacción del doctor Bartha ante la notificación de desahucio—. Para él resultó abrumador porque, bueno, había llegado a este país con las manos vacías. Durante muchos años, sus padres y él habían ido reuniendo el dinero para poder comprarse esa casa. Representaba el sueño americano, era la personificación de la idea: «Soy americano, me he abierto camino en América. Soy dueño de una propiedad valiosa en un barrio valioso. Y mi deseo es vivir aquí». Ese hogar era su amante.

Bartha llevaba unos años viviendo solo en su residencia de cinco plantas y catorce habitaciones. Una casa con ventanas en arco y una doble puerta ornamentada de hierro forjado a la que conducían nueve escalones de piedra que, al nivel de la calle, desembocaban en un par de pilares rematados por pináculos en forma de globo. Era el edificio más antiguo de la manzana, construido en 1882. Se erigía entre el elitista Links Club, conformado por devotos del golf y construido en 1917, y la cooperativa Cumberland House, de dieciséis plantas y que en 1958 había reemplazado a un conjunto de propiedades demolidas, entre ellas aquella en la que había residido por un tiempo Theodore Roosevelt, que coincidió con la época en la que supervisaba el departamento de policía, entre 1895 y 1898.

De hecho, dos de los hijos de Roosevelt, Theodore Jr. y Kermit, visitarían con frecuencia, entre los años veinte y los años cuarenta del siglo pasado, el *brownstone* que pasaría a ser propiedad del doctor Bartha en los años ochenta.

En 1927 empezaría a operar, en la segunda planta del edificio, un club secreto formado por dos docenas de hombres prominentes, entre los que se contaban, además de los hijos de Theodore Roosevelt, el banquero Winthrop W. Aldrich, el filántropo William Rhinelander Stewart, el experto en minería Oliver Dwight Filley, el naturalista C. Suydam Cutting, el presidente del Tribunal Supremo del condado de Nueva York, Frederic Kernochan, así como otros interesados en asuntos internacionales, y en muchos casos, con experiencia laboral en asuntos de inteligencia para las fuerzas aliadas durante la Primera Guerra Mundial. El líder del grupo era el magnate inmobiliario Vincent Astor, alguien muy interesado en cuestiones de espionaje y que con frecuencia había recabado datos para el Gobierno estadounidense durante travesías oceánicas a bordo de su yate privado.

Recurriendo a los archivos de Vincent Astor, Kermit Roosevelt y varios de sus amigos, el profesor de Historia y escritor Jeffery M. Dorwart escribió un artículo en 1981 para el *Quaterly Journal of the New York State Historical Association* en el que describía al grupo de Astor como un «círculo de espionaje» compuesto por voluntarios de alta cuna, que carecían de fondos gubernamentales y de directrices y que se reunían una vez al mes para cenar y conversar «en un apartamento no especificado del 34 Este de la calle Sesenta y dos de la ciudad de Nueva York, el cual disponía de un teléfono y de un buzón no registrados».

Sus miembros se referían al lugar simplemente como «La Habitación», escribió el profesor Dorwart, y «cuando regresaban de sus viajes por el mundo, compartían sus observaciones en La Habitación», la cual recordaba a una oficina de inteligencia, «aunque una de carácter informal y con un aire algo romántico».

El profesor Dorwart, que enseñaba Historia en el campus de la Rutgers University en Camden, Nueva Jersey, escribió que, si bien Franklin D. Roosevelt no formaba parte de La Habitación, «conocía a cada uno de sus miembros a través de sus conexiones de índole social o de negocios surgidas en Groton, Harvard y Nueva York», y señaló que algunos de sus habituales, como era el caso de Vincent Astor, el juez Kernochan y William Rhinelander Stewart, «se encontraban con Roosevelt en Miami, en febrero de 1933, cuando un asesino estuvo a punto de acabar con la vida del presidente electo».

Stansfield Turner, antiguo director de la CIA, mencionaba en sus memorias publicadas en 2005, *Burn Before Reading*, que en 1938 F. D. R. había enviado a Vincent Astor y Kermit Roosevelt al Pacífico en el yate del primero con la esperanza de reunir datos sobre las instalaciones japonesas. «Parece ser que Astor se lo pasó de miedo —escribió Turner—, pero no regresó con información relevante [...] Astor, sin embargo, era director de la empresa de telegrafía Western Union, lo que le permitió suministrar a F. D. R. el contenido de telegramas y cables muy sensibles. Además, disponía de una serie de banqueros en su "Habitación" que le permitían acceder a información sobre transferencias financieras. No existen registros de las instrucciones que Astor recibió de Roosevelt, pero los mensajes de Astor a Roosevelt sugieren que F. D. R. aprobaba por completo estas actividades tan cuestionables».

El doctor Bartha se encontraba al corriente de que su *brownstone* había acogido en el pasado a los miembros de La Habitación, según atestiguó el doctor Paul J. Mantia, un amigo cercano y colega. Este afirmó que Bartha lo había descubierto el día en que un escritor se presentó por sorpresa en su puerta y le contó la historia, antes de solicitarle permiso para visitar la segunda planta dada su relevancia histórica, un tema sobre el que estaba investigando.

Aunque los apartamentos en alquiler de antaño habían sido reconvertidos en una residencia unifamiliar cuando Bartha se instaló ahí, este no tuvo reparo en acoger y guiar a su visitante por el amplio vestíbulo, con sus techos altos, la sala circular, espejos antiguos y chimenea de mármol. No tardó en excitarle la idea, alentada por el escritor, de que estaban siguiendo los pasos de la distinguida comunidad de espías reclutados por Astor. Al rato, Bartha deslizaría con una sonrisa que aquel espacio quizá algún día acogiera un museo.

Ambos doctores se habían conocido en 1991, en el turno de noche en el área de emergencias del hospital Bronx Lebanon. A los cincuenta y uno, Bartha era quince años mayor que Paul Mantia, un médico delgado, de ojos azules, con gafas y nacido en Brooklyn, que desplegaba unas maneras amigables y deferentes que contrastaban con la fuerte personalidad de Bartha. Sin embargo, los grandes conocimientos médicos de este último, junto con su insobornable compromiso con la profesión y su disponibilidad a ejercer de guía, habían convertido a Mantia en su admirador, imitador e hijo putativo desde hacía muchos años. Cada vez que Bartha llamaba al domicilio de Mantia y descolgaba su esposa, esta le gritaba a su marido: «¡Tu padre al teléfono!», y Paul Mantia, que había perdido a su padre con trece años a resultas de un infarto, dejaba lo que estuviera haciendo y acudía rápidamente.

—Bartha era un médico excelente —contaría, explicando que los doctores en el área de emergencias deben atender a pacientes que no conocen, pacientes que en ocasiones apenas pueden hablar debido a alguna lesión o enfermedad, lo que no impedía que Bartha, gracias a una combinación de perspicacia y perseverancia, fuera capaz de diagnosticar la situación con celeridad y precisión, y después redactar un informe que otros médicos, quizá aquellos que estaban en las unidades de cuidados intensivos, sabían por experiencia que era de fiar—. Siempre que el doctor Bartha acababa con un paciente, todo estaba claro, todo estaba hecho, no quedaba ningún cabo suelto. Era profundamente escrupuloso.

En el año 2001, tras ser amigos y colegas durante una década, Nicholas Bartha y Paul Mantia abrieron una consulta privada en el número 34 Este de la calle Sesenta y dos, concretamente en la planta que desembocaba en la acera. Desde aquel momento, y durante los últimos cinco años de la vida de Bartha, las frecuentes pero breves conversaciones mantenidas entre las diferentes citas diurnas con los pacientes, o bien en el transcurso de cenas, tardías y también breves, en cafeterías de hospitales permitieron que, poco a poco, Paul Mantia fuera conociendo más cosas acerca de aquel mentor serio y triste por dentro, pero jamás sentimental.

Capítulo veintisiete

Nicholas Bartha nació en Rumanía, de padres con ancestros húngaros. Aunque su familia se identificaba como católica, su abuelo materno era rabino. Recordaba cómo de niño, durante la Segunda Guerra Mundial, había tenido que ocultarse con otras personas en cuevas que pertenecían a familias con minas de oro, algunas de ellas judías, huyendo de la Guardia de Hierro, un movimiento de fuerzas antisemitas y ultranacionalistas, en un momento histórico en el que Rumanía era aliada de la Alemania nazi.

Más adelante, tras la retirada de los nazis, los rusos se apresuraron a ocupar el país y traer aún más miseria. Nicholas no había olvidado la imagen de carruajes tirados por caballos que portaban los cadáveres de aquellos que habían desafiado a los comunistas en 1946. A principios de la década de los cincuenta, su padre permaneció dos meses en prisión bajo la acusación, nunca demostrada, de acumular oro en algún lugar de los montes Cárpatos, cerca de donde había dirigido su mina, antes de ser nacionalizada.

Aunque Nicholas consiguió acabar el instituto, se le prohibió estudiar Medicina en la universidad por culpa del historial político de su padre. En octubre de 1956, tras enterarse de la Revolución húngara gracias a las emisiones de Radio Europa Libre y la Voz de América, se sintió eufórico; pero, pocas semanas después, el levantamiento fue aplastado, doscientos mil húngaros tuvieron que buscar refugio fuera del país y los soviéticos recuperaron el poder.

Durante esos años, Nicholas trabajaba en fábricas manipulando tornos: cortando, lijando, marcando y perforando con tanta destreza que en 1960 había acumulado méritos suficientes para ingresar en la facultad de Medicina de Cluj, una ciudad al noroeste de Rumanía. Sin embargo, en 1963, después de que sus padres fueran enviados nueve meses a prisión, de nuevo acusados de acumular oro, Nicholas fue expulsado de la facultad, lo que le causó una frustración y una desesperación que siempre lo acompañarían. De hecho, pocas horas antes de destruir su *brownstone* en el año 2006, la nota de suicidio que envió por correo electrónico a un grupo de personas —entre ellas, su abogado, Ira Garr; su profesor de informática, Alejandro Justo; su mejor amigo, Paul Mantia, y su peor amiga, a la par que exesposa, Cordula— contenía referencias a sentimientos moldeados durante la Segunda Guerra Mundial y los años de la Guerra Fría en su Rumanía natal.

Confío en que se erija un monumento en recuerdo de los europeos del este que fueron traicionados en Yalta por el presidente Roosevelt [...] [el cual] envió un barco con refugiados judíos de vuelta a Europa para que fueran exterminados.

Los rumanos hicieron lo correcto con Nicolae Ceaușescu [referencia al líder comunista de los años sesenta que fue ejecutado en 1989 junto con su esposa por un pelotón de fusilamiento].

No estoy hecho para ser un esclavo. Me rebelo con facilidad.

Huyó de Rumanía en marzo de 1964. Tenía entonces veinticuatro años. Una fuente amiga dentro del servicio de seguridad rumano le había advertido de que su arresto era inminente, y lo achacó al hecho de que sus padres, encarcelados, no estaban cumpliendo con los deseos de sus captores. El 15 de marzo, Nicholas Bartha llegó a Israel, donde permaneció nueve meses, viviendo y trabajando en un kibutz, al tiempo que estudiaba hebreo. En diciembre se trasladó a Italia, tras la noticia de que hacía poco sus padres habían sido liberados y puesto rumbo a Roma, auxiliados por un pariente que era cura en el Vaticano.

Después de vivir seis meses en Roma, Nicholas y sus padres solicitaron un permiso humanitario para poder entrar en Estados Unidos, que les fue concedido a finales de junio de 1965. Se instalaron en un apartamento en Rego Park, Queens, y Nicholas encontró empleo en la línea de montaje que la fábrica de relojes Bulova tenía en Queens, donde producía componentes para mecanismos de relojería que le reportaban el salario mínimo, uno con noventa y ocho dólares la hora. Su madre, Ethel, encontró trabajo en un salón de belleza, mientras que su padre, Janos, fue contratado como cocinero en el hotel Plaza de Manhattan.

Al cabo de un año, Nicholas dejó Bulova ante la imposibilidad de ascender por su condición de extranjero y empezó a trabajar para la Astra Tool and Instrument Manufacturing Company en Queens, donde pronto empezó a ganar cinco dólares por hora y a ahorrar hasta el último centavo. En su diario personal dejó anotado que siempre iba andando al trabajo y que jamás se paraba a desayunar en el International House of Pancakes de North Boulevard, pese a que la tentación era muy fuerte.

En 1967, obtuvo el permiso de residencia y también fue admitido como estudiante de Medicina en la Universidad de Roma. A lo largo de los siete años siguientes, asistió a las clases, pero cada verano regresaba con sus padres a Rego Park y retomaba su trabajo como tornero en Astra Tool, lo que le reportó diversos aumentos salariales.

A estas alturas, ya era un ciudadano estadounidense de pleno derecho, y en la primavera de 1974, se graduó en Medicina. Por entonces, llevaba un año saliendo con una joven con la que había estudiado en la Universidad de Roma. Su nombre era Cordula Hahn.

Era una morena de treinta años, bajita, de voz suave, sencilla pero vivaracha, que se había doctorado en Literatura alemana y luego había trabajado de asistente editorial en un sello italiano. Había residido en Italia durante catorce años, país al que había llegado en 1960, de adolescente y acompañada de sus padres, desde los Países Bajos.

Sus progenitores habían sido refugiados de guerra checos, forzados a abandonar su patria con destino a los Países Bajos tras la ocupación nazi, y se establecieron en el pueblo de Bilthoven, una comunidad próspera a unos treinta kilómetros al este de Ámsterdam. Cordula había nacido allí en 1942. El padre de Cordula era católico, y su madre, judía, y pese a convertirse al catolicismo, la forzaron a mostrar públicamente sus raíces judías a través de una estrella de David cosida a la ropa durante los años en que los alemanes ocuparon los Países Bajos.

En Italia, los padres de Cordula, académicos y adinerados, encontraron la alegría y fueron aceptados socialmente, aunque en 1973 mostraron su disgusto con el novio que había escogido Cordula. Por razones que a Nicholas siempre se le escaparon, los padres de Cordula desaprobaban la relación, y como él era incapaz de olvidar la menor afrenta, siempre les guardó rencor.

En 2002, mientras testificaba en el juicio de su divorcio, mencionó la falta de afecto entre su suegra y él, y en su nota de suicidio de 2006, describió de forma muy crítica a la rama paterna de la familia de Cordula. Escribió que el padre de su exmujer era un alemán de Bohemia izquierdista, nacido en el seno de una familia fascista, y añadió que el suyo «era un arribista que se casó con la hija de un abogado de Carlsbad».

A pesar de que sus padres rechazaban a Nicholas, Cordula lo siguió de Roma a Estados Unidos en 1974, una vez terminados sus estudios de Medicina. Durante los tres años siguientes, si bien no se casaron, ambos se alojaron gratis en el sótano del apartamento multifamiliar en Rego Park, Queens, que Nicholas y sus padres habían comprado, por sesenta y tres mil dólares y tirando de todos sus recursos, siete años atrás, en 1967, justo antes de que Nicholas se marchara a estudiar Medicina. El trío de los Bartha había comprado el edificio a través de un adelanto de veinte mil dólares y una hipoteca de cuarenta y tres mil.

En 1974, Nicholas empezó sus dos años como interino en el hospital Elmhurst General de Queens, seguido de un año de residencia, mientras que Cordula, que hablaba cinco idiomas, trabajaba en el departamento cultural del consulado general de los Países Bajos en Manhattan, el cual había tramitado su visado.

En 1977, sin embargo, se quedó embarazada. Nicholas habría preferido que Cordula abortase, pero ella insistió en tener a la criatura, que a la postre sería una niña, Serena, nacida siete meses después de que contrajeran matrimonio en una ceremonia civil celebrada en Queens. A continuación, se mudaron del sótano a un apartamento en la planta superior del mismo edificio de los Bartha, aportando doscientos dólares mensuales al fondo familiar destinado al mantenimiento del edificio, lo mismo que pagaban los inquilinos a los que habían reemplazado.

En diciembre de 1978, Cordula dio a luz a una segunda hija, Johanna. Esto provocó que Nicholas se sintiera presionado a aumentar sus ingresos, asunto que consiguió doblando turnos en otros hospitales. Sin embargo, pasaba menos horas en casa, y cuando estaba, apenas conseguía dormir en aquel abarrotado espacio que ahora compartía con dos hijas y una esposa sobrepasada e infeliz. Cordula se sentía sola y abandonada. En su nota de suicidio, en 2006, ese largo manifiesto de despedida que abarcaba diez páginas y envió a diversas personas por correo electrónico, Nicholas hizo referencia a esos primeros y amargos años de matrimonio:

Cordula tuvo depresión posparto y luego se volvió psicótica tras tener dos hijas. Se negó a recibir tratamiento. En 1980, iba a divorciarme de ella, [pero] cambié de opinión por las niñas.

En 1980, Nicholas y sus padres, de nuevo echando mano de sus recursos combinados, adquirieron el *brownstone* de Manhattan, situado en el número 34 Este de la calle Sesenta y dos, por 395.000 dólares, a través de un adelanto de 199.699 dólares. Fue Nicholas quien había insistido en que se mudaran a Manhattan.

Su amigo, el doctor Paul Mantia, recordaba haberlo escuchado rememorar la emoción que había sentido la tarde en que, de pie frente a la fuente de la Grand Army Plaza, en la calle Cincuenta y nueve, con el hotel Plaza a sus espaldas y la entrada a Central Park a poca distancia, había pensado: «Aquí es donde quiero vivir algún día».

Capítulo veintiocho

Ya antes de que la familia se trasladara al *brownstone*, se decidió que Nicholas, su mujer y las dos niñas ocuparían las dos plantas superiores, mientras que los padres de él se instalarían en la planta inferior, y la segunda planta ejercería solo las funciones de entrada espaciosa, un piso noble del que sentirse orgulloso. En la planta que quedaba al nivel de la calle, donde años después Nicholas y Paul Mantia abrirían su consulta privada, Ethel, la madre de Nicholas, planeaba montar un salón de belleza.

Ciertamente, el negocio prosperó casi de inmediato y recibió a clientas como la esposa del actor Anthony Quinn, que acudía a que le lavaran la cabeza, o la celebridad televisiva Barbara Walters, a la que le depilaban las piernas. Pero alrededor de 1990, al cabo de poco más de un año de la inauguración del salón de belleza, Ethel se vio obligada a cerrarlo después de que algunos vecinos se quejaran de que la calle no cumplía con la ordenanza que autorizaba a abrir negocios de ese tipo.

Aunque Nicholas y sus padres adquirieron el *brownstone* en 1980, les llevó más de cinco años instalarse en él. Esto no solo se debió al mucho tiempo que necesitaron para remodelarlo y reconstruirlo —tejado nuevo, suelos nuevos, escalinata interior nueva, baños nuevos, nueva terraza con azulejos en la tercera planta, a lo que se añadió tirar paredes, además de múltiples y polvorientas labores de acondicionamiento, todo ello para convertir un *brownstone* de un siglo de antigüedad en una vivienda unifamiliar —algo que ya había sido durante décadas, hasta que, en los años de la posguerra, uno de sus propietarios lo había transformado en un edificio en alquiler—, sino al hecho de que la familia Bartha se vio forzada a indemnizar a los acomodados inquilinos cuyos contratos de arrendamiento no habían expirado, o esperar a que se marcharan los que resistían.

De hecho, los inquilinos de los diez apartamentos del *brownstone* contrataron a un abogado para intentar bloquear el intento de la familia Bartha por desahuciarlos. El líder del grupo era un cincuentón audaz y anfitrión de frecuentes fiestas, Joseph Conlin, que alquilaba los dos apartamentos de la segunda planta —un total de seis habitaciones, dos cocinas y dos cuartos de baño— por un precio casi regalado de ochocientos cincuenta dólares mensuales, y en su calidad de presidente de una empresa promotora de conciertos, se había acostumbrado a utilizar su vasto espacio vital para agasajar a estrellas de la ópera y clientes como Maria Callas, Carlo Bergonzi y Renata Tebaldi.

Aunque parte del año residía en Palm Beach, Florida —donde también tenía una agitada vida social, pues era un destacado bailarín de salón y de vez en cuando organizaba fiestas en el Sea Claud, un barco de ciento diez metros de eslora y cuatro mástiles, construido en 1913 para el uso y disfrute de Marjorie Merriweather Post, la heredera de General Foods—, estaba resuelto a no ser desposeído de su exclusiva vivienda a un módico precio en el Upper East Side de Manhattan sin antes enfrentarse a la familia Bartha en un tribunal civil.

La principal aliada del señor Conlin en su guerra contra los Bartha era una divorciada en la treintena, atractiva, de ojos azules y melena de color caramelo, Monika Barbier, que ocupaba un apartamento trasero de dos habitaciones y media, ubicado en la tercera planta, por unos razonables cuatrocientos dólares mensuales. A imagen del señor Conlin, había desarrollado un fuerte vínculo y sentido de la propiedad hacia aquella residencia en un barrio tan exclusivo, después de haber cambiado con frecuencia de domicilio, siempre en zonas poco recomendables de la ciudad.

Su apartamento en el número 34 Este de la calle Sesenta y dos disponía de una amplia sala de estar, un dormitorio separado, una cocina completamente equipada, mobiliario de primera calidad y antigüedades tan valiosas como un sillón ornamentado, una cómoda y un escritorio de cortina fabricados en 1967. La señorita Barbier, divorciada de un francés llamado Jean-Marie Barbier, había nacido cerca de Berlín en 1942, con el nombre de Monika Wegener, pero había pasado buena parte de su vida adulta en París, antes de establecerse en Nueva York al hilo de su divorcio, y dominaba tres idiomas. Por entonces ostentaba el cargo de asistente ejecutiva del presidente de una cadena televisiva alemana, dedicada a contenidos educativos y que tenía oficinas en el centro de Manhattan. Con anterioridad y sin salir de la ciudad, había trabajado en una agencia de viajes, de asistente de diseño en una empresa de ropa deportiva para mujeres y de modelo de *showroom* en el Garment Center.

Había vivido sola en un minúsculo estudio, ubicado en el número 307 Oeste de la calle Veintinueve y por el que pagaba doscientos dólares mensuales, una cantidad que le parecía excesiva teniendo en cuenta que el barrio era ruidoso, sucio y que de noche le hacía sentir insegura. Al mismo tiempo, también valoraba residir en una zona de la ciudad por la que a diario fluía la energía y la variada fauna humana que entraba y salía de Penn Station, o del Madison Square Garden, o del popular bar Egyptian Gardens, en la calle Veintinueve con la Novena Avenida y que ofrecía cocina de Oriente Medio, música y danza del vientre, lo que le recordaba sus muchos viajes a El Cairo durante sus años jóvenes, cuando, asentada en París, trabajaba de azafata para la compañía Trans World Airlines.

Había empezado en ella en 1965, viajando a Europa, Oriente Medio y el Lejano Oriente. Cuando llevaba cinco años trabajando en la TWA, durante un vuelo comercial de París a Roma a bordo de un Boeing 707, sus dotes de persuasión habían ayudado a convencer a un secuestrador armado de que dejase de obligar al piloto a desviar la ruta para aterrizar en Damasco, Siria, donde estaba segura de que el personal del aeropuerto los trataría de un modo terrible, y hacerlo en cambio en Beirut, Líbano, donde resultó que fueron efectivamente recibidos con cortesía y no se tuvo que lamentar daño personal o material alguno, ni a los pasajeros ni a la tripulación.

Pero si había creído que engatusar a un secuestrador la había preparado para persuadir a la familia Bartha de que abandonara su idea de desahuciar a los inquilinos, es que había infravalorado sobremanera la determinación y la fortaleza de Ethel, la madre del doctor Bartha, que por entonces tenía sesenta y dos años.

En Rumanía, durante los años cuarenta, antes de que primero los nazis y luego los comunistas confiscaran el domicilio familiar y el negocio de minas de oro, Ethel Bartha había sido la contable de la empresa y llevado también los números de la casa. Y ahora, en enero de 1980, al tiempo que asumía responsabilidades similares del *brownstone* recién adquirido, también había tomado la iniciativa a la hora de librarlo de sus residentes con el objetivo de iniciar las labores de renovación y remodelación.

Conseguir su objetivo le llevó un año, tiempo en el que no cesó de hacer frente a las embestidas del combativo abogado y los métodos poco ortodoxos de Monika Barbier, quien, además de enviar demandas y confabular con el abogado de los inquilinos, un día decidió presentarse sin cita en el salón de belleza en el que la señora Bartha trabajaba de forma temporal con la intención de encarársele. El salón estaba en el sótano de un rascacielos ubicado en el 209 de la calle Cincuenta y seis y Ethel Bartha tenía pensado trabajar en él hasta que se le presentara la oportunidad de abrir su propio negocio dentro del *brownstone*.

Cuando Monika Barbier llegó, la señora Bartha estaba atendiendo a una clienta; pero, después de que esta se marchara y Monika se acercara a presentarse —era la primera vez que se veían—, se apresuró a darle la espalda y permaneció rígida, con los brazos cruzados y sin mirarla. Esta sería la postura y la actitud que adoptaría en múltiples ocasiones, de indiferencia y distanciamiento.

Dado que el pequeño contratiempo en mitad del salón de belleza no tardó en llamar la atención del resto de esteticistas y de las clientas, y puesto que Monika más o menos advirtió que era muy improbable que la inmutable señora Bartha llegara nunca a negociar, acabó marchándose de forma discreta y aquella misma noche anotó en su diario:

> Ingenua de mí, confié en poder convencerla de que me dejara quedarme en mi apartamento si hablaba con ella en persona [...] En vez de eso, lo que me encontré fue a una mujer de rostro inmutable, inaccesible, muy arreglada y con un peinado de lo más elaborado.

Seis meses después, Monika vivía en un apartamento subarrendado en la quinta planta de un edificio de veintiuna, cerca de la calle Treinta y cuatro con Park Avenue. Había sido desahuciada junto al resto de demandantes de la calle Sesenta y dos tras una orden judicial que había reconocido el derecho de la familia Bartha a ser los únicos ocupantes del *brownstone*.

Aunque la resolución supuso un gran alivio y satisfacción para toda la familia, a uno de sus miembros le producía reservas abandonar Queens. Se trataba de Cordula, la esposa del médico. Mudarse a Manhattan le despertaba el temor a que el aumento de los impuestos inmobiliarios, así como el del coste de los seguros y de la vida en general, pudiera abrumarlos de manera gradual. En 1977, había dejado su trabajo en el consulado de los Países Bajos para cuidar de sus hijas; aunque fue readmitida en 1988, solo ejercería a tiempo parcial. Otra cosa que la enfadaba era que su nombre no constara en las escrituras del *brownstone*. El de su marido y el de sus suegros sí que aparecían en el documento original de propiedad; pero no el de ella, pese a estar casados. Con frecuencia mostraría su disgusto al respecto, y décadas después, durante el proceso de divorcio, le diría a la juez que siempre se había sentido vulnerable económicamente porque, «si algo le ocurría a él», ella podría tener problemas al no ser ciudadana estadounidense. Había preferido conservar su nacionalidad holandesa, explicó, lo que no impedía que siguiera pensando que su nombre debería constar en las escrituras, pese a que su marido siempre repetía «que no se fiaba de mí y que no iba a morirse».

Aquella era «su casa», para siempre y por completo, prosiguió Cordula, que añadió: «Estaba obsesionado con la casa. Era su único pasatiempo».

Después de que la familia Bartha hubiera vaciado el *brownstone* de sus inquilinos, Nicholas se autodesignó contratista general, de modo que pudiera supervisar todos los trabajos de renovación. También llevó una caja de herramientas y un torno al subsótano para empezar a fabricar muebles de madera. Por ejemplo, diseñó y fabricó las camas de sus hijas y unas cuantas mesas, reforzó las sillas y otros muebles comprados en tiendas, reforzó la escalinata de tal modo que se silenció el ruido de las pisadas y colocó una librería en la sala de estar de la familia, que iba del suelo al techo y a la que añadió una escalera con ruedas.

Escogió el color de todas las paredes, decidió dónde irían todos los dispositivos y muebles, y dejó bien claro que todo debía quedar tal cual él lo dejara y que nadie podía mover nada.

También ejerció de encargado del edificio: limpiaba las cañerías, despejaba la nieve de la entrada y arreglaba cualquier desperfecto relacionado con los lavabos, el aire acondicionado y el fregadero de la cocina. Su esposa arrimaba el hombro, supervisando a los operarios cuando él trabajaba en el hospital, al tiempo que en 1980 había ayudado a la compra del *brownstone* con cuarenta y cinco mil dólares de sus propios ahorros —el dinero había sido un regalo de su padre—. Pero una vez más, cualquier aportación por su parte se daba por descontado, testificó en el juicio, repitiendo, que era «su casa».

Para cubrir los gastos de mantenimiento de la casa, Nicholas debía ganar unos nueve mil dólares mensuales con sus servicios médicos, lo que conseguía a base de trabajar en dos o más sitios de manera simultánea. Hacía un turno de día en un hospital, un turno de noche en otro y horas extras los fines de semana en un tercero para recibir un salario fijo y semanal de uno, mientras que los otros le pagaban según los días trabajados, por lo general con una tarifa que se movía entre los sesenta y los ochenta dólares por hora. Desde mediados de los años noventa, sus ingresos medios anuales se situaban ligeramente por encima de los doscientos mil dólares, pero esto significaba que trabajaba seis o siete días a la semana, por lo que pasaba poco tiempo en casa con su esposa y sus hijas.

«Era un adicto al trabajo», afirmó su profesor de informática, Alejandro Justo. Por si no fuera suficiente, el doctor Bartha debía invertir muchas horas en los desplazamientos, tanto de día como de noche, porque solo había conseguido trabajo estable en salas de emergencias de hospitales ubicados lejos de Manhattan, en lugares como el Mount Vernon Hospital de Werchester, el St. Anthony's Community Hospital de Warwick y el Mercy Community Hospital de Port Jervis. El trayecto desde su *brownstone* a Warwick le llevaba una hora y diez minutos, mientras que para llegar a Port Jervis necesitaba una hora y media.

Durante casi doce años, hasta que adquirió un Toyota Echo de primera mano en el año 2000, cubrió cientos de kilómetros semanales al volante de un viejo Honda rojo de tres puertas, cuyo asiento delantero debía retirar hasta el fondo para acomodar su voluminoso cuerpo —pues pesaba unos ciento diez kilos—, y con nada que escuchar en la radio porque se la habían robado al poco de comprárselo. El doctor Bartha nunca la reemplazó, ni siquiera se molestó en cortar los diez centímetros de cable colgante que sobresalían del hueco del salpicadero donde antes estaba el aparato.

Una tarde, sentado en el asiento del copiloto, su amigo el doctor Mantia intentó adecentar el aspecto del salpicadero embutiendo de nuevo los cables en la abertura, pero Nicholas lo detuvo y le dijo: «No te molestes, déjalo como está».

Mantia obedeció sin pedirle explicaciones. Quizá Nicholas quisiera mostrar que su coche ya había sido víctima de los vándalos, pensó Mantia, una especie de advertencia para el siguiente ladrón en potencia. O quizá Nicholas, al que Mantia veía como a un padre foráneo, «excéntrico» e influenciado por costumbres del Viejo Mundo, estaba mentalmente vinculado de alguna manera a las conexiones perdidas y a los objetos robados, como había sucedido con el hogar familiar de los Baltha en Rumanía.

En cualquier caso, el doctor Bartha continuó siendo la figura más relevante en la vida de Paul Mantia. Seguía su ejemplo a la hora de escoger unos zapatos nuevos, decantarse por un modelo concreto de coche o seleccionar las tiendas en las que comprar aquello que necesitara.

Mantia recordaba haberse quejado delante de él del dolor de pies que tenía por el impacto de los mocasines italianos contra el duro suelo de la sala de emergencias del hospital Bronx Lebanon. El doctor Bartha de inmediato le recomendó que se pasara a los zapatos Rockport de cuero blando y suela de goma, con los que, en efecto, consiguió eliminar las molestias. También le aconsejó dónde adquirirlos al mejor precio, concretamente en una tienda cerca de Canal Street. Consciente de que el doctor Bartha siempre se inclinaba por utilitarios porque al bajo consumo se unía la facilidad para aparcarlos en plazas pequeñas, Mantia se compró un Toyota Scion IQ de tres metros de largo y con la parte frontal chata, que de colocarse en posición vertical apenas rozaría un tablero de baloncesto reglamentario. Bartha le sugirió las mejores verduras en el Harlem Market, el material más fiable para techados de metal en un almacén del Bronx y unos armarios con buenos acabados en una tienda en Maspeth, Queens.

Bartha trabó amistad con muchos trabajadores del hospital con raíces afroamericanas, asiáticas e hispanas, al tiempo que tenía un vínculo muy estrecho con un médico llamado Rodolfo A. Nazario, originario de Puerto Rico y que había conseguido el título de Medicina en la República Dominicana.

El doctor Nazario era un individuo bajito, atildado, de pelo blanco, en ocasiones algo petulante pero nunca hasta el extremo de mostrarse grosero, que rondaba la edad de Bartha y con el que compartía escepticismo hacia la gente poderosa que aseguraba tener buenas intenciones. El padre del doctor Nazario era un prestigioso abogado en Puerto Rico y a su hijo le gustaba repetir uno de sus dichos favoritos: «La ley y la justicia no van de la mano. La ley es la ley. La justicia es la justicia. Se supone que la ley debe proteger a la justicia. Pero no lo hace».

Nazarió conoció a Bartha en 1989, en la sala de emergencias del hospital Bronx Lebanon.

—Bartha era un médico excelente, muy atento con sus pacientes —dijo Nazario—. Pero también era muy estricto. Con la gente que hacía las cosas bien se mostraba muy amable. Pero era muy crítico con los que las hacían mal. Eso sí, siempre iba de cara. Jamás les decía a sus superiores: «¡Despedid a esta persona!». No, hablaba directamente con el implicado: «No lo hagas así, hazlo asá». La gente solía agradecérselo.

Cuando no se veían obligados a cenar en la cafetería del hospital, Bartha, Nazario y a veces su joven colega italoamericano Paul Mantia salían a lugares como el restaurante italiano Dominick's, la pizzería Patsy's, ambos en el Bronx, o a sugerencia del informático bonaerense Alejandro Justo, a un asador argentino llamado La Fusta, en North Bergen, Nueva Jersey, cerca de donde Justo residía y trasteaba con los ordenadores.

—Al doctor Bartha le entusiasmaban los callos que servían ahí —dijo Justo, un hombre en la treintena, delgado, de ojos marrones y cabello oscuro, que había abandonado Argentina a los diecisiete años para estudiar en la University of Massachusetts Amherst, donde obtuvo su título de ingeniero eléctrico—. Tenía un gran saque. Comía de todo.

El doctor Nazario añadió que esto incluía especialidades latinoamericanas como el pernil: espalda o pierna de cerdo marinada y cocinada a fuego lento, con frecuencia sazonada con orégano seco, sal kosher, pimienta negra molida y un par de dientes de ajo por cada medio kilo de cerdo. Al doctor Bartha le gustaba tanto el pernil que le pidió a Nazario la receta, y la Nochebuena siguiente, aprovechando que estaba de guardia, invitó a todo el personal a una cena de pernil que él mismo había cocinado en su casa y luego llevado al hospital en recipientes colocados en el maletero de su Honda.

Mientras Nicholas Bartha disfrutaba cocinando y socializando en comidas, Cordula y él raramente iban juntos a restaurantes, y durante los últimos cuatro o cinco años de su matrimonio habían llevado vidas bastante separadas, a pesar de vivir bajo el mismo techo. Él pasaba la mayor parte de su tiempo en los hospitales, repartiendo su atención entre los pacientes y los amigos que había hecho entre el personal. Cuando regresaba a casa, bien avanzada la noche, su esposa solía estar dormida y se irritaba con frecuencia si la despertaba para pedirle que saliera de la cama para atender alguna de sus peticiones, como redactar una carta o hacer otra tarea. «Estoy cansada», quizá le dijera, a lo que él es probable que replicara: «Siempre estás cansada». A la mañana siguiente, cabía la posibilidad de que no le dirigiera la palabra a su mujer durante el desayuno, eso si ella no se había marchado ya, a las siete, a trabajar al consulado holandés. Cordula había retomado su empleo a jornada completa en 1994 y muchas veces trabajaba hasta las siete de la tarde. En ocasiones debía atender actos culturales fuera del horario laboral, en el mismo consulado o en otros puntos de Manhattan.

Cordula conducía su propio coche, un Ford Festiva, e iba camino de ser la jefa de personal del consulado, lo que le reportaría un sueldo anual superior a los ochenta mil dólares. De todos modos, la mayoría de las facturas se pagaban con los ingresos de su marido, incluyendo los gastos mensuales de alimentación y manutención de la casa, los impuestos, los seguros, el día a día y la educación de las niñas, además de los viajes, uno o dos al año, que ella hacía para visitar a su familia en Europa, con frecuencia acompañada por una hija o por ambas.

Su marido aseguraba no tener tiempo para tomarse unas vacaciones. Tampoco para el ocio. En los muchos años que llevaba casado con Cordula, solo habían ido juntos al cine en dos ocasiones y era incapaz de recordar los títulos o argumentos de las películas. Jamás acudía a una función de teatro, ópera o ballet, ni a un concierto o encuentro deportivo. En una ocasión, mientras el informático Alejandro Justo intentaba reiniciar un sistema de procedimientos médicos, al tiempo que seguía como podía las evoluciones de su adorada selección argentina durante un partido televisado del mundial de fútbol, el doctor Bartha se sentó a su lado y observó con mudo asombro cómo Alejandro saltaba de su asiento y gritaba satisfecho cada vez que uno de los jugadores completaba una jugada de mérito.

—Simplemente, no era capaz de entender mi entusiasmo —dijo Justo.

Capítulo veintinueve

Alejandro Justo visitaba con frecuencia el *brownstone* del número 34 Este de la calle Sesenta y dos, para responder a las llamadas de auxilio del doctor Bartha cuando el ordenador se le congelaba, la impresora se le atascaba o tenía algún problema con alguno de los muchos dispositivos móviles que Bartha compraba en tiendas de gangas, como una BlackBerry, una PalmPilot o un teléfono Startac.

Cuando el doctor Paul Mantia y Bartha abrieron la consulta juntos en el *brownstone*, en la planta que daba a la calle —donde más adelante se les unirían dos periodoncistas que alquilaron un espacio en la parte trasera—, Justo acudió a instalarles seis ordenadores nuevos, y en una ocasión lo llamaron porque unos hackers habían infectado el software con pornografía.

Siempre que Justo no encontraba aparcamiento dentro del vecindario de la calle Sesenta y dos, dejaba el coche mal aparcado frente al *brownstone* de Bartha y esperaba a que el doctor enviara a una de sus dos hijas adolescentes, Serena o Johanna, para que lo vigilara sentada dentro mientras él trabajaba en la casa. Justo encontraba a ambas hermanas muy amigables y serviciales, y por lo menos en una ocasión las ayudó con sus propios ordenadores.

Sin embargo, Cordula raramente lo hacía sentirse bienvenido. En el caso de que llegara a saludarlo, se mostraba seca e indiferente. Una vez se lo cruzó cerca de la escalera y ni siquiera le dirigió la palabra. Esto ocurrió hacia finales de 1996, durante una etapa en la que ella y su marido se peleaban con frecuencia; aunque Justo recordaba a una Cordula amable cuando la había conocido un año atrás en la fiesta de cumpleaños del doctor Nazario en Fort Lee, Nueva Jersey. Su marido había sido el encargado de presentársela. Quizá se tratara de la última aparición pública de la pareja, pues, poco después de la fiesta, Bartha les contó a Justo y Nazario que su mujer y él ya no se hablaban.

Ambos hombres se mostraron de lo más comprensivos al haber pasado por circunstancias parecidas. El primer matrimonio del doctor Nazario había acabado en divorcio. Alejandro Justo era todo un experto en rupturas matrimoniales. Su acomodado padre, un argentino de raíces italianas que residía en Florida, se había casado seis veces. La madre de Alejandro había sido su primera y quinta esposa. A los pocos años de graduarse en la universidad, Alejandro se casó con una uruguaya con la que tuvo una hija. El matrimonio tuvo un final amargo. Pese a haber transcurrido más de una década desde la ruptura, su hija continuaba sin querer hablar con él. Al principio, Justo había querido olvidar sus penas maritales sacándose la licencia de piloto y volando largas distancias por encima de las nubes, a bordo de su avioneta de un solo motor. Con el tiempo encontraría la felicidad en Costa Rica con una mujer que se convertiría en su segunda esposa.

El otro amigo cercano del doctor Bartha, el antaño felizmente casado Paul Mantia, también empatizaba con las aflicciones maritales de su colega. Al mismo tiempo, sin embargo, lo animaba a ser más paciente con Cordula y a no sucumbir tan abiertamente a sus infundadas sospechas de que su esposa tenía un amante en Europa y estaba desviando fondos de la cuenta compartida a un banco de los Países Bajos. Un día, Mantia lo reprendió con suavidad: «Vamos, Nick, intenta no ser tan paranoico». Nicholas Bartha le respondió: «Si vives en un país comunista, debes ser paranoico para sobrevivir».

En la primavera de 1997, confiando en que Rumanía hubiera dejado bien atrás el autoritarismo propio de la trayectoria soviética posbélica, Ethel, la madre de Bartha, decidió a los setenta y nueve años que había llegado el momento de reclamar el hogar familiar y otras propiedades confiscadas durante la década de los cuarenta y los cincuenta. Su marido, Janos, había fallecido en Nueva York, en 1993, a los ochenta y tres años, y desde entonces Ethel había vivido sola en el apartamento de la segunda planta del *brownstone*.

El doctor Mantia, que conocía a Ethel, recordaba lo esperanzada que se había mostrado antes de emprender el viaje. Sin embargo, una vez allí, solo había encontrado trabas burocráticas e impedimentos.

—Tenía todos los documentos que demostraban que los Bartha eran los dueños legítimos de las propiedades, pero no la escucharon y obstaculizaron cada uno de sus pasos. Esto le provocó un infarto durante el viaje que no tardó en acabar con su vida, allí mismo, en Rumanía. Imagino que la presión arterial se le puso por las nubes al ver que nadie le hacía caso.

Antes de morir, ella y su hijo habían sido nombrados copropietarios del *brownstone*. En su testamento había entregado una mitad a su hijo y la otra debía repartirse a partes iguales entre sus nietas, Serena y Johanna. Cordula recibió veinticinco mil dólares en metálico, que depositó con poco entusiasmo en la cuenta compartida del matrimonio, como le había pedido su marido.

Durante aquellos años, las hijas vivieron con incomodidad la agria relación que mantenían sus padres. El tema de cómo afectó esto a su rendimiento escolar y a su día a día fue debatido tanto de puertas para dentro en el *brownstone* como más adelante en el juicio del divorcio.

El doctor Bartha opinaba que su mujer malcriaba a las niñas y les permitía hacer lo que les daba la gana, en vez de cumplir con las exigencias que él les marcaba. Se quedó a cuadros cuando Serena, que había recibido una educación de primer nivel en el Bronx High School of Science, decidió abandonar Fordham para apuntarse a una academia de cocina —y lucir tatuajes en ambos hombros— para convertirse en chef. Su hija menor, Johanna, había pasado de la Brooklyn Technical School al Fashion Institute of Technology con la idea de ser diseñadora de ropa.

«No creo que una cocinera y una costurera sean buenos resultados», le dijo a su esposa. Sin embargo, su hija Serena, que testificó contra él en el juicio, lo acusó de intimidar verbalmente a su hermana y a ella, así como de minarles la confianza. «Mi padre esperaba que fuéramos líderes o triunfadoras. Abogadas o doctoras, ese tipo de cosas», le contó a la jueza.

Cuando Bartha se subió al estrado, su abogado, Ira Garr, le recordó: «Su hija ha testificado que usted se sintió decepcionado con los resultados académicos de sus hijas».

—Creo que deberían haber llegado más lejos de lo que lo hicieron —contestó él—. Provengo de un pueblo y de una situación política que no me ayudaron, de modo que imaginé que irían más allá de lo que yo pude. No aprovecharon su oportunidad... Eso es todo.

Su esposa disintió.

—¿Cómo podrían haber sido mejores? —le preguntó a Ira Garr—. Mi hija menor es diseñadora de moda. Se encarga del vestuario de dos obras vanguardistas de Brooklyn... Serena es excelente en su trabajo, en su intento por llegar a ser una chef... Son muy creativas, unas chicas fantásticas.

Aunque no testificó en el juicio, Ileana Cora, de sesenta años, la elegante recepcionista al frente de la consulta de Bartha y Mantia en el *brownstone*, tenía información de primera mano acerca de la inestable situación familiar del doctor Bartha, porque en ocasiones se situaba frente a sus ojos y los de los pacientes que aguardaban en la sala de espera.

Ileana Cora recordaba la tarde en que Johanna, que aparentemente había estado utilizando una tarjeta de crédito de su padre sin que él lo supiera, se presentó hecha una furia en la consulta y comenzó a recriminarle a gritos y delante de un paciente que le hubiera cancelado la cuenta. Él se mostró tranquilo, quizá debido a la sorpresa o a la vergüenza, pero la señora Cora se hizo cargo de la situación y rápidamente se llevó a Johanna fuera de la consulta.

Probablemente la señora Cora fuera la única mujer que, a estas alturas, admirara y quisiera proteger al doctor Bartha. Había sido una de las doce candidatas al puesto de recepcionista, y según el testimonio del doctor Mantia, fue contratada porque a Bartha le recordaba a su difunta madre, Ethel. Ileana Cora siempre se presentaba al trabajo con un aspecto impecable, vestida con ropa a medida y con una bufanda alrededor del cuello —su madre confeccionaba vestidos para mujeres importantes en Puerto Rico—, a lo que se añadía que era una contable brillante y tenía altas competencias ofimáticas.

—El doctor Bartha tenía una fijación con su madre —dijo el doctor Alan Winter, uno de los dos periodoncistas que alquilaban un espacio en la parte trasera—. Nos decía: «Este edificio es de mi madre» o «Esto, lo que sea, era de mi madre», «Mi madre, mi madre, mi madre...».

El doctor Winter mencionó que una fotografía que Anthony Quinn había dedicado a la madre de Bartha colgaba de la pared que quedaba detrás del escritorio de la señora Cora en la recepción, y que en el sótano se guardaban los secadores que la mujer había utilizado cuando regentó ahí un salón de belleza.

—Solo estoy conjeturando —prosiguió el doctor Winter—, y no tengo ningún derecho a hacerlo, pero si su madre no hubiese tenido su negocio aquí, y si ella y su hijo no hubieran vivido en este edificio, puede que él hubiese manejado la situación de otra manera. En otras palabras: en vez de llevarse el edificio a la tumba, quizá lo hubiera puesto en el mercado. Como ya he comentado, tenía esa obsesión: «Es de mi madre. No puedo renunciar a él».

Uno de los motivos que sin duda le hicieron perder el edificio fue la estrategia adoptada por la abogada de Cordula, Donna Bennick, una mujer de baja estatura, pero de armas tomar, rubia, de ojos azules y a mitad de la treintena, que descubrió y explotó una prueba muy perjudicial para el doctor Bartha durante el juicio, la cual lo retrataba como un individuo tan desagradable que la jueza acabó por obligarle a pagar cuatro millones de dólares a Cordula.

La prueba surgió a partir de una discusión que la pareja tuvo en noviembre de 1998. Sin embargo, lo que resultó significativo para la abogada Donna Bennick fueron dos trocitos de papel que el doctor Bartha había arrancado de un pequeño bloc de notas después del encontronazo. En ausencia de su mujer, los había cubierto de comentarios ofensivos y de dibujitos para luego dejarlos en la alacena, donde Cordula los acabaría descubriendo. En uno de los papelitos había escrito: «¡Eres una abusona!», mensaje que había acompañado del dibujo de los símbolos soviéticos de la hoz y el martillo, así como de una esvástica.

Cordula estaba sola cuando los encontró, y pese a sentirse confundida y bastante disgustada —sobre todo por la esvástica y su relación con su propia familia durante los años de la ocupación—, decidió no pedir una explicación a su marido tan pronto como este regresara a casa. De hecho, no llegó a decirle nada, aunque se guardó los trozos de papel y los escondió durante más de tres años. Antes de empezar el juicio del divorcio, en el año 2002, se los entregó a su abogada, la señora Bennick, quien más adelante los mostraría en la sala como «prueba número uno de la acusación», como parte del conjunto de evidencias para demostrar que, pese al hecho de que su madre era medio judía y su abuelo materno era rabino, el doctor Bartha escondía a un antisemita.

Poco después de la discusión mantenida en 1998 y del mensaje en el que la acusaba de «abusona», Cordula viajo a los Países Bajos para celebrar el cumpleaños de su padre, como tenía por costumbre hacer a principios de cada invierno. Su cuñada fue a recibirla al aeropuerto y Cordula le mencionó la esvástica y le aseguró que su matrimonio se había acabado. Sin embargo, en el transcurso de su estancia de un mes, descubrió que tenía cáncer. A su regreso a Nueva York, en enero de 1999, visitó el centro médico Sloan Kettering, donde le confirmaron el diagnóstico: cáncer en estadio dos.

Como luego declararía, su marido quedó «en shock» tras la noticia y comenzó a dar muestras de preocupación y afecto. En una ocasión se tomó tiempo libre del trabajo para acompañarla a una visita médica y en otra la sorprendió con una cena especial. También recordó lo ilusionado que estuvo el día que le contó que acababa de conocer a un médico en el Harlem Hospital que había desarrollado un nuevo tratamiento contra el cáncer del que se podría beneficiar.

Pero todo aquello no tuvo continuidad, prosiguió, lo que a ella le causó «una profunda decepción». Su marido también se negó a participar en las sesiones terapéuticas para parejas destinadas a supervivientes del cáncer que organizaba el centro Sloan Kettering, aduciendo que «no tenía nada que decir».

A mediados de agosto de 1999 —tras ocho meses durante los cuales Cordula admitió que su marido «de algún modo la había ayudado»—, la pareja se enfrascó en otra discusión seria. Más adelante, en el juicio, ninguno supo decir cómo había empezado o los pormenores de la escena, aunque sí que estuvo relacionada con sus hijas, Serena y Johanna.

—Yo me puse del lado de Serena y mi mujer me desautorizó y se puso del lado de Johanna —fue todo cuanto Bartha fue capaz de recordar.

La discusión provocó que el matrimonio dejara de hablarse durante meses. Cada mañana, ella se marchaba a su trabajo, y él, al suyo, y por las noches ya no compartían dormitorio en la cuarta planta. Él se instaló en la sala de estar de la tercera planta, en el sofá. Solo veía a sus hijas de tanto en cuanto y apenas conversaban. Ahora las hijas formaban parte de un hogar roto, aunque no lo mantuvieron del todo en secreto, pues se lo contaron a algunos amigos y conocidos.

Una persona con la que Serena habló del tema fue el segundo chef del cercano Links Club. Su nombre era Brian Sugrue. Ayudante de cocina en el Russian Tea Room antes de incorporarse al Links, en 1997, Sugrue era hijo de inmigrantes irlandeses, un tipo robusto, de ojos almendrados, metro ochenta de estatura y noventa kilos de peso, al que le gustaba llevar de punta y engominado su cabello moreno cortado al ras. En su brazo izquierdo lucía un pequeño tatuaje con su apodo: «Grue».

Serena, a la que también le atraían los tatuajes y tenía aspiraciones profesionales en el mundillo culinario, no tardó en congeniar con Sugrue, con quien solía conversar en la acera, cerca de las escaleras de entrada al *brownstone*, durante sus pausas para el cigarrillo. Brian Sugrue se fumaba un paquete diario de Marlboro Lights. A veces, para ganar algo de privacidad, se reunían bajo las escaleras cerca de la entrada de la consulta del doctor Bartha. En una o dos ocasiones, ella le hizo un tour por el interior del edificio, aprovechando que no había nadie.

De hecho, él ya había tenido ocasión de hablar con su padre. Los dos hombres se habían conocido de forma accidental el día en que Sugrue, mientras fumaba sentado en uno de los escalones bajos del *brownstone*, había oído de golpe cómo se abría la puerta de acero del edificio, y al darse la vuelta, vio salir de él al doctor Bartha. Antes de que pudiera reprenderlo, Sugrue se levantó y le dijo: «Ah, disculpe, le estoy bloqueando el paso».

Sin responderle, el doctor Bartha mantuvo la vista fija en sus zapatos mientras bajaba con cuidado los escalones, deteniéndose y tomando aire a cada paso, con una mano agarrada a la barandilla y un bolso bandolera en la otra. Vestía una chaqueta azul, una camisa con botones y sin corbata, y un par de pantalones caquis de tamaño extragrande. Sin sombrero, con su pelo blanco ondeando ligeramente por el viento, unas gafas de montura metálica haciendo equilibrios sobre el puente de la nariz y una expresión solemne en el rostro, estampó con fuerza los pies sobre la acera, a punto de chocar con el joven que tenía delante y que había bajado el cigarrillo encendido.

—Perdone por invadir su espacio —repitió Sugrue.

Aún sin hablar, el doctor Bartha lo evaluó con pasiva curiosidad durante unos momentos. Sugrue llevaba una gorra de béisbol, pantalones a cuadros y la chaqueta blanca de chef.

—No hay problema —rompió al fin su silencio—. Puede sentarse en los escalones cuando le plazca.

La sonrisa que acompañaba a estas palabras sorprendió a Sugrue, que conocía el fuerte carácter del doctor por boca de su hija.

—Adiós, entonces —dijo el doctor, y le hizo un gesto de despedida con la mano—. Debo ponerme en camino.

Rodeó a Sugrue y se dirigió a su coche, aparcado en una esquina cercana. Desde ese día, Brian Sugrue le tomó la palabra al doctor y se sentó a diario en las escaleras de acceso al *brownstone*, donde de tanto en cuanto intercambiaban unas breves palabras, bien sobre el clima, algún incidente menor que afectaba al barrio o cómo le iban las cosas a Sugrue en el trabajo.

El doctor nunca le mencionó que su difunto padre había trabajado de cocinero en el hotel Plaza, pero cuando Sugrue se enteró, supuso que había contribuido a que Bartha se mostrara tan cordial con él.

Aunque Sugrue lamentó los problemas que tenían los padres de Serena cuando ella los compartió con él, lo cierto es que tanto él como otros trabajadores del Links ya habían sido testigos privilegiados de las dificultades por las que atravesaba la familia, aunque en otras ocasiones les había parecido que reinaba la armonía en aquel hogar. Por la ventana de la cuarta planta del club, donde se ubicaba la Auchincloss Room, sala en la que almorzaban los miembros durante los meses de verano, el personal de la cocina a veces veía a la hija más joven y delgada del doctor, Johanna, tomando el sol en bikini en la terraza trasera de la tercera planta del *brownstone*. En otras ocasiones, podía ser que cazaran a ambas hermanas de pie al final de la escalinata del *brownstone*, intentando poner distancia con las acaloradas discusiones de sus progenitores.

Una tarde a mediados de octubre de 2001, el propio Brian Sugrue vio brevemente desde la ventana cómo Cordula y sus hijas se marchaban del *brownstone*, y ya no las vio regresar ni ese mismo día, ni el siguiente, ni tampoco durante los siguientes días y semanas. De hecho, Sugrue jamás volvería a cruzarse con Serena. Por supuesto, no sacó el tema a colación durante sus azarosos encuentros con el padre, al tiempo que tampoco salió del doctor ofrecerle información alguna, cruces que acostumbraban a saldarse con un mero gesto de la cabeza. Sin embargo, Sugrue no tardó en llegar a la conclusión de que el doctor y la señora Bartha ya no vivían bajo el mismo techo.

Capítulo treinta

El doctor Bartha no quería divorciarse, pero su mujer sí, por lo que no tuvo más remedio que buscarse un abogado. Contrató a uno de los letrados matrimoniales más reputados de Nueva York, Ira Garr. A los cincuenta y pocos años, el señor Garr era un hombre refinado, delgado y de voz suave, con unos ojos verdes que quedaban enmarcados por unas gafas de montura metálica y cuyos modales corteses lo hacían muy popular entre la mayoría de los jueces y juristas que encontraba en su camino.

Cuando Kiba Wood, la jueza del Tribunal Federal de Manhattan, necesitó un representante legal para acabar con sus catorce años de matrimonio con el columnista político Michael Krammer, acudió a Ira Garr. También Ivana Trump requirió de sus servicios al divorciarse de Donald Trump y el magnate de la prensa Rupert Murdoch dejó en sus manos su divorcio con Wendi Deng, tras catorce años juntos.

Incluso cuando él se había encontrado en el centro de este tipo de litigios —sus dos matrimonios habían acabado en divorcio—, había conseguido hacerlo sin rastro de rencor hacia sus futuras exmujeres. Los detalles de los acuerdos se habían fijado de manera rápida y justa, y en el caso de su primer divorcio, su esposa incluso le había permitido redactar el borrador de la demanda, al que su abogado dio rápidamente el visto bueno.

Un colega de profesión, y amigo del doctor Paul Mantia, le había presentado al doctor Bartha, después de que Mantia mostrara preocupación por el estado de ánimo de su mentor y su necesidad de obtener asistencia legal tras la súbita marcha de Cordula y sus hijas del *brownstone*. El 17 de octubre de 2001, después de que ella y las chicas se trasladaran de forma temporal a Brooklyn, y antes de alquilar un apartamento en Washington Heights, Cordula le dejó una nota sobre una cómoda en la que se leía:

Nicholas, está claro que no podemos vivir juntos. Más de dos años sin comunicarnos me parecen suficientes.

Te deseo lo mejor en el futuro. Cordula.

Lo cierto es que algún tipo de comunicación sí que se había producido entre ellos a lo largo de esos dos años, pero la mayor parte de las veces en un tono malicioso y reprobatorio.

En el año 2000, él había objetado amargamente que ella se negara a firmar una devolución de impuestos conjunta en la declaración de la renta, una práctica habitual hasta entonces. Esto redobló sus sospechas de que llevaba tiempo desviando fondos de la cuenta de ahorros común a una cuenta privada en los Países Bajos, lo que le permitía a Cordula vivir solo de los ingresos de él, los cuales Nicholas depositaba con religiosidad en la cuenta corriente que compartían.

Durante el verano del año 2001, mientras Cordula pasaba una larga temporada en Europa —su padre había fallecido allí en julio—, su marido decidió encargarse en persona de poner temporalmente en alquiler el apartamento de la segunda planta del *brownstone*, vacío desde la muerte de su madre cuatro años atrás. También eliminó a su mujer de la cotitularidad de la tarjeta de crédito del banco Chase, que llevaba tiempo utilizando. Lo justificó aduciendo que se encontraba en una situación económica desesperada, incapaz de hacer frente a los gastos combinados del día a día de la casa y los impuestos, a lo que se añadían los préstamos estudiantiles de sus hijas, los recibos del teléfono y la televisión por cable, la suscripción a *The New York Times*, la asistenta

261

y los viajes transoceánicos de su esposa. Todo esto salía de los ingresos que obtenía por turnos dobles, y en ocasiones triples, en salas de emergencias, y de las pequeñas sumas que le reportaba la consulta que había abierto recientemente con Paul Mantia en el *brownstone*.

Durante la estancia de Cordula en Europa, la telefoneó una vez para acusarla de encontrarse con un amante, y justo antes de que se marchara de viaje, en junio de 2001, volvió a provocarla de manera similar a como ya había hecho en noviembre de 1998, cuando había esparcido papelitos en la alacena en los que se leía «¡Eres una abusona!», y que venían acompañados de dibujitos de una hoz y un martillo y una esvástica.

En esta ocasión no utilizó el término «abusona», sino que garabateó unos apuntes difíciles de descifrar en cuatro artículos arrancados de *The New York Times* —todos publicados en el mes de junio de 2001—, los cuales, a su modo de ver, dejaban en mal lugar a su tierra natal, los Países Bajos, y por extensión a ella. En cada uno de los artículos también dibujó una esvástica.

Uno de esos textos mencionaba que una embarcación holandesa, privada, de cuarenta metros de eslora y llamada Women on Waves (Mujeres sobre las olas), estaba equipada para practicar abortos en aguas internacionales, cerca de países donde el procedimiento estaba prohibido, y añadía que Dublín sería el primer puerto en el que operaría.

Otro artículo señalaba:

Desde 1996, la cifra de jóvenes procedentes de Europa del Este, África y Asia que buscan asilo en los Países Bajos ha doblado su número. [...] China fue la mayor fuente de menores de edad que inmigraron a los Países Bajos.

El tercer artículo hacía un seguimiento de la historia del Women on Waves y especificaba que el improvisado centro de abortos carecía de registro legal, por lo que «podría navegar de regreso a los Países Bajos para conseguir la licencia pertinente y poner de nuevo rumbo hacia Irlanda en julio, o bien dirigirse a América del Sur o a África con la idea de proseguir su campaña en lugares donde las regulaciones relativas al aborto están severamente restringidas».

El cuarto artículo no tenía relación alguna con los Países Bajos, sino que era un perfil de Stephen J. Hadley, el Consejero de Seguridad Nacional del presidente George W. Bush, de cincuenta y cuatro años, centrado en sus esfuerzos «por convencer a nuestros aliados atlánticos y Rusia de que abandonar el Tratado sobre Misiles Antibalísticos de 1972 en favor de un sistema de defensa basado en misiles tenía todo el sentido para los intereses de las superpotencias, las antiguas superpotencias y los aliados escépticos».

Ante la perplejidad expresada por Cordula durante el juicio acerca de las intenciones de su marido sobre estos artículos acompañados de esvásticas, el abogado de Bartha confiaba en encontrar la manera de que su cliente ofreciera una explicación plausible, aunque fuera de la sala Ira Garr admitió que esos dibujos «eran una sentencia de muerte en el Nueva York judío. De hacerlos en algún lugar del Medio Oeste, quizá te aplaudieran». De todos modos, añadió que: «No creo que fuera antisemita. No creo que su intención fuera infundir miedo. Lo que escribió en aquellas notas fue simple y llanamente una estupidez».

Ira Garr, que era judío, sugirió que el doctor Bartha había respondido «a algo que le angustiaba sobre el Gobierno de los Países Bajos», y una vez tuvo a su cliente en el estrado, procuró guiarlo en esta dirección.

—¿Mantuvo alguna conversación con su esposa sobre el antisemitismo histórico de los Países Bajos?

—Sí —dijo Bartha.

—¿En qué consistió esa conversación? ¿Qué le dijo ella a usted? ¿Qué le dijo usted a ella?

—Muchos de sus habitantes eran antisemitas. El marido de la reina era un simpatizante nazi.

—¿Se lo contó su mujer?

—Sí.

Pero cuando Garr le pidió a Cordula que lo confirmara, ella se limitó a decir: «No lo recuerdo». Y a la pregunta de por qué creía que su esposo le había escrito «¡Eres una abusona!», ella respondió: «No sé a qué se refería».

—El doctor Bartha se refería a su empleo de tácticas nazis contra él —dijo Garr—. Usted lo acosaba.

Al no obtener respuesta, prosiguió.

—¿Piensa que al doctor Bartha le preocupa sobremanera contar con dinero suficiente para vivir?

—Pienso que habría dinero suficiente si se organizara de otro modo.

—¿Alguna vez le pidió que trabajara menos?

—Vivo con un hombre con el que es imposible discutir nada.

El tribunal estaba presidido por Joan B. Lobis, la primera jueza de Nueva York abiertamente homosexual. Era una de las fundadoras del Comité por los Derechos de las Lesbianas, Gais, Bisexuales y Personas Transgénero de la Ciudad de Nueva York. Garr habría preferido no tenerla presidiendo el caso por motivos que expuso al doctor Bartha en una carta fechada con anterioridad al juicio, el 12 de agosto de 2002:

> Estimado doctor Bartha.
> Hoy he acudido al tribunal por la vista preliminar del juicio. Es evidente que no queremos a la jueza Lobis al frente del proceso porque ya se ha formado una opinión negativa de usted.

Aunque la jueza Lobis acabaría presidiendo el caso, Ira Garr creía tener bien atado el argumento de que Cordula carecía de base legal para solicitar el divorcio en Nueva

York y que, en consecuencia, no tenía derecho a un reparto equitativo de los bienes del matrimonio. Nueva York no era un estado en el que se aplicara la fórmula del divorcio amistoso.

—Existen una serie de condicionantes para la obtención de un divorcio aquí —explicó Garr—. Uno es el adulterio. El doctor Bartha no se veía con nadie. Otro es el abandono. Él no se marchó. Luego está la crueldad. Los estatutos definen un trato cruel como aquel derivado de una conducta que pone a un individuo en una situación de riesgo o imposibilita la cohabitación. Hablamos de un baremo muy alto. Prácticamente tendrían que apalizarte para poderte acoger a él. Hay dos casos que establecieron jurisprudencia: Hessen y Brandy. Son dos casos seminales de la Corte de Apelaciones que se remontan a la década de los setenta y que fijaron que se requieren pruebas muy sólidas de que ha tenido lugar tal grado de crueldad.

Durante los casi veinticuatro años del matrimonio, jamás había procedido una denuncia a la policía, una orden de alejamiento o informes médicos que apuntaran a abusos físicos. Antes de esa nota en la que se leía «¡Abusona!», fechada en noviembre del año 1998, el doctor Bartha no había incurrido en un comportamiento similar ni una sola vez en los muchos años que llevaba manteniendo una relación sentimental con Cordula, que se remontaba a 1973. Durante su largo matrimonio, ninguno de los cónyuges había padecido una depresión que los invalidara para trabajar o llevar a cabo sus rutinas diarias con eficiencia.

—Cordula sabía cuidar de sí misma —prosiguió Garr—. No se perdía unas vacaciones. Varias veces al año visitaba a su familia en Europa. Tras consultar con un abogado, abandonó el domicilio conyugal y le dejó una carta al doctor Bartha en la que se leía: «Nicholas, está claro que no podemos vivir juntos. Más de dos años sin comunicarnos me parecen suficientes. Te deseo lo mejor en el futuro». Ni una referencia a abuso alguno. Una pura muestra de disgusto.

—¿Alguna vez ha recibido tratamiento por depresión? —le preguntó Garr a Cordula cuando se subió al estrado.

—No.

—¿Jamás entre 1996 y 2001?

—No, por lo general soy una persona alegre.

—Señora Bartha, ¿por qué no acudió a terapia?

—Porque vengo de una familia en la que no se hace. Y por mucho que sea una práctica común en Estados Unidos, uno no acude de inmediato a un psiquiatra. Resuelves el problema como puedes.

Una vez el doctor Bartha se subió al estrado, Garr dirigió su atención hacia la prueba número uno de la acusación: los dibujos de la hoz y el martillo, la esvástica y las palabras: «¡Eres una abusona!».

—¿Qué lo llevó a dejarle todo esto a la señora Bartha? —le preguntó a su cliente.

—Debió producirse algún tipo de discusión y le dije: «Eres una abusona».

—¿Alguna vez se había comportado así con usted?

—Sí.

—¿Dejó este documento con el propósito de impartir un agravio de naturaleza étnica?

—No.

—¿Alguna vez habló sobre este documento con la señora Bartha? ¿Ella se lo mencionó en alguna ocasión?

—Dado que no recuerdo por qué lo puse ahí, lo único que puedo decirle es que con anterioridad había tenido lugar una discusión que probablemente me hiciera sentir herido.

—Voy a mostrarle la prueba número dos de la acusación, un artículo de periódico. Dice en él: «Una embarcación de los Países Bajos que ofrece abortos hará una primera parada en Irlanda». En el reverso indica que pertenece al lunes 11 de junio de 2001..., y en la parte superior parece haber el dibujo de una esvástica.

—¿Dejó este artículo con la intención de que lo leyera la señora Bartha?

—Sí.

—¿Hubo alguna razón que lo impulsara a hacerlo?

—Objeción —interrumpió la abogada de Cordula, Donna Bennick.

Garr prosiguió con su interrogatorio al doctor Bartha.

—Voy a mostrarle la prueba número tres de la acusación. Parece que se ha recortado algo... ¿Esta es su letra? ¿Alguna vez habló con la señora Bartha acerca de estos tres documentos?

—No.

—¿Hablaban con frecuencia?

—Dado que no la veía con frecuencia, no podía hablar con ella con frecuencia.

—Ella ha testificado que la trataba con regularidad de una manera abusiva.

—No.

—¿Alguna vez le pegó?

—No.

—En su demanda alega que la trataba como a una esclava.

—No sé a qué se refiere.

—¿Cómo le hacía sentir cuando discutían?

—Procuraba evitar las discusiones porque interferían con mi trabajo.

—¿De manera que evitaba verla?

—Lo intentaba.

—¿Hay algún motivo que explique por qué no acompañaba con más frecuencia a su esposa e hijas en sus viajes?

—Si no hubiera trabajado, no habríamos tenido dinero —dijo, y después añadió—: No le gustaba a mi suegra.

—La señora Bartha se queja de que hacía cosas en la casa sobre las que no le consultaba.

—A ella no le importaba la casa. Siempre estaba hablando de venderla porque no podíamos permitírnosla. Y más adelante, simplemente, no nos hablábamos.

—¿Quería vender la casa?

—No paraba de insistir.

—¿Alguna vez se tomó una tarde libre del trabajo para poder acompañar a su esposa a su tratamiento contra el cáncer?

—No sé cómo podría haberle sido de utilidad —respondió el doctor Bartha—. Simplemente, no puedo decirles a varios hospitales que no me voy a presentar. Cobraba por días. No tenía contrato. Tampoco seguro médico. No tengo nada.

Ninguna de estas excusas resultó aceptable para Donna Bennick, la abogada de Cordula, pues estaba convencida de que el doctor Bartha era culpable de haber desatendido a su mujer mientras estaba enferma de cáncer. Además, sostenía que las esvásticas mostradas a su esposa, parte de cuya familia era judía, eran prueba de «un trato cruel e inhumano», lo que justificaba la petición de divorcio y su derecho a reclamar la mitad de sus propiedades y otros activos.

«La brutalidad no es necesariamente física», declaró la señora Bennick, rebatiendo el argumento del señor Garr de que Cordula no tenía marcas de golpes y que jamás había contactado con la policía, acudido a terapia o solicitado a su esposo que la acompañara en sus visitas al hospital para recibir tratamiento. No le quedó más remedio que acudir a sus hijas y amigos, prosiguió la señora Bennick, «consciente de que sería inútil» pretender que su marido la ayudara.

Donna Bennick era una mujer feroz, de metro ochenta de estatura y natural de Carolina del Norte, que llevaba veinte años ejerciendo la abogacía en Nueva York, primero como abogada de oficio para la Legal Aid Society y luego como abogada matrimonialista, con un interés especial en mujeres maltratadas, categoría en la que no tenía duda alguna de incluir a Cordula Bartha.

Permanecer casada con un «abusador con un carácter terrible» supuso una «tortura psicológica» para Cordula, declaró la señora Bennick, y añadió que el único motivo que empujaba al doctor Bartha a rechazar el divorcio era «salvarse a sí mismo de las repercusiones financieras que le comportaría». Y prosiguió: «Estoy segura de que no pretende que este tribunal crea, a la luz de las pruebas, que su matrimonio significaba algo para él desde un punto de vista emocional [...] Era simplemente una fuente suplementaria de dinero que necesitaba para ver cumplido su sueño de poder vivir en una casa en el Upper East Side».

Mientras que el señor Garr había sugerido con anterioridad que Cordula buscaba generar una corriente de falsa empatía en la sala presentándose como una víctima del nazismo —«Solo tenía tres años cuando terminó la Segunda Guerra Mundial», afirmó, lo que no era óbice para que «la transcripción esté repleta de referencias a sus experiencias como superviviente del Holocausto, lo que le permitió testificar sobre hechos que le serían imposibles de recordar»—, Donna Bennick replicó: «Se describió a sí misma con toda honestidad como una persona de origen judío, nacida en los Países Bajos en 1942, tres años antes del final de la guerra [...] Ni en una sola ocasión se refirió a sí misma como superviviente del Holocausto, pese a poder considerarse como tal».

Los argumentos, los contraargumentos, las apelaciones y aplazamientos, las negociaciones en torno a la pensión alimenticia, la distribución equitativa de las propiedades y otras cuestiones debatibles se extendieron durante casi cuatro años por los lentos y saturados engranajes del sistema judicial. La resolución final del caso, que tuvo lugar en el año 2005, hizo que Cordula obtuviera todo cuanto había podido desear.

La jueza Lobis le concedió el divorcio del doctor Bartha por «un trato cruel e inhumano». Luego la jueza traspasó las decisiones de carácter financiero a una figura jurídica conocida como «mediador», en este caso representada por Marilyn Dershowitz, cuñada del profesor de Derecho de Harvard Alan Dershowitz. Tras una vista, la señorita Dershowitz dictaminó que, si bien el *brownstone* era una «propiedad separada» del doctor Bartha —es decir, que le pertenecía—, Cordula debía ser retribuida con un millón doscientos mil dólares por sus contribuciones durante el largo matrimonio.

Al doctor Bartha le pareció inaceptable y conminó a su abogado a recurrir al tribunal de apelación para invalidar el fallo de Dershowitz y también la sentencia previa de divorcio de la jueza Lobis. El tribunal de apelación ratificó la sentencia de la jueza Lobis, pero sí que consideró errada la decisión de la señorita Dershowitz, y llegó a una conclusión que sorprendió por completo y resultó devastadora para el doctor Bartha: el *brownstone* —la única propiedad importante del doctor— era «propiedad marital», lo que suponía que su valor debía ser repartido entre el doctor y su exmujer en una futura audiencia.

El señor Garr contactó de inmediato con el doctor Bartha para presentar con urgencia una apelación a la Corte de Apelación, el tribunal de máxima instancia de Nueva York, con la esperanza de corregir lo que a ojos de Garr suponía un ejemplo flagrante de injusticia. Llegados a este punto, sin embargo, el doctor Bartha ya había perdido toda la fe en el sistema y cortó cualquier contacto con su abogado.

Al cabo de unos seis meses, en una nueva vista con la jueza Lobis fijada para decidir el reparto de propiedades entre los excónyuges, y a la que el doctor Bartha se negó a asistir, a Cordula se le concedió la suma de cuatro millones de dólares. A esta cifra se llegó después de que la abogada de Cordula, Donna Bennick, invitara a declarar a un tasador inmobiliario que valoró el *brownstone* en siete millones de dólares. Por tanto, a Cordula se le adeudaban tres millones y medio de dólares. Sin embargo, el tribunal añadió otro medio millón en concepto de compensación suplementaria, que incluía manutención y costes procesales.

El doctor Bartha había dejado de pagarle a su abogado tras el divorcio, lo que supuso que no dispusiera de representación legal para denunciar que el acuerdo era excesivamente gravoso y solicitar su revisión mediante una instancia a la Corte de Apelación. El propio Garr solo tuvo constancia de los cuatro millones de dólares otorgados a Cordula porque Donna Bennick lo llamó para comunicárselo.

—Intenté localizarlo, pero no contestó a mis llamadas ni a la carta que le envié —recordaría Garr—. Por entonces ya no era su abogado, pero aquella no era la mayor de mis preocupaciones. Lo que de verdad me preocupaba era que había un margen de tiempo específico para presentar la apelación. El plazo se estaba agotando. Luego, el tiempo se le acabó. Había agotado todas las vías legales. No tenía más salidas. Fue un combate completamente desparejo. Donna trae a un experto a declarar: «¿Cuánto vale la casa?». «Siete millones». A continuación, sube al estrado a la exmujer. «¿Qué quiere?». «La mitad». «Concedido». El doctor Bartha estaba completamente perdido. En vez de quedarse con su casa, iba a quedarse con menos que nada.

Garr prosiguió:

—Si suponemos que el valor de la casa era de siete millones de dólares, su venta habría implicado una enorme carga fiscal. La familia Bartha la había adquirido por unos cuatrocientos mil dólares en los años ochenta e invertido más de un millón de dólares en renovarla. En consecuencia, la base fiscal habría sido de un millón cuatrocientos mil dólares. Contando con que la comisión de los intermediarios habría sido de un cinco por ciento, es decir, trescientos cincuenta mil dólares, a lo que se sumarían unos gastos de escritura de aproximadamente ciento cincuenta mil dólares, los beneficios brutos de la venta no habrían superado los seis millones y medio de dólares. De todos modos, su venta habría estado sujeta un impuesto de plusvalía tomando como base cinco millones cien mil dólares. Si acordamos una tasa impositiva federal y estatal combinada del treinta por ciento, la carga fiscal habría sido de un millón y medio de dólares, lo cual habría dejado los beneficios netos en cinco millones de dólares.

Garr recordó que el doctor Bartha «solo poseía tres cuartas partes de la casa», pues al morir su madre en 1997 —hasta ese momento ella y su hijo habían sido copropietarios—, el testamento reveló que le había concedido la mitad de esta a su hijo y que había decidido repartir la otra a partes iguales entre sus dos nietas, Serena y Johanna. De este modo, el doctor Bartha recibiría tres millones setecientos cincuenta mil dólares y las chicas se dividirían un millón dos cientos cincuenta mil dólares.

—Al no haber sido informado de la parte proporcional de la casa que correspondía al doctor Bartha ni de las repercusiones fiscales de su venta, el tribunal concedió a Cordula lo que había solicitado. La cuestión de fondo es que la incapacidad del doctor Bartha a la hora de gestionar la situación lo llevaba a tener que abonar a su esposa cuatro millones de dólares cuando, de hecho, no habría obtenido más de tres millones setecientos cincuenta mil dólares en caso de vender la casa. Simple y llanamente, ella habría recibido más del cien por cien de los beneficios netos de la venta de la propiedad separada de él. Todo apunta a que fue más de lo que pudo soportar.

El señor Garr calificó la situación del doctor Bartha como «el caso más triste» en sus casi treinta años como abogado.

Tenemos a clientes que se dan aires de suficiencia, ya sabe. Nos viene un tipo de Wall Street, gana un montón de dinero, se cree más listo que nadie, a veces no sigue tus consejos... De acuerdo, no voy a hacerle caso. De acuerdo, entiendo lo que dice. En ocasiones representas a una mujer rica del Upper East Side, que está casada con alguien con varios cientos de millones en el banco y que por eso se cree con ciertos derechos. El doctor Bartha, sin embargo, no tenía nada que ver con estos perfiles. Cero ostentación.

Siempre que lo vi vestía de un modo informal, al contrario que tantos de nuestros clientes, con su ropa de diseño. Lucía pantalones caquis, una camisa sencilla, quizá una chaqueta. Por sistema les pido a mis clientes que se presenten en el tribunal con traje y corbata, y a ellas que lleven una falda discreta y pocas joyas. Pero el doctor Bartha no se puso una corbata en las sesiones frente a la jueza Lobis. Sí una chaqueta, pero no una corbata. No tenía intención alguna de vestirse bien en señal de respeto hacia alguien en quien había perdido toda la confianza.

»Era un hombre corpulento y de trato brusco —prosiguió el señor Garr—, pero no recuerdo una sola de nuestras conversaciones en las que alzara la voz o usara lenguaje malsonante. Se trataba de un hombre solitario, distante, casi inaccesible. Imagino que esto explica en parte por qué siempre lo llamaba «doctor Bartha» y él a mí «señor Garr». Mis clientes suelen dirigirse a mí como «Ira». Acostumbro a mostrarme relajado con ellos, nos tuteamos, algunos de ellos se convierten en buenos amigos con los que hablo de muchas cosas: libros, películas, obras de teatro, "¿qué te pareció Kevin Kline en *Present Laughter*?"... Pero el doctor Bartha jamás me habló de otro tema que no fuera su caso y el modo en que el sistema judicial lo estaba aplastando, y no le faltaba razón. Le falló.

»Pero los jueces cometen errores. Fue una equivocación. Creo que le podría hablar del caso a cualquier abogado competente de hoy en día y cualquiera me diría: "Se trataba de una propiedad separada. ¿Cómo pudo ocurrir?". Me habría gustado seguir con el caso. Si el doctor Bartha se hubiera vuelto a poner en contacto conmigo, le habría dicho: "Vamos a apelar. Esto no es correcto desde un punto de vista legal". También le habría advertido que no existían garantías. Nunca sabes si vas a gustarle al juez o si te va a creer. Y no hay garantía de que la Corte de Apelaciones, que se enfrenta a treinta casos cada semana, vaya a disponer de tiempo suficiente para valorar el tuyo con el debido detenimiento.

»Sin embargo, tal y como ya he señalado, el doctor Bartha se había rendido. Básicamente vino a decir: "El sistema está podrido, es lo mismo que ocurrió en Rumanía con los comunistas, y la jueza neoyorquina es una lesbiana que ha tomado partido por Cordula y Donna Bennick, tengo a las tres en contra" —remató Garr.

Un año después, el doctor Bartha se llevó estos sentimientos a la tumba y quedaron reflejados en las últimas reflexiones halladas en su ordenador.

La jueza Lobis decidió echarme de la casa que mi madre, mi padre y yo habíamos comprado y en la que habíamos trabajado. Mis padres y yo perdimos por segunda vez [...]

Cordula aseguró sentirse disgustada con la esvástica de la cocina en los artículos de *The New York Times*, dirigida a los extremistas de los Países Bajos [...] Desconozco los motivos por los que los extremistas de los Países Bajos tienen que exportar sus costumbres sociales a otro país [...] De acuerdo con la jueza Lobis, aquella esvástica estaba ahí para disgustar a Cordula, no para mostrar cómo piensan algunos grupos en los Países Bajos —un grupo que exporta abortos, otro grupo que importa menores para explotarlos sexualmente.

Sobreviví a Adolf y a la Guardia de Hierro..., pero así es como [la jueza Lobis] trata a un señor mayor que es judío en un doce y medio a un veinticinco por ciento [...] Creo ser merecedor de un ataúd de siete millones de dólares en el que ser cremado. Trabajé más de sesenta y cinco años para poder permitírmelo.

Fascismo = Comunismo = Políticamente correcto

Capítulo treinta y uno

Durante el último año de su vida, el doctor Bartha continuaría intercambiando algunas palabras con su vecino, Brian Sugrue, siempre que se cruzaban en los escalones de entrada al *brownstone*, donde el segundo fumaba aprovechando los descansos.

A ojos de Sugrue, el ya de por sí corpulento doctor Bartha había ganado volumen últimamente, y quizá superase los ciento treinta kilos. No solo se movía con lentitud y debía parar con frecuencia mientas bajaba los escalones agarrado a la barandilla, sino que había empezado a bajar de espaldas.

Una oscura y fría tarde en febrero de 2006, el doctor Bartha se detuvo un momento al llegar a la acera, se dio la vuelta hacia Sugrue y le dijo en un tono despreocupado: «¿Sabías que febrero es el mes predilecto entre los suicidas? —Luego hizo otra pausa y le lanzó una nueva pregunta—: ¿Sabes por qué motivo?».

—No —contestó Sugrue.

—Por la falta de vitamina D. Por la falta de sol —respondió el doctor Bartha.

Sin esperar la reacción de Sugrue, el doctor Bartha se dio la vuelta y comenzó a andar fatigosamente hacia donde tenía aparcado su coche. Sugrue no le dio más vueltas al extraño comentario hasta cinco meses después.

Resulta bastante probable que Bartha ya hubiera pensado en llevar a cabo su plan en febrero o incluso con anterioridad. El doctor Paul Mantia recordaba haber entrado una mañana en su consulta del *brownstone* y percatarse de que todos sus diplomas médicos enmarcados habían sido descolgados de las paredes. Cuando fue a la consulta de Bartha, en la habitación de al lado, a pedirle explicaciones, este al principio guardó silencio. Acto seguido, se llevó una mano al bolsillo interior de su chaqueta con mucha calma y extrajo las llaves de su coche, que procedió a entregarle a Mantia.

—Los encontrarás en el asiento trasero de mi coche —le dijo Bartha.

—¿Qué hacen mis cosas en el asiento trasero de tu coche?

—No preguntes —le dijo Bartha.

Mantia estaba perplejo. Se quedó mirando a Bartha unos segundos, a la espera de recibir una explicación. Bartha se mantuvo incólume y en silencio, de modo que Mantia agarró las llaves y salió a la calle a peinar los lugares de estacionamiento predilectos de Bartha en el barrio. A una manzana o dos, divisó el Toyota Echo, sacó los diplomas y regresó a su consulta para colgarlos de nuevo de los ganchos que seguían en su sitio. A continuación, se puso la bata blanca y se sentó detrás de su escritorio, listo para que la recepcionista, Ileana Cora, hiciera entrar a su primer paciente.

En la oficina delantera, Bartha estaba sentado frente a su ordenador. Lucía traje y corbata, algo que solo hacía aquí, en ningún otro sitio. Tener una consulta privada en su domicilio le suponía una experiencia digna de celebrarse y que lo llenaba de orgullo. Al contrario que en las salas de emergencias, aquí se atendía exclusivamente con cita.

Al comprar las primeras batas blancas para el doctor Mantia y él mismo, pidió que cosieran sus nombres en letras rojas en la pechera. Normalmente de temperamento taciturno, cuando no obstinado, hacía un esfuerzo por recibir a sus pacientes con una sonrisa, después de haber sido atendidos por la afable señorita Cora, cuya habilidad especial consistía en gestionar la consulta de un modo que complaciera al mismo tiempo al doctor Bartha y al resto de la gente, un logro al que sin duda había ayudado la reciente partida de los no siempre felices inquilinos que habían estado alquilando un espacio en la parte trasera.

Durante casi cuatro años, empezando en el 2002, un par de periodoncistas —los doctores Alen Winter y Alan Pollack, acompañados de un higienista— habían alquilado una zona en la parte trasera, donde habían instalado un escáner para hacer implantes dentales. Debido a las radiaciones que emitía, sus pacientes debían esperar en la salita delantera, junto a los de Bartha y Mantia, lo que no suponía un problema siempre que hubiera sillas suficientes. En caso contrario, el doctor Bartha con frecuencia expresaba su disconformidad entre murmullos.

El doctor Bartha y el doctor Winter solían chocar respecto a la temperatura a la que debía estar el aire acondicionado. Incluso en los días calurosos, el primero insistía en mantener el aparato a un nivel de consumo energético bajo, al tiempo que deseaba mantener la atmósfera de la consulta libre de efluvios de perfume por la fuerte alergia a las fragancias que hacía poco había desarrollado. La señorita Cora ya había advertido a los pacientes de ello, pero al parecer el doctor Winter no había sido informado. En cualquier caso, fue un motivo más de los muchos que llevaron a él y a su compañero a abandonar el lugar en junio de 2006.

—Era una persona extremadamente difícil —aseguró el doctor Winter—. A veces también se comportaba de un modo irracional. En ocasiones soltaba: «¡No quiero verte más por aquí!», hasta que llegó un momento en que nos dijimos: «No, ya no podemos aguantarlo más». Sospecho que, si llegabas a conocerlo, escondía algo de sentido del humor... Cuando Mantia estaba en la consulta, veías cómo se animaba. Apreciaba mucho a Mantia..., pero las cosas debían hacerse siempre a su manera.

A estas alturas, Bartha llevaba tres años viviendo solo en el *brownstone*. Llevaba una vida frugal, cocinando con el microondas y un hornillo. El inquilino que en 2001 había alquilado por un año el apartamento de sus padres lo había abandonado y nadie lo había ocupado de nuevo.

Probablemente al doctor Bartha ya le fuera bien la situación, pues su falta de entusiasmo hacia los inquilinos quedó reflejada, unos años antes, en una lista de condiciones que presentó a un agente inmobiliario: nada de mascotas, nada de poner música, nada de fumar en el interior, nada de mover los muebles.

Pese a su soledad, no era inmune a las interferencias del mundo exterior. Con escaso éxito, cerraba las ventanas delanteras en un intento por evitar que se filtrara el humo procedente de la parrilla que encendían unos vendedores callejeros desde su enorme carrito ubicado en la calle Dos con Madison Avenue. Tampoco salía a la terraza porque daba a los hornos de carbón para pizzas dispuestos en el comedor exterior de la parte trasera del restaurante Serafina, ubicado en la calle Sesenta y uno Este. En su ordenador dejó escrito que:

> El alcalde Michael Bloomberg es un cliente del Serafina.
>
> Cada vez que se come una pizza ahí, está dificultándole la respiración a las personas con problemas pulmonares. Los hornos de carbón para pizzas llevan décadas prohibidos en Roma, Italia, pero los restaurantes de Nueva York no dejan de construirlos.

Justo delante de su casa, el doctor Bartha observaba con desagrado la sede central del multimillonario hombre de negocios e inversor Ronald Perelman. En la misma manzana en la que su madre se había visto forzada a cerrar su salón de belleza por violar presuntamente alguna ordenanza municipal, el señor Perelman dirigía su imperio comercial.

La Fleming School [35 Este de la calle Sesenta y dos] fue adquirida por el señor Ronald Perelman y ahora la ocupan oficinas de Revlon. En el 37 Este de la Sesenta y dos hay otro edificio de oficinas [...] La Sesenta y dos Este es una calle residencial y una zona de uso público. No es para gente con conexiones.

A última hora de la tarde del viernes 7 de julio de 2006, mientras el doctor Bartha trabajaba en el Mount Vernon Hospital, en Weschester County, un mensajero se presentó en la consulta del *brownstone* y entregó un sobre en mano a la recepcionista, Ileana Cora. Provenía del Departamento de Justicia de la Ciudad de Nueva York y contenía una última notificación de deshaucio para el doctor Bartha. La señorita Cora la dejó encima de su mesa y al cabo de un rato se marchó para disfrutar del fin de semana.

En aquel momento, el doctor Mantia se encontraba de vacaciones en Canadá con su esposa y su hijo de nueve años. Planeaba estar de regreso en la oficina a las nueve de la mañana del lunes siguiente, 10 de julio. Sin embargo, menos de una hora antes de que entrara en consulta, el doctor Batha se dedicaba a polucionar el lugar con emisiones de gas que había conseguido desviar desde una cañería del sótano.

El doctor Bartha se encontraba solo en el edificio cuando lo hizo volar por los aires. Para evitar que nadie entrara, se había situado tras el ventanal que daba a la calle, en la recepción de su consulta, a la que se accedía desde el exterior. Tras leer la notificación de desahucio del Departamento de Justicia, había contactado con la señorita Cora para que cancelara todas las citas del día. No cabe duda de que había planeado morir a primera hora de la mañana en aquel *brownstone* que quería más que a su propia vida.

Antes del amanecer, ya había enviado una nota de suicidio, redactada con anterioridad en su ordenador, a un selecto círculo de personas. Cabe imaginar que nadie la había leído aún, pues Bartha aguardaba de pie tras el ventanal de su consulta, observando la calle y sin tener idea de cuánto tardaría el gas en expandirse por el interior de la casa y conseguir lo que pretendía.

Poco después de las seis y media, el gas ya fluía con fuerza suficiente para haber penetrado en el sótano y el piso principal del edificio vecino, el Links Club, una estructura clásica de ladrillo de cinco plantas en el número 36 Este de la calle Sesenta y dos, ubicada al este de la propiedad de Bartha. El primero en oler el gas fue Jack Vergara, un camarero de cuarenta años y natural de Ecuador, que se encontraba ayudando a preparar los desayunos que se servirían a los miembros del club a partir de las siete y media.

Esa mañana, a las cinco y media, el señor Vergara se había subido al metro en la estación de Grant Avenue, cerca de su domicilio en Maspeth, Queens, y después de bajarse en la calle Cincuenta y nueve con la Quinta Avenida, tras un trayecto de cuarenta minutos, recorrió apresuradamente tres manzanas en sentido norte, giró a la derecha para cruzar Madison Avenue y enseguida pasó por debajo de la marquesina verde de la cooperativa Cumberland House, un edificio de dieciséis plantas ubicado en el 30 Este de la calle Sesenta y dos.

Unos pasos más adelante, en la misma calzada, había un acceso de tres metros de ancho que descendía hacia el aparcamiento subterráneo de la Cumberland House y que colindaba con la pared del lado oeste del *brownstone* de Bartha. Al dejar atrás el *brownstone* y dirigirse hacia la entrada del Links Club, Vergara bien pudo estar entre las últimas personas a las que vio el doctor antes de morir.

Una vez dentro del vestíbulo del Links Club, poco antes de las seis y media, Vergara saludó al vigilante nocturno y le dijo: «Huele a gas». El vigilante sacudió la cabeza en señal de que él no olía nada. Vergara apretó el paso y subió las escaleras a toda prisa hasta desembocar en la cocina, situada en la cuarta planta.

Sospechaba que alguien del equipo podía haber cometido la imprudencia de dejarse el horno encendido toda la noche, y aunque se acabó demostrando que este no era el caso, de inmediato se puso en contacto con la compañía del gas para solicitar una revisión urgente de las instalaciones.

Al cabo de unos veinte minutos, se personaron dos inspectores, junto con miembros del Departamento de Bomberos, y si bien los aparatos detectaron la presencia de gas, no fueron capaces de rastrear su origen. Mientras los trabajadores de la cocina se encontraban abajo, preparando las mesas en el comedor de la tercera planta, Vergara le dijo al cocinero: «Hoy solo serviremos un desayuno frío». Esto significaba que habría zumos, fruta, cereales, bollería y café caliente preparado con la cafetera eléctrica, pero nada de jamón, huevos, tortitas ni cualquier otra cosa que requiriera de gas para su elaboración.

—El chef se enfadará cuando llegue y vea que no tenemos listo el beicon —objetó el cocinero, añadiendo que probablemente los miembros del club también mostrarían su disconformidad.

—Hoy solo desayunos fríos —insistió Vergara. No era más que un camarero, pero en ausencia de su jefe, el gerente, impuso el estatus que le concedía su veteranía. Llevaba casi veinte años trabajando en el Links Club. De modo que aquella mañana solo se sirvió un desayuno frío. Vergara en persona explicó la situación a cada uno de los miembros a medida que fueron entrando, y no hubo quejas.

Fue hacia el final del turno de desayunos, en torno a las ocho y media, cuando Vergara percibió lo que más tarde describiría como un «gran temblor», un ruido fuerte acompañado de una vibración dentro de su cuerpo, que en un primer momento atribuyó a la colisión de un camión de la basura en la calle o quizá a un aparatoso fallo del motor de este.

De todos modos, se acercó al ventanal de la cuarta planta, que ofrecía una panorámica de la calle que daba acceso al club, y no vio nada extraño. A continuación, bajó a echar un vistazo desde una ventana lateral de la tercera planta y se topó con grandes nubes de polvo negro elevándose hacia el cielo, y enseguida advirtió, sin poder dar crédito, que el viejo *brownstone*, aquella estampa tan familiar con la que colindaban y que llevaba ahí desde 1881, se había esfumado.

Derrumbado por efecto de la explosión, su forma y su tamaño desmantelados, el edificio se había vaporizado en lo que parecía un espejismo de caos a base de capas y más capas, una acumulación salvaje de plantas desmoronadas que cubrían la totalidad de la acera y la esquina, un amontonamiento ascendente de restos carbonizados y astillados que antaño habían conformado los componentes hogareños y los artículos personales del doctor Bartha: libros quemados, ordenadores aplastados, fragmentos diminutos de calzado, ropa y gafas, su cama, microondas, utensilios de cocina, baldosas del baño, moqueta, barandillas, pedazos de la medio intacta escalinata de piedra de la entrada, los destrozados pilares rematados por pináculos en forma de globo, la descoyuntada y retorcida puerta de hierro forjado de estilo francés —sobre la que Christopher Gray, de *The New York Times*, escribió que «se tambaleaba como un borracho al final de la escalinata de la entrada»—. También se esparcían fragmentos de los secadores que la difunta madre del doctor Bartha había utilizado durante la fugaz existencia de su salón de belleza y que su hijo había conservado en la parte trasera de su consulta. Y entremezclados en las pilas de astillas de madera, quizá se hallaran fragmentos de los revestimientos de La Habitación, lugar de encuentro de aquel elitista grupo de aficionados al espionaje que presidió Vincent Astor. Y entre los numerosos marcos de ventanas, ya sin cristales que proteger y dispersos por aquí y por allá, se contaba aquel tras el cual se había colocado el doctor Bartha, instantes antes de que su cuerpo se viera sepultado por la avalancha.

Absolutamente inconsciente de la calamidad —que acabaría arrojando un balance de diez bomberos y cinco transeúntes heridos, al tiempo que causaría daños en el interior de trece de los ochenta y cuatro apartamentos que conformaban la Cumberland House—, Eric Gleacher, un financiero y miembro del Links, de sesenta y seis años, estaba concentrado en enjabonarse bajo una de las duchas para socios de las que disponía el club en la cuarta planta, justo en el momento en que la casa de Bartha se derrumbaba. Gleacher se alojaba en el Links porque atravesaba un proceso de divorcio y todavía no estaba aún listo su nuevo apartamento.

—Las dos habitaciones del Links acondicionadas para pernoctar llevan muchos años sin ser renovadas —contó el señor Gleacher—. Parecen salidas de los años sesenta y transmiten esa elegancia WASP* de la vieja escuela. La buena noticia es que la presión del agua es estupenda. Mis duchas matutinas me llevan mi tiempo porque aprovecho para afeitarme. Mientras me afeitaba, oí un ruido fuerte. Sonó como la explosión de una caldera. No me preocupó porque no fue tan escandaloso y yo había recibido formación en artillería explosiva durante mis años de servicio en la Segunda División de la Marina en Camp Lejeune, Carolina del Norte, en los años sesenta. Sé cómo suena un explosivo plástico C-4, y también la dinamita y las granadas de mano. Aquel ruido estaba lejos de parecerse a la percusión de este tipo de explosivos.

»Miré por la ventana del baño y vi una furgoneta banca y sin distintivos aparcada en medio de la calle Sesenta y dos, justo enfrente de la oficina de Ronald Perelman. Distinguí escombros en la calle y a una mujer tumbada en la acera, en la esquina noreste de Madison con la Sesenta y dos.

---

* «Blanco, anglosajón, protestante» en inglés. *(N. del T.)*.

»Mi primera reacción fue pensar que alguien había intentado hacer volar por los aires la oficina de Perelman —dijo refiriéndose al frecuentemente combativo magnate, al tiempo que cuatro veces divorciado—. Ronald era un cliente y amigo con el que había trabajado en numerosas ocasiones. Lo había ayudado a adquirir Revlon en los años ochenta y lo conocía bien. Era profundamente honesto y un negociador duro de pelar, de modo que se había granjeado numerosos enemigos a los que nada les habría gustado más que darle una lección.

»Me vestí con rapidez y abrí la puerta de mi habitación. Para mi sorpresa, me encontré con un bombero de Nueva York, hacha en ristre. Me conminó a dirigirme a toda prisa hacia las escaleras y evacuar el edificio. En la zona, junto a la entrada principal, había cristales rotos y el conserje sangraba a resultas de los cortes. Me abrí camino entre los escombros y crucé al lado norte de la calle Sesenta y dos.

»Enseguida vi las llamas, que tenían un aspecto voraz y trepaban por todo lo alto del muro cortafuegos del Links, lamiendo el tejado una vez alcanzada la cima. Di por sentado que todo el edificio iba a acabar consumido por el fuego. Sin embargo, al cabo de pocos segundos, el Departamento de Bomberos de Nueva York demostró de lo que era capaz. Encendieron sus mangueras y rociaron de agua el lateral del edificio. Apagaron las llamas con una rapidez asombrosa —concluyó Gleacher.

Ronald Perelman estaba ausente de su oficina en el momento del incidente, pero su secretaria, que sí se encontraba en su mesa, contó que el impacto la tiró de la silla y que el sonido de la explosión la transportó a los años en que había vivido en Israel, trabajando en la oficina del alcalde de Tel Aviv. Otra empleada de Perelman, una californiana llamada Ashley Stackowski, primero creyó encontrarse en medio de un terremoto. Consiguió hacer una foto de los daños que se habían producido al otro lado de la calle, la cual acabó en la portada de la edición del *New York Daily* del día siguiente —con su correspondiente autoría.

A lo largo de toda la tarde, los helicópteros de las cadenas televisivas sobrevolaron el vecindario, y aunque la Casa Blanca descartó que el estallido fuera un acto terrorista, la notoriedad del doctor Bartha no tardó en propagarse por el mundo gracias a la televisión y los periódicos. Algunos titulares lo bautizaron como «Doctor Bum». En Camp Fallujah, al oeste de Bagdad, un teniente de la Marina llamado Renny McPherson vio imágenes del *brownstone* ardiendo en la televisión de la cantina de la base militar. De inmediato envió un correo electrónico a sus padres —que residían en la calle Sesenta y dos con Park Avenue, a lo que se sumaba el que su padre fuera miembro del club Links— para preguntarles: «¿Estáis bien?».

Cuando el doctor Paul Mantia llegó al edificio, rodeado de vehículos policiales y de camiones de bomberos, le alivió enterarse de que la señorita Cora no se encontraba dentro en el momento de los hechos. Aunque su consulta yacía enterrada bajo capas de escombros, por fortuna había realizado duplicados de sus diplomas, que guardaba en su domicilio. En el ordenador de su casa le esperaba también el correo electrónico que el doctor Bartha le había enviado una o dos horas antes de la explosión.

Paul, lo siento, pero la situación se me ha vuelto insostenible. Me alegra que superaras las pruebas de aptitud de la junta médica. Esto me ha facilitado dar el paso. Confío en que hayas disfrutado de las vacaciones.

El doctor Bartha también le había enviado dos correos electrónicos a su exesposa. En uno de ellos escribió:

Cordula, seguir con vida ya no tiene ningún sentido para mí. El trabajo descrito con anterioridad es un

285

puro castigo. Perderé mi consulta. Enfermar, incluso en condiciones óptimas, no es fácil. Hacerlo solo es ciertamente terrible.

El otro correo electrónico decía así:

Cuando leas estas líneas, tu vida habrá cambiado para siempre. Te lo mereces. Pasarás de ser una cazafortunas a una cazacenizas y una cazabasura.

Después de que los bomberos rescataran el cuerpo inconsciente del doctor Bartha de entre los escombros, fue llevado sin demora a la sala de emergencias del hospital Presbiteriano de Nueva York. Sufría quemaduras de segundo y tercer grado en casi la mitad del cuerpo, y durante su estancia en el hospital, fue incapaz de hablar o comunicarse de ningún modo. Murió allí el 15 de julio, a los cinco días de ingresar. A la semana siguiente fue enterrado en Queens.

«Fue una ceremonia íntima, solo para la familia», dijo el encargado de la funeraria, lo que significa que no fue invitado ninguno de sus amigos cercanos (como los doctores Mantia y Nazario y el informático Alex Justo). Cordula sí que hizo acto de presencia en el camposanto y depositó unas rosas de pitiminí blancas sobre la lápida, aunque el sepulturero del cementerio Cypress Hills declaró al *New York Daily News*: «No hubo lágrimas. No hubo grandes muestras de dolor [...] Un cura leyó una oración corta sacada de la Biblia y luego bajamos el ataúd blanco».

Después del funeral, Cordula —que más adelante se compraría un apartamento a las afueras de Manhattan— se negó a conceder entrevistas, una decisión de la que ya no se apartaría. Si alguien intentaba ponerse en contacto con ella o con sus hijas, recibiría noticias de sus representantes legales y sería amenazado con posibles demandas por atentar contra la intimidad de la familia.

Si bien el doctor Bartha no dejó testamento, sus hijas —dueñas ya de una cuarta parte de la propiedad— heredaron el setenta y cinco por ciento restante, junto con una serie de deudas póstumas, entre las que se contaban cinco mil dólares en facturas médicas, cinco mil trescientos setenta dólares por el funeral en Queens y los doscientos treinta mil dólares reclamados por la ciudad de Nueva York en concepto de limpieza y retirada de escombros.

Los herederos también fueron objeto de varias demandas para cubrir los daños a la propiedad del club Links y la cooperativa Cumberland House, así como los daños infligidos a particulares como Jennifer Panicali, una joven de veintidós años que necesitó pasar por el quirófano a causa de los impactos de cristal y astillas recibidos mientras caminaba por la calle Sesenta y dos en dirección a su trabajo en el Departamento de Parques y Jardines.

Incluso la secretaria del doctor Bartha, Ileana Cora, presentó una demanda por daños no especificados a resultas de «la angustia emocional y mental» que padeció al acercarse al edificio —«llave en mano»— en el momento en que se derrumbó. No había sufrido daños físicos, explicó su abogado, pero se sentía ultrajada por el hecho de que el doctor le hubiera pedido cancelar todas sus citas para el lunes 10 de julio, «pero no la hubiera advertido de que no debía acudir al trabajo».

Entre el resto de las demandas que fueron de dominio público estuvo la recibida por Associated Press, a quien una de las abogadas de Cordula Hahn, Polly Passonneau, recriminó que en una de sus piezas tildara a su clienta de «cazafortunas», un término ampliamente usado por los medios de comunicación, entre ellos *The New York Times*.

Un artículo del *New York Post* también se hizo eco de una demanda por homicidio imprudente, presentada por el hijo y la hija de una mujer fallecida a resultas de una sobredosis de medicación, administrada en el Lutheran Medical Center en 1999. El nombre del doctor Bartha se citaba entre los implicados en el caso, que acabó con un acuerdo por el que el hospital desembolsó cincuenta mil dólares a cada uno de los familiares, si bien el artículo añadía que «no estaba claro quién administró la dosis».

La deuda más cuantiosa sobre los hombros de los herederos fue aquella que llevó al doctor Bartha a quitarse la vida para no tener que afrontarla: la suma de cuatro millones de dólares que los tribunales habían concedido a Cordula en la sentencia de divorcio.

Por descontado, no habría ningún dinero disponible hasta que alguien comprara la parcela, la cual, de hecho, tenía ahora más valor pues el doctor Bartha había transformado su *brownstone* en ciento ochenta y cinco metros cuadrados de terreno edificable. De no haberlo hecho desaparecer, su adorado edificio de ciento veinticuatro años de antigüedad podría haberse vendido por unos siete millones de dólares, cifra que había estimado el tasador de la empresa inmobiliaria durante el proceso de divorcio.

Sin embargo, un solar vacío suponía una oportunidad de negocio potencialmente mucho más lucrativa para una promotora inmobiliaria. Ciertamente, un año después de la explosión, una promotora creativa y ambiciosa le compró el solar a Serena Bartha, la albacea, por ocho millones trescientos mil dólares, y anunció su intención de construir una casa de lujo de cinco plantas que en unos años saldría al mercado a un precio de entre treinta y cuarenta millones de dólares.

La nueva propietaria del inmueble del 34 Este de la calle Sesenta y dos era una ciudadana rusa, glamurosa, rubia y de cuarenta años llamada Janna Bullock.

Capítulo treinta y dos

Dejando atrás un matrimonio infeliz y una hija que quedó temporalmente al cuidado de su madre en San Petersburgo, la señorita Bullock —cuyo apellido de casada en Rusia había sido Boulakh— llegó a Nueva York a principios de la década de los noventa y se instaló en el área de Brighton Beach, en Brooklyn, zona conocida por acoger a un gran número de rusoparlantes. Allí tuvo diversos trabajos, entre ellos uno de dependienta en una charcutería y otro de niñera en la casa de un judío ortodoxo que tenía tres hijos y una esposa ingresada en un centro psiquiátrico.

Más adelante, la señorita Bullock fue contratada como asistente legal e intérprete por una firma de abogados de Brooklyn especializada en temas de inmigración, entre cuyos clientes estaba un economista ruso que en el año 2000 se convertiría en director financiero de la región que rodeaba a Moscú. Un hombre alto, cortés, con gafas y en la treintena llamado Alexéi Kuznetsov.

Cuando el señor Kuznetsov anunció su visita a Nueva York por negocios, los jefes de la señorita Bullock la enviaron a recibirlo al aeropuerto JFK. Este encuentro derivó en una relación sentimental que acabó en matrimonio, y en cuestión de pocos años, ella se hallaba al frente de una empresa inmobiliaria con oficinas en Moscú y Nueva York, cuyo valor estimado llegó a alcanzar los dos millones de dólares.

Un artículo de *The New York Times* señaló que la fortuna de la señorita Bullock comenzó a dispararse en el año 2003, después de que empezara a «adquirir vastas extensiones de terreno en los alrededores de Moscú en las que edificar centros comerciales y bloques de viviendas, y con el tiempo formó una sociedad gestionada por el departamento de su marido».

En el año 2005, informó *The New York Times*, comenzó a comprar, renovar y revender casas del Upper East Side, obteniendo pingües beneficios, una práctica conocida en el sector como «voltear». Un buen ejemplo fue una casa en el 54 Este de la calle Sesenta y cuatro, que había sido la sede del periódico semanal *New York Observer*. La señorita Bullock compró el edificio por nueve millones quinientos mil dólares en enero de 2005, y después de gastar alrededor de un millón de dólares en renovarlo, lo revendió once meses después por dieciocho millones setecientos cincuenta mil dólares.

Poco después de comprar la propiedad de Bartha, la señorita Bullock anunció que la nueva casa dispondría de una fachada de piedra caliza y cristal, un sistema geotérmico de refrigeración y calefacción, un jardín en la azotea rodeado por una cerca de bambú, una cascada en el patio y una piscina en el sótano de tres metros y medio por once. A esto se añadiría un ascensor enteramente de cristal, cuatro dormitorios, un comedor elegante, una antecocina, una bodega y un spa con sauna.

Quizá con la idea de congraciarse con sus vecinos del Links Club, el arquitecto de la señorita Bullock diseñó la casa con un acceso empotrado, de modo que se retiraría un metro y medio respecto a la linde de la propiedad, al tiempo que la quinta planta del nuevo edificio retrocedería dos metros y medio con la intención de no interferir con la buhardilla del club.

De todos modos, el presidente del Links, el señor Pyne, no quedó impresionado con los planes propuestos por la señorita Bullock. «Su diseño no guarda relación alguna con ninguno de los otros edificios de la manzana», dijo, recordando que el inmueble se encontraba dentro de los límites del Distrito Histórico del Upper East Side. Los miembros de la junta correspondiente respaldaron su postura al firmar —tras una votación que se saldó con veintisiete votos a favor y cinco en contra— una declaración que sostenía que el diseño «no era conforme» al barrio. El señor Pyne añadió que la fachada en piedra caliza de la casa resultaba «discordante y dominante» al lado de la construcción en ladrillo rojo que acogía al club Links desde hacía noventa y un años.

De todas maneras, la señorita Bullock continuó difundiendo las bondades de su proyecto de casa a base de publicar ilustraciones de este en los folletos inmobiliarios de Sotheby's y promocionándolo en las numerosas entrevistas que ofreció. Cuando un reportero de *The New York Times* le preguntó si comprar la antigua propiedad del doctor Bartha le había acarreado «un problema de imagen», ella contestó: «No quiero que se asocie con la tragedia. Para mí no es más que un solar vacío». A lo que su agente inmobiliario añadió: «Nuestra memoria funciona a corto plazo. Cada día ocurren cosas en Nueva York. ¿Con qué frecuencia tiene uno la oportunidad de hacerse con una casa de obra nueva en pleno Upper East Side?».

Una mañana, la señorita Bullock salió de su limusina con chófer en la equina del 34 Este de la calle Sesenta y dos, cruzó por delante de una verja con una cadena y accedió al solar vacío vestida con un traje de Valentino, un collar de perlas y unos zapatos negros de tacón bajo. Acto seguido, se sentó con las piernas cruzadas y las manos en el regazo en una silla huevo diseñada por Arne Jacobsen, previamente colocada ahí por su publicista y cuya base de aluminio en forma de cuatro puntas se hincaba en un pedazo de tierra que no quedaba muy lejos de la pared oeste del Links Club. Rodeada de maleza, guijarros, montoncitos de arena y unas cuantas pisadas y deposiciones de roedores, la señorita Bullock posó para el fotógrafo de *The New York Times* y habló con un reportero, cómodamente reclinada dentro de una parcela de seis metros por treinta que llevaba más de un siglo sin exponerse a la luz del sol.

El artículo de *The New York Times* describió su aspecto como el propio de «un miembro de la alta sociedad o de una heredera», y añadió que «se muestra ubicua en los círculos sociales». Un artículo posterior en el mismo periódico apuntaba: «Se la ve en la gala primaveral del American Ballet Theatre luciendo un vestido negro; en la fiesta de primavera del Society of Memorial Sloan Kettering Cancer Center, con un vestido blanco; en una gala en el Guggenheim, con un vestido azul».

También se hizo referencia a que en una ocasión había conducido una moto desde San Petersburgo a Moscú, acompañada de los actores Jeremy Irons y Dennis Hopper, así como del antiguo director de la Solomon R. Guggenheim Foundation, Thomas Kerns. Ella misma había formado parte de la junta del Guggenheim en el año 2007, y se informó de que poseía una exclusiva colección de pintura y escultura contemporáneas, y de obras de arte rusas de finales del siglo XIX. Además de domicilios y propiedades en Rusia, Manhattan y los Hamptons, se decía que era dueña de un apartamento en París y una propiedad en Suiza, un yate y un hotel en el resort de esquí de Courchevel, en los Alpes franceses.

Sin embargo, su suerte comenzó a truncarse desde el momento en que Alexéi Kuznetsov, con quien había tenido su segunda hija, dimitió de su cargo gubernamental en 2008 y se apresuró a buscar refugio en Francia. A todo esto, de acuerdo con la prensa, un socio de su marido en Rusia fue acusado de participar en una tentativa de asesinato por encargo.

Al cabo de un tiempo, Kuznetsov y su esposa fueron acusados de corrupción en Rusia: juntos habían cometido fraude, lavado de dinero y malversado al menos veintiséis millones de dólares en fondos estatales rusos. La empresa inmobiliaria que la señorita Bullock poseía en Rusia fue intervenida y acabó en manos de un grupo rival, entre cuyos miembros estaba el antiguo instructor de judo de Vladímir Putin. Se solicitó la extradición de la señorita Bullock, pero las autoridades estadounidenses la rechazaron al tratarse de una ciudadana americana.

Su marido declaró públicamente que se había visto forzado a dimitir de su cargo en Moscú porque los investigadores gubernamentales habían descubierto irregularidades en los negocios inmobiliarios de su esposa. Por su parte, ella desestimó todos los cargos y los achacó a razones políticas, una prueba de la envidia rusa. «Solo por el hecho de que me fue mejor que a otros, alguien quiso quitármelo todo», declaró a *The New York Times*.

En febrero del año 2012, en una mansión Beaux Arts vacía de la calle Ochenta Este y que estaba intentando vender, la señorita Bullock organizó una exposición fotográfica en la que aparecían dos docenas de personalidades rusas —gente del ámbito de los negocios, de la judicatura, de los medios de comunicación y de la política, incluido el señor Putin— y cuyos pies de foto no eran, por lo general, nada halagadores.

«La señorita Bullock ha reclutado exclusivamente a las élites del poder en Rusia», escribió un crítico de *The New York Times*, mientras que su colega de la revista *Art in America* añadió: «El contenido de la exposición se lee antes como propaganda que como información, y resulta igual de complicado discernir si Bullock fue víctima de una injusticia o cómplice en su propia caída».

A estas alturas, ya se había separado de Alexéi Kuznetsov y pronto estarían divorciados, al tiempo que se esforzaba en reunir la financiación necesaria para tirar adelante con la nueva casa que planeaba construir en la vieja propiedad del doctor Bartha. Su arquitecto achacaba el retraso a la recesión y a la desaceleración del mercado inmobiliario, y explicó: «La recesión económica prácticamente se solapó con nuestros planes para comenzar el proyecto. Tengo la impresión de que cada vez que se abre una veta de esperanza en la economía, acaba tomando la dirección contraria». De todos modos, prosiguió, el deseo de Janna Bullock de erigir una residencia de lujo en el 34 Este de la calle Sesenta y dos «mantiene intactas sus dosis de entusiasmo».

Estas declaraciones las realizó en el año 2012. Pero al cabo de más de tres años, el solar seguía vacío, ocupado únicamente por las malas hierbas, las ratas y los ratones que pululaban por él, y ocasionalmente por algún sintecho que se colaba por una apertura en la verja con cadena y pasaba la noche resguardado en la esquina noroeste. A muchos vecinos de la manzana les desagradaban unas vistas tan impropias. Entre ellos, pocos tan molestos como el por lo general paciente y apacible James Savage, asesor financiero y miembro de la junta de la Cumberland House, de sesenta y dos años, con gafas y aspecto de intelectual, dueño de un apartamento cuyas ventanas de la cuarta planta, situadas a lo largo de la pared este de la cooperativa —un edificio de dieciséis pisos—, daban al desastrado solar.

Antes de trabajar como asesor financiero en lugares como Merrill Lynch, James Savage había formado parte durante décadas del Departamento de Policía de Nueva York, donde empezó como policía en 1996; al cabo de seis años trabajó de paisano, y, por último, se convirtió en administrador del fondo de pensiones de la Patrolmen's Benevolent Association, hasta 1999.

Él y su esposa, Marie, una morena de ojos azules con la que se había casado en el Brooklyn natal de ambos en 1969, se encontraban de vacaciones en Montauk cuando el doctor Bartha hizo volar por los aires su *brownstone*, el 10 de julio de 2006. Conmocionados por la noticia, condujeron a toda prisa de regreso a la Cumberland House, donde no tardaron en unirse a otros muchos residentes que, tras un cordón establecido por la policía en la acera, observaban a los bomberos recoger sus equipos y a los camiones de la basura retirar pilas de mampostería y hollín.

Una vez los ingenieros determinaron que el edificio estaba en óptimas condiciones, los residentes cruzaron el vestíbulo y tomaron el ascensor para examinar el estado de sus hogares.

—Los bomberos habían tirado abajo la puerta de la entrada —recordaría James Savage—. Las paredes y el techo estaban negros del humo. La pintura se desprendía por efecto del calor del fuego. Las ventanas, marcos incluidos, ya no estaban. Nos invadió una sensación de lo más extraña. Fue como estar en la calle. Había cristales por todas partes. Nuestro apartamento era un completo desastre. Encontramos restos de sangre en el lavabo. Imaginamos que un bombero se habría cortado de alguna manera. Una caja de tiritas yacía en el fregadero. Sacamos todos los artículos de valor que pudimos acarrear. Pero nuestra gata, Rosie, no apareció por ningún sitio.

Tras enterarse de que una de las primeras personas en llegar al lugar había llevado al animal a un refugio cercano, James y Marie Savage cogieron el transportín para la gata y los ciento veinte dólares en metálico que habían dejado para su cuidadora y se presentaron en la recepción del refugio, donde supieron que su mascota acababa de morir mientras le hacían la prueba de la rabia.

—Mi mujer estaba devastada y yo también —dijo Savage—. Regresamos al coche con el transportín vacío y nos percatamos de que no teníamos un hogar al que volver. Así que decidimos poner de nuevo rumbo hacia Montauk, donde habíamos dejado nuestras cosas. El primer día de nuestras vacaciones se había convertido en el peor de nuestras vidas.

En las semanas y meses que siguieron, la pareja durmió en casas de familiares, residió en el New York Athletic Club y se mudó a un condominio en el East Side. En enero del año 2007, seis meses después de la explosión, su apartamento en la Cumberland House estaba al fin listo para ser habitado. La alegría vino con un extra. Dado que el edificio del doctor Bartha ya no les tapaba la vista, a su residencia de la cuarta planta la bañaba la luz natural. Muchos otros vecinos gozaron de la misma ventaja.

A lo largo de media manzana en dirección sur, abarcando la parte trasera de la sombrerería de Suzanne Newman, chorros de luz suplementaria se reflejaban ahora sobre las cabezas de los fabricantes de sombreros, y en la puerta de al lado, los comensales del restaurante Serefina gozaban desde su patio de vistas directas a la mansión de Ronald Perelman, ubicada en el lado norte de la calle Sesenta y dos. El horizonte también se extendía en dirección norte para las esteticistas sentadas junto a las ventanas traseras del salón de belleza Minardi, ubicado en el 29 de la calle Sesenta y uno y del que Marie Savage era una clienta habitual.

Disponer de un acceso inesperado a seiscientos metros cuadrados de vistas extras a Nueva York suponía sin duda alguna un privilegio tan raro como valioso, pero nadie podía ponerle precio en una ciudad en constante expansión y crecimiento, donde con frecuencia parecía que la luz estaba en préstamo.

Marie Savage fue consciente de esto por primera vez en algún momento del año 2015, cuando empezó a notar que la claridad del cielo que se extendía detrás de las ventanas del comedor se veía invadida por una franja estrecha y trepadora de oscuridad. El comedor estaba situado en la parte trasera del apartamento y era ahí donde se sentaba por las tardes a pintar retratos, un talento cultivado años atrás en la Art Student League.

De hecho, el origen de la sombra creciente se encontraba cinco manzanas al sur de la Cumberland House. Se trataba de un condominio de obra nueva y noventa y seis pisos, ubicado en el 432 de Park Avenue, entre las calles Cincuenta y seis y Cincuenta y siete. Con sus cuatrocientos veinticinco metros de altura presumía de ser el edificio residencial más alto de la ciudad, pero no muy lejos de ahí, en el 217 Oeste de la calle Cincuenta y siete, se estaba erigiendo la Central Park Tower, un complejo de viviendas y comercios que alcanzaría los cuatrocientos setenta y dos metros de altura. Solo lo superaría el One World Trade

Center, cuya aguja le permitía llegar a los quinientos cuarenta y un metros. (El Empire State Building, construido en 1931, tiene trescientos ochenta metros).

«Las zonas metropolitanas de América atraviesan una edad dorada en términos de edificación», señaló Gian Luca Clementi, profesor asociado de Ciencias Económicas en la Stern School of Business de la New York University. En una entrevista publicada en *The New York Times* añadió que: «Estados Unidos no está urbanizado al mismo nivel que otros países similares, por lo que lo más probable es que la edificación vaya a más y más».

El Departamento de Edificios de la Ciudad de Nueva York concedió un récord absoluto de ciento setenta y nueve mil trescientos veinte permisos de edificación entre los cinco condados en el año 2017. Maquinaria de movimiento de tierras, grúas y trabajadores ataviados con cascos y cinturones de herramientas —así como hablando en diversos idiomas— parecían omnipresentes, desperdigados por miles de zonas de obras y entregados a la labor entre andamios sujetos a las paredes y redes de seguridad, tanto de edificios nuevos como de inmuebles antiguos que necesitan ser rehabilitados.

Un viejo edificio, cuyos muros exteriores estaban ahora cubiertos de andamios de varios pisos, acogía las oficinas centrales del Departamento de Edificios de la Ciudad de Nueva York, en el 208 de Broadway. Se trataba de una estructura de mediados del siglo XIX y de siete plantas que empezó albergando un centro comercial, luego fue el cuartel general del *New York Sun* durante décadas y acabó siendo adquirido por la ciudad en 1966. (El eslogan del difunto periódico era: «*The Sun*... Brilla para todos»).

Sin embargo, llegado el año 2016, la fachada de mármol del edificio se había deteriorado hasta tal extremo que se decretó que suponía un riesgo para los peatones, de modo que se activó un gran proyecto de restauración destinado a prolongarse varios años. Además de los andamios y las redes, otra fórmula para proteger a los viandantes frente a la posible caída de cascotes fue la instalación de un cobertizo hecho de tuberías de acero, vigas, tablones y un parapeto reforzado con madera contrachapada.

El sector del andamiaje era un negocio que movía un billón de dólares en Nueva York. Había más de sesenta empresas especializadas y el Departamento de Edificios había concedido permisos para la fabricación de unos siete mil setecientos cobertizos. De alinearse todos, darían sombra a unos cuatrocientos cincuenta kilómetros de acera neoyorquina. Los parapetos de cada cobertizo se habían pintado de verde porque, en el año 2013, el alcalde Michael Bloomberg decidió que así armonizaban cromáticamente con la iniciativa Un Millón de Árboles y su enorme inversión en los parques de la ciudad.

A principios del invierno de 2017, Marie y James Savage quedaron horrorizados al ver cómo levantaban un cobertizo verde de madera contrachapada junto a la puerta de acceso a su apartamento en la Cumberland House, así como por la presencia de varios trabajadores, ataviados con cascos y cinturones de herramientas, que introducían tablones de madera dura y vigas de acero en el solar vacío del 34 Este de la calle Sesenta y dos.

Igual que la mayoría de los residentes del barrio, el matrimonio Savage desconocía que, un año atrás, el solar había sido vendido por la condesa rusa de los «volteos», Janna Bullock, a una promotora inmobiliaria de Rye, Nueva York, llamada Woodbine Company.

Uno de los dos socios al frente del negocio, Theodore Muftic, un tipo corpulento, de cincuenta años, ojos azules, cabello rubio y natural de Colorado, graduado por la Harvard Business School en 1992 e hijo de un médico nacido en Montenegro. La madre de Theodore, nacida en Oklahoma y muy activa políticamente, se había presentado sin éxito a las elecciones a la alcaldía de Denver en 1979.

El otro socio en Woodbine era Francis Plummer Jenkins III, un pijo de cabello oscuro y dos metros de estatura en la cuarentena, que había nacido en Tarrytown, Nueva York, y tras graduarse por la Suffolk University en el centro de Boston, se sacó un máster en Administración de Empresas en la University of London.

El peso de las negociaciones cara a cara con Janna Bullock lo había llevado Jenkins, y advertido por su abogado de sus conexiones con oligarcas rusos, se presentó a cada reunión vestido con un traje y una corbata elegantes, una bufanda de Hermès y un Rolex prestado a modo de accesorios.

Al final, en el año 2015, consiguió convencer a la señorita Bullock de que le vendiera el solar a cambio de once millones novecientos cincuenta mil dólares. Aunque ella había pagado ocho millones trescientos mil en 2007 a los herederos de Bartha, no se mostró complacida con el margen de beneficios. Sin embargo, tanto sus recursos como su poder negociador habían caído fuertemente en los últimos años, producto de los escándalos financieros en los que tanto ella como su exmarido, ahora en prisión, se habían visto envueltos en Moscú. De modo que aceptó la última oferta de la promotora Woodbine, lo que marcó la décimo segunda ocasión, desde finales de los años ochenta del siglo XIX, en que este pequeño pero atractivo espacio residencial cambiaba de manos.

Capítulo treinta y tres

El primer anuncio en el que se puso en venta el edificio apareció en la primavera de 1882, ofertado por diez mil dólares. Detrás estaban dos promotores llamados Joseph B. Wray y Samuel P. Bussell. En paralelo, mandaron edificar dos *brownstones* de estilo neoclásico, adyacentes y de un precio similar, en los números 30 y 32 Este de la calle Sesenta y dos. A finales de los años cincuenta se demolerían para dejar espacio a las dieciséis plantas de la cooperativa Cumberland House, cuya dirección se estableció en el 30 Este de la calle Sesenta y dos.

De acuerdo con un artículo de *The New York Times* firmado por el historiador de arquitectura Christopher Gray, el primer comprador y ocupante del *brownstone* en el 34 Este de la calle Sesenta y dos fue un comerciante de fruta llamado Charles H. Parsons, que se instaló allí en 1884 para acabar vendiéndolo al cabo de casi diez años, en 1893, a John S. Robinson por cuarenta y cinco mil dólares. Puede que a este último le fueran mal las cosas, ya que un año después se deshizo de la propiedad a cambio de los veintiocho mil quinientos dólares ofrecidos por Peter Brady, quien a su vez la traspasó rápidamente por el mismo precio a otro comprador, Oliver J. Wells.

Wells era un abogado de Brooklyn que luego ejercería de juez municipal y que había luchado en el bando unionista durante la guerra civil. Él y sus herederos conservaron la propiedad del 34 Este de la calle Sesenta y dos durante más de medio siglo para acabar vendiéndosela, en 1952 y por sesenta mil dólares, a Vatcho Kobouroff, un inversor inmobiliario asentado en Yonkers, Nueva York, pero natural de Bulgaria.

Entre 1952 y 1975, Kobouroff mantuvo el control del inmueble, pero igual que habían hecho Oliver J. Wells y sus herederos con anterioridad, en ocasiones arrendaba el *brownstone* a neoyorquinos de renombre, quienes aparecían con frecuencia citados en la prensa, donde se especificaba que residían en el 34 Este de la calle Sesenta y dos.

Entre los primeros arrendatarios durante el periodo en que la familia Wells fue propietaria del edificio estuvo Walter Gibbs, un galán de un metro noventa y cinco de altura, dedicado a la importación de champán e hijo de Thomas Murphy, un senador estatal que había trabajado como inspector en el puerto de Nueva York durante la presidencia de Ulysses S. Grant. El joven Murphy había sido un ávido golfista, marinero y un tirador de alto nivel con varios trofeos amateurs a sus espaldas, incluido uno ganado en Montecarlo. Nunca se casó, lo que quizá explique que años después el 34 Este de la calle Sesenta y dos recayera en manos de parientes dentro de las familias Aldcroft y O'Kane.

En 1930, por ejemplo, se publicó un artículo en la sección de sociedad de *The New York Times* que empezaba así:

> El señor Richard Bradbury Aldcroft y su señora, del 34 E de la calle Sesenta y dos, han anunciado el compromiso de su hija, la señorita Elena de Ricas Aldcroft, con Robert Fisher Kohler, hijo de la señora Emil Kohler, del 830 Park Avenue y New Canaan, y el difunto señor Kohler.
>
> La señorita Aldcroft es miembro de una familia neoyorquina de larga tradición y de la conocida familia Rivas de Córdoba y Madrid, España. Es bisnieta del difunto Thomas Murphy, un destacado comerciante en el Nueva York de los años sesenta, que fue un amigo cercano de los presidentes Lincoln y Grant.

En 1939, otra pieza en la misma sección llevaba el siguiente encabezado:

> El señor Thomas Francis O'Kane y su señora, del 34 Este de la calle Sesenta y dos, ofreció un bufet anoche en su casa en honor de su hija, la señorita Helen Marcia O'Kane, quien pronto partirá con destino a Hartford, Conn, donde cursará estudios durante un año.

Durante este tiempo, Vincent Astor y los miembros de La Habitación se reunían de forma periódica en la amplia estancia de la segunda planta, a la vez que otro arrendatario distinguido del edificio era el industrial Siegfried Bechhold, cuya empresa había fabricado los tanques Sherman durante la Segunda Guerra Mundial.

No está claro en qué momento exacto el *browstone* pasó de ser prácticamente la morada de una sola familia a convertirse en un edificio de inquilinos, pero sí hay constancia de que, poco después de que Vatcho Kobouroff comprara la propiedad a los herederos de Oliver Wells a principios de los años cincuenta, segregó diez apartamentos, entre el sótano y la planta superior, ocupando la mitad de la superficie de cada una de las plantas y acondicionándolos con un baño, una nevera e instalación de gas.

Uno de los inquilinos que, a finales de los años cincuenta, se retrasó en el pago de los doscientos veinticinco dólares mensuales, se llamaba Virginia McManus, aunque en otros sitios se la identifica como Karen Moore y otros nombres. Un día, al sospechar que se dedicaba a la prostitución, Vatcho Kobouroff le colocó un candado en la puerta y la llevó a juicio, lamentando delante del juez la «afluencia de masculinidad» a su apartamento de la tercera planta.

El juez dictaminó que Kobouroff tenía derecho a que se le abonara la mensualidad impagada, pero le recriminó que le impidiera a McMannus recoger su ropa y otros artículos personales. «Uno no debe tomarse la justicia por su mano —dijo el juez—. La justicia es indispensable en nuestra sociedad y su importancia es tan grande que incluso las mentes perversas tienen derecho a beneficiarse de ella».

En 1976, Vatcho Kobouroff vendió el 34 Este de la calle Sesenta y dos por doscientos cincuenta y seis mil dólares a Joerg Klebe, un asesor financiero nacido en Berlín, pero asentado en Nueva York, a mitad de la treintena y director, entre otras empresas, de la Agate Realty Corporation, ubicada en el 66 de la Quinta Avenida. El señor Klebe fue dueño del *brownstone* durante cuatro años, tras los cuales se lo vendió a la familia Bartha, en 1980, por trescientos noventa y cinco mil dólares.

Al cabo de poco más de un cuarto de siglo, Nicholas Bartha convertiría el edificio en el solar vacío que Janna Bullock vendería en 2015, por once millones novecientos cincuenta mil dólares, a Theodore Muftic y Francis Jenkins, de la promotora inmobiliaria Woodbine, quienes contratarían a un arquitecto para que lo transformara en una casa de lujo, que esperaban colocar en el mercado por una suma no inferior a los treinta millones de dólares.

El arquitecto se llamaba Henry Jessup. Era un hombre delgado y ágil, a mitad de la sesentena, con una altura de un metro ochenta y cinco, que lucía unas gafas con montura de carey, llevaba el pelo blanco muy corto y jamás se andaba por las ramas.

En sus años de adolescencia en Greenwich, Connecticut, Jessup se ganaba un dinero durante los veranos pintando las casas de la zona, cuyos dueños a veces le pedían que les arreglara la puerta del garaje, les cambiara las persianas o que incluso les ampliara partes de la propiedad.

De este modo aprendió sobre la marcha a dominar la carpintería y también a dar forma y volumen a intereses que lo acompañaban desde la infancia —«De niño siempre estaba dibujando y pintando»—, lo que le permitió fundar una empresa de construcción a los diecinueve años, que costearía sus cuatro años en la Brown University, en Providence, Rhode Island, a la que accedería en 1970 para estudiar Historia del Arte.

Por entonces, aún no había tomado la decisión de dedicarse a la arquitectura. De hecho, no tenía «la menor idea» sobre su futuro por lo que, después de terminar el instituto y antes de empezar la universidad, pasó ocho meses recorriendo Europa a lomos de una motocicleta de color amarillo chillón, comprada en Londres por unos seiscientos dólares y que condujo hasta lugares tan lejanos como Grecia y Turquía. Sus padres se habían separado cuando él tenía trece años, y aunque ambos se habían repartido la custodia de forma amistosa, Jessup sentía que solo había de responder a sus propias expectativas.

Después de su travesía por Europa, llevó su motocicleta de vuelta a casa y la utilizó durante un tiempo, hasta que puso rumbo a Providence, donde además de estudiar jugó para el prestigioso equipo de fútbol de la Brown University. Su rendimiento fue tan bueno que en 1974, tras graduarse, fue contratado por los Rhode Island Oceaneers de cara a jugar la American Soccer League.

Aunque nunca ganó más de quinientos dólares por partido, y mucho menos en años posteriores en calidad de jugador semiprofesional, Henry Jessup siguió jugando al fútbol hasta los cuarenta años. A estas alturas, ya era padre de dos hijas y estaba casado con una mujer de Nueva Jersey que, cuando se conocieron, era una aspirante a guionista y actriz con algunos pequeños papeles en Hollywood a sus espaldas, además de haber bailado en un nuevo montaje de El rey y yo, estrenado en Broadway en 1977. Se casaron en 1984.

La decisión de Jessup de acudir a la Columbia Graduate School of Architecture, donde se se graduó en 1978, contó con el respaldo de un cliente satisfecho, un arquitecto al que le había construido una casa en Katonah, Nueva York. En los casi cuarenta años transcurridos desde entonces, trabajando de forma reciente en una oficina ubicada en la parte baja de Broadway, había completado aproximadamente quinientos proyectos de magnitud variable y en diferentes partes del mundo. Entre los países en los que había trabajado se contaban Australia, Costa Rica, España, Alemania y Francia, aunque la gran mayoría de sus clientes residían en Nueva York o la zona del Tri-State (Nueva York, Nueva Jersey y Connecticut).

La excepción era un financiero de Vermont llamado Peter Novello, quien en 2008 pagó diez millones ochocientos mil dólares por una casa de ladrillo de seis plantas en el 21 de Beekman Place y luego contrató a Jessup para demoler el interior y rehacer de arriba a abajo sus trece habitaciones. Jessup diseñó una nueva entrada con un pórtico de piedra caliza e instaló una pérgola y un jardín en la azotea. Entre una cosa y otra, mandó construir ventanas nuevas, escalinatas nuevas y tres chimeneas, añadió ladrillo y cornisas, y excavó en el sótano para levantar un gimnasio.

Sin embargo, cuando los trabajos de construcción habían finalizado y el mobiliario estaba a punto de instalarse, el dueño falleció de repente en Vermont, a los cincuenta y seis años. «Me quedé en shock y me entristeció que no pudiera llegar a disfrutar del lugar ni convencer a su familia en Vermont de que pasara más tiempo con él en la vivienda», dijo Henry Jessup.

Un año después, en julio de 2013, los herederos de Novello vendieron la propiedad por treinta y cuatro millones trescientos cincuenta mil dólares al emirato de Catar, es decir, un precio récord de cuatrocientos setenta y cinco dólares el metro cuadrado por una casa de Manhattan de veinte metros de ancho. Esta transacción disparó el interés de los promotores inmobiliarios neoyorquinos por el trabajo de Jessup y no tardó en ser contratado por Francis Jenkins y Theodore Muftic, de Woodbine, para rediseñar una casa en la calle Sesenta y cuatro Este, luego una en la calle Sesenta y seis Este y finalmente para que diseñara un edificio completamente nuevo en el solar del 34 Este de la calle Sesenta y dos.

—Es el mejor arquitecto con el que he trabajado —dijo Muftic—. La mayoría de los arquitectos se esfuerza por obtener ese resultado que los conducirá a las páginas de la revista *Architectural Digest*. Él solo aspira a hacer un edificio que se gane el respeto de los expertos y sea del agrado del cliente.

Una de las primeras cosas que hizo tras aceptar el encargo de la empresa Woodbine en la calle Sesenta y dos fue diseñar por ordenador una imagen de la casa que tenía en mente para luego estimar los costes que supondría completarla y pensar en el tipo de cliente que podría estar interesado en adquirirla.

Puesto que la ordenanza municipal vigente prohibía que los edificios de la manzana se dividieran en apartamentos, Jessup y sus dos dueños pensaban que su proyecto de casa de cinco plantas podría acoger una embajada o un consulado, o bien resultarle atractiva a algún cliente rico de China, Rusia o algún lugar de Oriente Medio, por ejemplo Catar, emirato que, en los últimos años, además de la propiedad de Novello, había ido haciéndose con otras muchas casas en Manhattan, desembolsando millones y millones de dólares.

«El diseño original ya iba en esta dirección», dijo Jessup. Explicó que en los esbozos preliminares de la casa había concebido «una entrada separada para el servicio, algo esencial para las culturas de Oriente Medio», así como «espaciosas habitaciones para recepciones y estancias destinadas al personal en el sótano, con la vista puesta en que la pudiera adquirir un diplomático». Asimismo, él y los dos dueños contemplaron la posibilidad de cambiar la dirección al 32 Este de la calle Sesenta y dos porque la cultura china no considera que el cuatro sea un número que traiga suerte.

Sin embargo, durante los meses siguientes, fruto de los cambios en el mercado inmobiliario neoyorquino —descenso de los compradores internacionales, debido en parte a menos facilidades impositivas y más estrictos controles del capital en China, Rusia y otros lugares—, Jessup rediseñó sus planos en previsión de que un ciudadano americano se hiciera con la vivienda. Por ejemplo, cambió una habitación pensada para el personal de un diplomático por una amplia cocina destinada a una familia.

Respecto al exterior, Jessup concibió la casa en la tradición del estilo Beaux Arts, pero al mismo tiempo deseaba que armonizara de algún modo con los dos estilos arquitectónicos bien distintos que flanqueaban a su obra en curso. Al oeste se encontraba la cooperativa Cumberland House, un edificio de ladrillo de dieciséis plantas edificado en los años cincuenta, cuyas dos plantas inferiores tenían una fachada de piedra caliza estilo indiana. Al este estaba el Links Club, obra neogeorgiana de un siglo de antigüedad que, en opinión de Jessup, suponía «una preciosa representación de lo que es un edificio histórico».

Jessup pensaba que hasta cierto punto sería capaz de suavizar el contraste con la Cumberland House diseñando un muro de ladrillo en el lado este de la casa, el cual se elevaba sobre la rampa del aparcamiento de tres metros de anchura de la cooperativa y armonizaba con su muro exterior de ladrillo. También confiaba en que la futura fachada de la casa, de piedra caliza francesa de color crema, conjuntara con la base de piedra caliza estilo indiana de la Cumberland, aunque Jessup reconocía que el tipo de caliza de la cooperativa recodaba al hormigón.

Más fácil le resultaba imaginar la compatibilidad con el Links Club, convencido de que lo «homenajeaba» al dotar a la casa de una buhardilla y tragaluces de cobre que armonizaban con el edificio histórico vecino. También incluyó en sus diseños mejoras visuales como cornisas, dentículos y piedras angulares, que son cantos decorativos de mampostería que dan la sensación de sujetar las esquinas de una pared.

De todos modos, insistió en la idea de estar diseñando una casa para «los tiempos actuales», un edificio que a primera vista quizá pareciera histórico, pero que en realidad era «históricamente derivado», lo que quería decir que, si bien la escala, las proporciones y los materiales se basaban en precedentes clásicos, en ningún momento olvidaba su pretensión de resultar contemporáneo. Un ejemplo que lo ilustraba eran las ventanas batientes de color negro dispuestas a lo largo de la fachada, fabricadas con acero en vez de con madera, a modo de «guiño a la sensación de mayor modernidad que esperamos que transmita el lugar».

Su proyecto de casa contemplaba un total de catorce aperturas en la fachada, dos en la quinta planta, que consistirían en sendos tragaluces con arcos de cobre fijados a una buhardilla de tejas negras de pizarra de Vermont; tres ventanas en la cuarta planta, todas cubiertas por cornisas con dentículos por debajo; tres ventanas en la tercera planta, donde la forma del edificio se había diseñado de tal manera que la fachada se curvara, y en la segunda planta se colocarían tres puertas francesas que desembocarían en un balcón Juliet con una barandilla de metal.

La primera planta dispondría de dos ventanas que darían a la acera, y al este de las ventanas se encontraría la entrada, sencilla y moderna, y una puerta de color negro, flanqueada por barandillas de metal y a la que se llegaría tras superar dos peldaños de granito, muy bajos para disuadir que se sentara nadie, con una altura mínima de cinco centímetros y una máxima de siete y medio. Una reducción en toda regla si consideramos que la escalera que el doctor Bartha se llevó por delante en el 2006 —lo que, de paso, privó al segundo chef del Links Club de su lugar favorito para fumar durante las pausas del trabajo— estaba formada por nueve escalones de veinte centímetros de altura cada uno.

Cuando un arquitecto como Henry Jessup diseña un edificio al que califica de «históricamente derivado», no deja de reconocer la existencia de construcciones históricas que son dignas de derivación, y en su opinión muchas de ellas fueron levantadas en Nueva York entre finales de los años ochenta del siglo pasado y principios del siglo XIX, periodo que considera «la edad dorada de la construcción de casas».

Entre los arquitectos de aquella época que asegura que han influenciado su trabajo se cuentan Charles A. Platt, que en 1907 diseño la casa de Sara Delano Roosevelt en el Upper East Side; Chester Holmes Aldrich y William Adams Delano, quienes en 1916 levantaron el Colony Club para mujeres en Park Avenue con la calle Sesenta y dos, y Mott B. Schmidt, que en 1927 construyó la casa de Vincent Astor en la calle Ochenta, entre las avenidas Park y Lexington.

Astor vivió ahí durante los años en que frecuentaba el 34 Este de la calle Sesenta y dos para reunirse con los otros miembros de La Habitación, y Jessup decidió cubrir la fachada de la nueva casa con el mismo tipo de piedra caliza que el arquitecto de Astor, French Roche, había utilizado casi un siglo antes, la cual Jessup asociaba con proyectos de prestigio.

Jessup obtendría la piedra necesaria de una cantera en Euville, un pueblo al noreste de Francia, la cual sería enviada a toneladas a una fábrica de Corgolin ubicada en el centro de la zona este del país, donde a lo largo de cinco o seis semanas sería cortada y modelada de acuerdo con lo especificado por Jessup en sus diseños. Sus ilustraciones no solo mostrarían el aspecto final de la casa, sino que detallarían y enumerarían cada trozo de piedra caliza destinado a cubrir la fachada del edificio. Esto supondría un total de, aproximadamente, trescientas piezas: desde una cornisa que podía llegar a pesar doscientos setenta kilos a una pequeña moldura decorativa, además de los alféizares o mojinetes que irían entre medias, con un peso que podría oscilar entre los veinte y los sesenta kilos.

Después de que se construyeran todos los trozos de piedra caliza según las indicaciones de Jessup, en la fábrica de Corgolin, estos serían envueltos, empaquetados y enviados a la ciudad portuaria de Le Havre, donde partirían con destino a una terminal de Staten Island, repartidos en diversos contenedores de seis metros. El trayecto por mar duraría unos catorce días. Una serie de camiones transportarían la carga de Staten Island a Manhattan.

Cada una de las trescientas piezas llevarían un número (que se correspondería con el que constaría en los diseños de Jessup) con el fin de ayudar a los operarios de la calle Sesenta y dos que recibirían la piedra caliza y con suma delicadeza la izarían, colgarían, ajustarían y, por último, engancharían a un espacio previamente numerado en el marco de acero de la fachada. Para los operarios sería como unir las piezas de un rompecabezas con fragmentos de caliza de diferentes formas.

El coste de toda esta piedra caliza ascendería a casi quinientos mil dólares. La cantidad de dinero necesaria para completar todo el edificio —materiales más mano de obra— sería de cinco millones de dólares. La fecha límite de finalización de las obras se fijó en enero del año 2018.

Pero antes de que nada de esto pudiera llevarse a cabo —de hecho, antes incluso de formalizar el pedido de piedra caliza a Francia—, Jessup debía centrar sus esfuerzos en la tediosa e interminable tarea de solicitar los pertinentes permisos al Departamento de Edificios. Esto también requería, entre otras cosas, compartir sus diseños con la Upper East Side Historical Society y la Landmarks Preservation Commission con la esperanza de obtener su respaldo. Al mismo tiempo contrataba a expedidores, ingenieros y abogados para ayudarlo a tratar con las numerosas restricciones de tipo zonal y estructural establecidas por el Departamento de Edificios, sin olvidar los problemas vinculados a la fontanería, la electricidad, los extintores y el nuevo ascensor que Jessup había diseñado para que se desplazara entre el sótano y la quinta planta, pues el viejo *brownstone* no contaba con un ascensor.

Jessup también debía garantizar al Departamento de Transportes que la acera y la calle serían reparadas en el caso de sufrir desperfectos durante las obras, consultar con el Departamento de Protección Medioambiental aspectos relativos a las conexiones de agua de la calle, hablar con el Departamento de Energía antes de proceder con cualquier perforación de los pilares estructurales y contactar con el Departamento de Bomberos para confirmarles que siempre habría un acceso al edificio por la azotea por si ocurría alguna emergencia.

Capítulo treinta y cuatro

El peatón común que cruza por delante de un edificio en construcción no tiene la menor idea de que arquitectos como Jessup dedican casi un año a completar el papeleo necesario antes de que un carpintero martillee el primer clavo en la madera o se extraiga el primer litro de cemento de un camión hormigonera. Y probablemente también sea cierto que muy pocas personas se detengan a pensar que quizá bajo la base recién obtenida gracias a ese hormigón vertido exista una fosa común de gente corriente y difunta, la cual, mucho tiempo atrás, habitó y disfrutó de ese espacio que formaba parte de una granja, un parque, un porche acogedor, una habitación con unas bonitas vistas o algún otro lugar deseado y codiciado, ahora caído en el olvido.

Los griegos construyeron sobre templos fenicios; los romanos, sobre templos griegos, y así sucesivamente. Y en ese momento, Henry Jessup planeaba hacer lo mismo en Nueva York: construir una casa sobre las cenizas del doctor Bartha.

Es cierto que por todas partes hay carteles, placas, estatuas, edificios y aeropuertos de conexiones internacionales recordándonos la figura de individuos notables ya desaparecidos: Carnegie Hall, aeropuerto de La Guardia, George Washington durmió aquí, Herman Melville vivió aquí, Dylan Thomas bebió aquí, John Lennon murió aquí.

Pero de cara a que el nombre de una persona común y fallecida hace mucho conste en los gigantescos y polvorientos archivos del Departamento de Registros y de Servicios de Información, ubicado en el 31 de la calle Chambers, ayuda mucho si el sujeto en cuestión fue en su día dueño de una propiedad.

Quizá esto explique en parte por qué había sido tan importante para el doctor Bartha tener una propiedad. Se han desencadenado guerras mundiales por disputas territoriales y derechos de propiedad, y ciertamente la familia de Bartha había perdido sus tierras en Rumanía a manos de los nazis y los comunistas, durante los años cuarenta. Quizá también explique por qué, muchos años después, el doctor Bartha se metió en una guerra contra su exesposa, su abogada y la jueza, y por último contra el Departamento de Justicia, cuya voluntad prevaleció, lo expulsó de su hogar y lo redujo a un neoyorquino olvidado. Con todo, su nombre perdura en los archivos de la ciudad y en las hemerotecas de los diarios, sobre todo porque antaño fue dueño de una propiedad por la que creyó que merecía la pena morir.

El solar de esta historia de Bartha es un terreno de unos seis metros por treinta, no mucho más largo, y menos ancho, que una pista de tenis. Aunque no suponga más que un puntito en el mapa del Upper East Side, está igual de marcado que cualquier otro sitio por las pisadas y las huellas de las numerosas y diversas personas que, desde los tiempos de las colonias, han representado la fuerza de voluntad y las maneras de la gran ciudad, así como su propensión a las diferencias y los desacuerdos en asuntos políticos y ligados a la propiedad.

Es probable, si bien no verificable del todo, que el suelo bajo la propiedad del *brownstone* de Bartha fuera adquirido en algún momento del siglo XVIII por un destacado impresor, editor y propietario neoyorquino de raíces irlandesas, una figura controvertida a raíz de su decisión de cambiar de bando durante la guerra de la Independencia, y se aliara con el invasor británico después de haberlo hecho con los americanos rebeldes. Su nombre era Hugh Gaine.

Nacido en Belfast alrededor de 1726, en el seno de una familia con estrecheces económicas, trabajó como aprendiz de impresor en Irlanda durante unos cinco años. Luego, en 1745, a los dieciocho o diecinueve, llegó solo a Nueva York, donde no tardó en ser contratado como oficial de imprenta por James Parker, el impresor oficial de la provincia de Nueva York, quien años atrás, en Filadelfia, había tenido como mentor y amigo a Benjamin Franklin.

Hugh Gaine estuvo siete años bajo la tutela de Parker, entre 1745 y 1752, y luego se estableció por su cuenta, y llegó tener mucho éxito en el *downtown* de Manhattan como impresor de documentos oficiales y decretos, editor del semanario *New-York Mercury* y propietario de una librería y una tienda generalista llamada Bible and Crown.

En su edificio de tres plantas en Hannover Square, al sur de Wall Street, llenó las estanterías y arcones de una ecléctica selección de productos: libros de todo tipo: Biblias del Antiguo y Nuevo Testamento, el *Tom Jones* de Fielding, las *Cartas* de Montesquieu, la traducción de Pope de la *Ilíada* de Homero, la poesía de John Promfet, textos escolares y una variedad de almanaques, impresos tanto en inglés como en holandés; artículos de oficina y del hogar: material de papelería, colchas, tinta, obleas para sellar cartas, lápices de mina, sacacorchos, barajas, y una miscelánea de productos susceptibles de satisfacer las necesidades y deseos de sus clientes: guantes de ante, calcetines de algodón, botas, zapatos, navajas y correas de afeitar procedentes de Londres, tijeras para recortar crines de caballo, polvos de talco, medicamentos sin receta, instrumentos musicales como violines, flautas y flautines, billetes de lotería y entradas para conciertos y obras de teatro.

Era un gran admirador —y, de hecho, gestionaba su alquiler— del John Street Theatre, que hasta su cierre, en 1798, después de tres décadas en activo, fue el primer y único teatro de Manhattan. Entre los artistas que pasaron por su escenario estuvo Eliza Arnold, madre de Edgar Allan Poe.

Gaine también se implicó en organizaciones cívicas y filantrópicas, como la New York Society Library y el New

York Hospital, y fue miembro de la junta parroquial de la Trinity Church. Fue aquí donde se casó en 1759, a los treinta y dos años más o menos. A raíz de ese matrimonio, tuvo tres hijos.

Aunque en ocasiones se sumó a las quejas expresadas por otros impresores y editores de diarios de Nueva York respecto a algunas de las políticas de Gran Bretaña, como la Stamp Act de 1765, siempre abogó por la templanza y el respeto hacia la madre patria. Esto, sin duda, animó a sus anfitriones británicos a nombrarlo el impresor oficial de la provincia de Nueva York en 1768, un título muy rentable del que había gozado James Parker hasta su jubilación, unos años atrás.

Gaine comenzó entonces a multiplicar sus propiedades: adquirió una granja de dos mil cuatrocientas hectáreas al norte de Nueva York, en 1770, y unos años después, compró su participación en una fábrica de papel en Long Island. Sin embargo, cuando estalló la guerra en 1775 y las tropas británicas se disponían a atacar Nueva York, Gaine puso a su familia y a sí mismo a resguardo del peligro y se fue a Newark, una ciudad controlada por los rebeldes.

Gaine se había vuelto a casar en 1769, después de enviudar de su primera mujer, y sumó dos nuevos vástagos a los tres de su primer matrimonio. Puesto que tenía un hogar muy numeroso que mantener, ansiaba estar en el lado ganador de la contienda. Creía en la inevitabilidad de que el Ejército Continental acabara expulsando a los británicos.

Mientras tanto, su propiedad en Hannover Square —su tienda Bible and Crown, sus dormitorios y su negocio de impresión— había sido requisada por los invasores británicos, cuyos periodistas tomaron el control de su diario (al que recientemente había rebautizado como *New-York Gazette and Weekly Mercury*) y lo convirtieron en una publicación decididamente pro-Tory.

Un año después, con la ocupación británica aún en marcha y el Ejército Continental en retirada, las autoridades tories prometieron amnistiar a cualquiera que jurara lealtad y Hugh Gaine se contó entre los que se acogieron a la oferta. Por descontado, su decisión fue motivo de escarnio entre la comunidad rebelde de Newark y otros lugares. En su libro *American Media History*, Anthony R. Fellow calificó a Gaine de «editor chaquetero» e «irlandés oportunista».

Aunque los británicos bendijeron su regreso a Nueva York, fue desposeído del título de impresor oficial, y si bien se le restituyó el control sobre sus propiedades y periódico, su autoridad editorial quedó bajo la supervisión de instancias superiores. Esto no pareció contrariarlo. Se mantuvo fiel a la corona británica durante los ocho años de ocupación, aunque evitó manifestarse públicamente por miedo a llamar la atención de aquellos fanáticos que antaño habían formado parte de los Sons of Liberty, una sociedad secreta de patriotas que se había extendido por las trece colonias durante el periodo revolucionario.

Cuando los británicos fueron finalmente expulsados en 1783 y los rebeldes tomaron el control de Nueva York, Gaine eliminó la palabra «Corona» del cartel de su tienda, dejó de sacar su periódico y se consideró afortunado. Conservaba su negocio de libros y un considerable patrimonio a su nombre, por mancillados que estuvieran, y durante las dos décadas restantes no dejó de aprovechar las oportunidades abiertas para las personas con dinero en una ciudad nueva y rebosante de terrenos por cultivar, a la espera de inversores y promotores.

Cuando llegó de adolescente a Manhattan, en 1745, su población rondaba las once mil personas, la mayoría arracimadas en el *downtown*, cerca del agua, y trajinando por gran parte de las carreteras de adoquines dispuestas por los holandeses un siglo atrás. Aunque para 1783 la población había aumentado a unas treinta mil personas, la zona del *downtown* continuaba siendo un foco superpoblado de civilización, mientras que muchísimos kilómetros en dirección norte —aproximadamente desde la calle

Veintitrés con Madison Avenue hasta Harlem— conformaban sobre todo un erial abandonado que compartía su desangelado espacio con pantanos, bosques en estado salvaje y algunas granjas diseminadas con animales pastando y vías para coches de caballos trazadas sobre antiguas sendas indias.

Aquel territorio no era aún fiscalizable, pero de hacerse más habitable y susceptible de ponerse en el mercado, encerraba potencial para devenir una enorme fuente de ingresos para una ciudad necesitada de fondos para implementar mejoras públicas. En algún momento entre 1780 y 1800, Hugh Gaine compró terrenos con fines de inversión en lo que hoy formaría parte del Upper East Side, lo que incluía la calle Sesenta y dos, entre las avenidas Park y Madison.

En esa época, sin embargo, comprar terrenos por la zona del *uptown* era una operación incierta. Pese a los esfuerzos de los agrimensores y los ayudantes que cargaban con las cadenas para delimitar aquellas tierras, las fronteras eran con frecuencia imprecisas. Los delineantes cometían errores. Los detalles reflejados en los mapas podían estar distorsionados o ser meramente orientativos.

Además, la de topógrafo era por entonces una labor tan difícil como peligrosa. Casimir Goerck —quien en 1785 cartografió personalmente grandes extensiones de terreno a petición de las autoridades municipales y en torno a una década más tarde presentó una versión corregida de la disposición de la ciudad— murió en 1708, a mitad de la cuarentena, fruto de la fiebre amarilla que contrajo por las numerosas picaduras de mosquitos durante las largas jornadas de trabajo en las nauseabundas y pantanosas zonas que exploraba.

Al mismo tiempo, la ciudad vendía parcelas de un tamaño que oscilaba entre las dos y las tres hectáreas y media, y que tenían cuatro lados, pero no eran rectangulares. En consecuencia, los bordes irregulares eran foco de disputas entre vecinos colindantes que reclamaban ambos su propiedad.

De acuerdo con los registros públicos, algo de esta naturaleza ocurrió en los números sesenta de la zona Este, a principios del siglo XIX, lo que enfrentó a Hugh Gaine con uno de sus vecinos más cercanos, Peter P. Van Zandt, vástago de una prominente familia de comerciantes. Durante la guerra de la Independencia, Van Zandt había servido como comandante en el Ejército americano. Era una persona muy involucrada con la Iglesia de los Países Bajos y miembro de la Asamblea Estatal. Había heredado sus terrenos de su padre, Johannes Van Zandt, quien tiempo atrás y en otros lugares se había visto envuelto en disputas con otros dueños y había tenido que responder delante de las autoridades por acusaciones de invasión de propiedad ajena y por reclamar terrenos de los que no era titular.

Sin embargo, antes de que la disputa entre Hugh Gaine y el joven Van Zandt se hubiera resuelto, el primero falleció en 1807, a los ochenta y un años. En 1812 sería Peter Van Zandt quien moriría, a los ochenta y dos años, pero no antes de que su tierra, y la de todos los propietarios de la ciudad, hubiese sido regulada, de tal modo que al fin se había otorgado claridad y precisión al tantas veces confuso mapa de Manhattan.

Lo que supuso este cambio fue el llamado Plan del Comisionado de 1811, basado en algunas de las recomendaciones previas de Casimir Goerck, y que en palabras expresadas por el historiador de arquitectura Christopher Gray en *The New York Times* «convirtieron las calles de Manhattan en un puño de hierro de ángulos rectos».

Excepto por el hecho de permitir que Broadway continuara adoptando una forma ondulante en el centro de la ciudad, el resto de superficie urbana fue dispuesto en un sistema de cuadrícula rectilínea formado por doce avenidas paralelas norte-sur entrecruzadas por ciento cincuenta y cinco calles laterales este-oeste. La cuadrícula de 1811 cubría dos mil manzanas y se extendía a lo largo de unas cuatro mil quinientas hectáreas, y los comisionados pensaban que animaría a la creación de parcelas cada vez más pequeñas, lo que a su vez facilitaría su compra, su venta y su edificación.

Esto sería lo que efectivamente ocurriría con el tiempo, pero habrían de pasar décadas antes de que surgieran promotores inmobiliarios capaces de atraer a personas interesadas en mudarse a esta zona. El hecho de que las calles se hubieran delimitado con claridad en un plano no significaba que la gente estuviera dispuesta a vivir en ellas, sobre todo desde el momento en que aún no existían medios de transporte públicos que unieran el *uptown* y el *downtown*. Raro era el caso en que el comprador de una propiedad tenía interés en construir una casa en ella. Por norma general se trataba de especuladores, gente como Hugh Gaine, que adquirían terrenos a buen precio y se aferraban a ellos con la esperanza de que un futuro crecimiento de la economía y la población dispararan su valor.

Una excepción destacable fue la de William Stephens Smith —casado con una de las tres hijas del presidente John Adams—, quien planeaba construirse una mansión en el terreno que había comprado en 1795, cerca del East River y la calle Sesenta y uno. Sin embargo, él y algunos de sus conocidos fueron acusados por un gran jurado federal de violar la recientemente aprobada Neutrality Act. Resultó que habían brindado su apoyo a un movimiento que buscaba liberar a Venezuela del yugo español. Aunque Smith fue declarado inocente, no llegó a construir su mansión, y después de vender su terreno en 1796, se mudó al norte del estado, concretamente a Lebanon, Nueva York. De todos modos, una cochera que sí llegó a construir en la calle Sesenta y uno sigue en pie y en la actualidad acoge un museo.

En 1861, más de nueve años después de la muerte de Hugh Gaine, sus herederos vendieron su propiedad sin edificar a un particular llamado Henry Dickers, que la conservó durante un tiempo, antes de entregársela a la ciudad, que a su vez la vendió en 1823, junto con otras propiedades, a un comerciante de éxito del *downtown*, en Pearl Street, llamado John Mason.

Después de amasar una fortuna en el ámbito textil y liderar una campaña de venta de bonos de guerra en favor del Gobierno estadounidense durante la guerra de 1812, John Mason empezó a comprar tierras con un apetito insaciable, casi rivalizando con el mostrado por su contemporáneo de mayor edad John Jacob Astor. Mientras que este último iba apropiándose del grueso del Lower East Side y de la zona de Times Square, sin invertir apenas en su mejoría, Mason dirigía sus intereses hacia el *uptown* y con el tiempo sería el dueño de una generosa parte de la superficie que se extendía entre las calles Cincuenta y tres y Sesenta y cuatro, entre la Quinta Avenida y Park Avenue. Parte de sus nuevos terrenos habían pertenecido a Hugh Gaine, Peter P. Van Zandt y otros terratenientes.

En aquel momento, John Mason también era accionista del Chemical Bank, del que iba camino de convertirse en presidente, y en 1832 empezó a dirigir el Ferrocarril de Nueva York y Harlem, que cubría una ruta que más adelante se pavimentaría y abarcaría partes de Park Avenue. Cuando las calderas de sus trenes se estropeaban, ordenaba traer a sus caballos.

Mason no viviría lo suficiente para ver el Upper East Side convertido en un distrito de lujo en manos de las clases altas y los ricos. Murió en 1839, a los sesenta y seis años. Sin embargo, una de sus hijas acabaría edificando un *château* de mármol blanco en la esquina noroeste de la Quinta Avenida con la calle Sesenta y siete y sería una de las personas que marcaría tendencias en la zona.

Se trataba de Mary Mason Jones. Su marido, Isaac Jones, con el que se casó en 1818, sucedió a su padre como presidente del Chemical Bank. En el momento del enlace, la pareja residía en una casa que era propiedad de ella, ubicada en el *downtown*, en Chambers Street. Antes de esto, ella y sus dos hermanas eran dueñas de tres casas adyacentes en el bajo Broadway, en Waverly Place, donde los salones para festejos podían comunicarse en caso de que hubiera que organizar un baile u otro tipo de encuentro social multitudinario.

Una sobrina nieta de Mary Jones era la novelista Edith Wharton, quien, siendo una niña a mediados de la década de los setenta y principios de la de los ochenta del siglo XIX, visitaba en ocasiones a su rica tía, instalada desde 1870 en su *château* en el 1 Este de la calle Cincuenta y siete. Por entonces Mary era una viuda en la sesentena. Su marido había fallecido en 1854 y la había dejado al cargo de tres niños. Un registro censal de 1880 señala que Mary vivía en el *château* con una de sus hijas, una nieta y cinco sirvientes. Edith Wharton aludió a la residencia en su novela *La edad de la inocencia*, publicada en 1920, donde un personaje inspirado en Mary aparece bajo el nombre de la señora de Manson Mingott:

> Tenía por costumbre sentarse junto a la ventana de su sala de estar del sótano, como si desde ahí observara con calma el fluir de la vida y de las modas en sentido norte, hasta su solitaria puerta [...] Estaba convencida de que en breve las canteras, los invernaderos de madera con sus jardines descuidados y las rocas desde las que las cabras vigilaban toda la escena desaparecerían ante el avance de residencias tan majestuosas como la suya.

En realidad, Mary nunca fue una mujer de la alta sociedad que se encontrara confinada en un territorio desangelado, a la espera de que la vida y las modas fluyeran en dirección norte hasta su puerta. Lo cierto es que, incluso antes de que decidiera construir su *château* en 1876, algunas mujeres de su condición ya se habían instalado en el *uptown* y su hermana pequeña Rebecca se disponía a hacerlo.

La herencia de Rebecca comprendía dos manzanas de la ciudad, las correspondientes a las calles Cincuenta y cinco y Cincuenta y seis, entre la Quinta Avenida y Park Avenue, y con la ayuda de un arquitecto diseñó una hilera de ocho casas a lo largo de la Quinta Avenida, construidas con piedra caliza de Ohio de color aceituna con la intención de capturar el espíritu de un bulevar parisino. Después de quedarse con una casa esquinera, se dedicó a vender o alquilar el resto a amigos y a conocidos, siguiendo un plan que Mary ya había puesto en marcha el año anterior en la Quinta Avenida, entre las calles Cincuenta y siete y Cincuenta y ocho.

El complejo residencial de Mary, llamado Marble Row, estaba más elaborado desde un punto de vista arquitectónico que el de su hermana, armonizando en estilo con su propia casa esquinera, ubicada en el 1 Este de la calle Cincuenta y siete e inspirada en el palacio de Fontainebleau. Pero ambas hermanas sacaron un gran provecho económico con sus inversiones inmobiliarias, y entre los distinguidos clientes de Mary —en el 745 de la Quinta Avenida— estuvo el doctor Charles Leale, un antiguo cirujano que había trabajado en un hospital de Washington y había sido el primero en llegar al Ford's Theatre para atender al presidente Lincoln después de recibir el disparo que le costaría la vida.

Al completarse Central Park en 1873, el valor de las propiedades al norte de la calle Cincuenta y nueve se multiplicó un doscientos por cien. Entre las décadas de los sesenta y los ochenta del siglo XIX, la población de Manhattan pasó de unas ochocientas mil personas a más de un millón, gracias en buena medida a la afluencia de inmigrantes. Muchos de ellos formaron parte del cuerpo de veinte mil trabajadores del parque que aportaron el músculo necesario para desplazar las rocas, cavar la tierra y plantar sus más de doscientos setenta mil árboles y arbustos.

En los años precedentes, la ciudad había expulsado a varios centenares de ocupantes ilegales y chabolistas que llevaban mucho tiempo viviendo entre los salientes rocosos con sus cerdos y sus cabras, lo cual abarcaba un área que se extendía desde la calle Cincuenta y nueve a la Ciento seis, delimitada por las avenidas Quinta y Octava. En las fases finales de su construcción, el extremo norte de Central Park llegaba hasta la calle Ciento diez y su alcance era de trescientas cuarenta y una hectáreas. Durante las tardes de invierno, los visitantes patinaban en lagos que antaño habían sido pantanos.

En 1881, Mary Mason Jones falleció en su *château* a los noventa y un años. Su hermana la había precedido dos años antes. A lo largo de dos décadas, a medida que sus herederos y otras personas adineradas fueron desplazándose más y más arriba por el *uptown*, la calle Cincuenta y siete y alrededores fueron tomados por las empresas. Las propiedades residenciales de las hermanas Mason y otras familias aristocráticas se demolieron para dejar paso a edificios de oficinas, bancos, centros comerciales, tiendas de ropa y boutiques.

Durante los días de gloria de Mary como gran dama de la alta sociedad, sus vecinos en la esquina de la calle Cincuenta y siete con la Quinta Avenida llevaban apellidos como Whitney, Huntington y Vanderbilt. Más de un siglo después, su antiguo domicilio en el 1 Este de la calle Cincuenta y siete lo heredaría la tienda de artículos de lujo Louis Vuitton. Las otras tres esquinas de la Quinta Avenida las ocuparían joyerías —Van Cleef & Arpels en la esquina noroeste, Bulgari en la esquina sudoeste y Tiffany en la esquina sudeste— y al sur de Tiffany se elevaría la Trump Tower.

Capítulo treinta y cinco

El año de la muerte de Mary marcaría el punto de partida de la construcción de lo que un siglo después sería el *brownstone* del doctor Bartha. La parcela de seis metros por treinta en el 34 Este de la calle Sesenta y dos, junto con otros terrenos, fue adquirida en 1881 por la sociedad formada por Samuel D. Bussell y Joseph B. Wray. La cuadrilla de obreros que contrataron para edificar la residencia de cinco plantas no reforzó la base con hormigón, quizá por el hecho de que el terreno ya era lo suficientemente rocoso para soportar la estructura. O puede que en aquellos tiempos y en aquel lugar los reguladores hicieran la vista gorda, teniendo en cuenta que la ciudad alentaba un desarrollo inmobiliario que el *uptown* necesitaba urgentemente.

En cualquier caso, en la primavera de 2016, después de que el arquitecto Henry Jessup solicitara y revisara un informe del terreno, decidió que la parcela del 34 Este de la calle Sesenta y dos era demasiado arenosa y, por tanto, incapaz de sostener una casa, lo que obligaba a hacer unos fundamentos de hormigón.

El primer paso consistió en retirar todo el terreno arenoso, la basura y otros desperdicios de la parcela, tarea que requirió de varios hombres provistos de palas y de un individuo a los mandos de una excavadora hidráulica, dotada de una pala capaz de levantar unos setenta kilos de material de una sola tacada. El material recolectado por los hombres y la máquina se depositaba en un contenedor de siete metros de largo, situado en una esquina. Una vez lleno, se reemplazaba por otro vacío que traía al lugar un camión con plataforma.

Se dedicaron dos semanas a llenar los contenedores de desperdicios. El peso total de lo depositado alcanzó las cuatrocientas toneladas. Retirados los escombros, quedó un agujero en el suelo de cinco metros de profundidad. Con el tiempo, este terreno bajo y aplanado acogería el sótano y la bodega, pero primero fue invadido por un martinete que perforó y enterró veinticuatro pilares de hormigón, uno por vez, en su superficie. Cada pilar tenía nueve metros de largo y casi treinta centímetros de ancho.

Los veinticuatro pilares se repartieron en seis filas de cuatro unidades cada una hasta cubrir la totalidad de la parcela. Luego la parcela se llenó de encepados —elementos estructurales colocados horizontalmente sobre las hileras de pilares y que se rodean de varas de acero para reforzarlos—, que fueron inundados con toneladas de hormigón vertidas desde dos camiones.

Uno era un camión hormigonera y el otro un camión bomba. El segundo disponía de un brazo que sostenía una manguera de goma capaz de asomarse por encima de la acera y cubrir la totalidad de la parcela, sobre la que en un solo día podría verter hasta novecientos kilos de hormigón, no sin que con anterioridad los obreros hubiesen tirado cañerías y conductos para las instalaciones eléctricas.

Una vez que el hormigón vertido fuera esparcido y aplanado por hombres que a tal efecto utilizaban herramientas de mango largo, y después de que estuviera lo suficientemente seco como para poder caminar sobre él, proceso que podría requerir de más de una semana, la base estaba acabada.

El paso siguiente era colocar las paredes de cemento en los cuatro lados del sótano y la bodega, y después de instalar horizontalmente las vigas de acero para sostener la base del tejado, este mismo tejado ayudaba a sujetar los niveles inferiores y, al mismo tiempo, ayudaba con las cargas de los cuatro niveles superiores que llegarían más adelante, completando una estructura de cinco plantas de acero y madera. El exterior de la parte superior se iba a cubrir con andamios y en la acera se erigió un cobertizo verde de madera contrachapada para proteger a los peatones ante la posible caída de herramientas y escombros.

Dado que la casa se levantaba dentro de los límites de un distrito histórico, la normativa dictaba que sus dueños —en este caso la empresa Woodbine, de la que eran socios Theodore Muftic y Francis Jenkins III— proveyeran y costearan la instalación de medidores de vibración en el exterior de todos los edificios en un radio de veinticinco metros desde la zona de obras.

Estos medidores, de un tamaño no mucho mayor que el de los detectores de humo, llevaban incorporados unos sensores inalámbricos que alertaban a los propietarios del vecindario si sus edificios se estaban viendo afectados por las obras en el 34 Este de la calle Sesenta y dos. Se necesitó que diez edificios contaran con al menos un medidor: el Links Club, la Cumberland House, la mansión de Ronald Perelman en la acera de enfrente y otras siete propiedades dentro del perímetro fijado. Los medidores permanecerían activados hasta que se hubiera terminado la casa. Muftic y Jenkins tuvieron que desembolsar unos setenta y cinco mil dólares por esta medida de precaución.

Las sumas abonadas a todos los trabajadores implicados en el proyecto —carpinteros, pintores, electricistas, fontaneros, los trabajadores del ladrillo y del acero, etcétera— salieron del bolsillo de un contratista veterano llamado Steve Mark, un individuo vigoroso y meticuloso a principios de la setentena, con una larga reputación en Nueva York a la hora de ofrecer el mejor servicio al mejor precio. Esto explica que con frecuencia se le contrate para supervisar media docena o más de edificaciones de manera simultánea, por lo que lleva mucho tiempo siendo millonario.

Steve Mark es un hombre de ojos azules, pelo blanco, esbelto, con gafas, de metro setenta y cinco de estatura y el rostro erosionado por el viento propio de un ciclista de carretera, lo que en cierto modo es. Cada día laborable se desplaza al trabajo en bicicleta, pedaleando desde la casa que tiene en la calle Setenta y algo Este a las diversas partes de la ciudad que lo reclaman, a veces llegando tan al sur como Greenwich Village, aunque por lo general no sale de la zona del Upper East Side, donde desde 1978 ha construido o rehabilitado centenares de casas unifamiliares, sobre todo apartamentos dúplex o tríplex, situados en el interior de cooperativas de varios pisos.

El arquitecto Henry Jessup colaboró con Mark en algunos de estos proyectos y fue quien lo recomendó a los propietarios de la calle Sesenta y dos. Mientras que el salario de Jessup en su calidad de arquitecto de la casa era de unos cuatrocientos mil dólares, contratar a Mark conllevaba un desembolso de ochocientos mil dólares, su tarifa habitual para este tipo de proyectos individuales. Los propietarios también tuvieron que adelantarle cinco millones de dólares para cubrir el coste de los materiales, los sueldos de unos ciento cincuenta trabajadores y otros extras que suele añadir.

El hecho de que se pueda mostrar generoso con los demás sin que esto vaya en detrimento de sus propias ganancias evidencia su habilidad a la hora de confeccionar presupuestos —como hijo de contable que es—, al tiempo que muestra lo mucho que sabe por propia experiencia sobre el valor que tiene la mano de obra cualificada —de hecho, él es tan diestro en el uso de todas las herramientas como cualquiera de los operarios que tiene contratados por toda la ciudad—.

Creció en East Meadow, Long Island, y cuando tenía trece años, sus padres buscaron a un contratista para que les construyera una ampliación de su casa, pero el tipo los plantó a mitad del trabajo. El joven Steve le cogió prestadas unas herramientas a su tío Max, que era fontanero, y unas cuantas más a un vecino, que era electricista, y con algo de asesoramiento por parte de ambos se las apañó para terminar la obra.

A partir de ese momento, se montó un pequeño taller en el garaje de sus padres, donde recurrió a su creciente habilidad como carpintero para reparar las fugas de un velero de madera y conseguir que navegara de forma óptima por el archipiélago de Long Island.

En la escuela descubrieron que tenía un coeficiente intelectual muy elevado, pero también que era algo desganado y perezoso, lo que decepcionó a su madre, que era maestra. Donde sí mostraba motivación y responsabilidad era en los trabajos que desempeñaba fuera del horario escolar y durante las vacaciones de verano. Un verano trabajó en una cafetería en la esquina de Broadway con la calle Nassau, cogiendo pedidos y echando una mano en la cocina, donde disfrutó especialmente de la camaradería entre los muy diversos empleados, una sensación que más adelante reviviría en calidad de jefe de obras.

Otro verano trabajó en un despacho de contabilidad bajo la supervisión de su padre. Nacido en Nueva York bajo el nombre de Morris Margolies, su padre se había licenciado en Derecho; pero, según su hijo, «no pudo conseguir trabajo hasta que no cambió su nombre a Murray Mark». Sin embargo, disfrutaba tan poco de sus tareas como abogado que con el tiempo se pasó a la contabilidad.

Ambos progenitores de Steve Mark eran hijos de inmigrantes judíos. Los parientes de su madre eran austrohúngaros y su padre, Harry Straucher, regentaba un puesto de frutas y verduras en el Bronx. Sus abuelos paternos procedían de Polonia y el padre de su padre, Joe Margolies, era dueño de una cafetería en el Bowery. La madre de Steve, Roslyn, era maestra en una escuela de primaria y ejerció durante treinta años dentro del sistema de escuelas públicas de la ciudad.

Steve obtuvo el título de Contabilidad en 1968, expedido por la Adelphi University en Garden City, Long Island, asistiendo a sus clases nocturnas mientras que de día acudía al trabajo de turno, uno de los cuales fue en una tienda de artículos de esquí en Great Neck. Destinó parte de sus ahorros a recibir clases de vuelo, y tras graduarse en la Adelphi se alistó en las fuerzas aéreas con la esperanza de asistir a una escuela de entrenamiento para oficiales aspirantes a piloto.

Sin embargo, mientras estaba destinado en una base en San Antonio, sufrió una lesión jugando un partido de fútbol americano con amigos y tras recuperarse en un hospital militar decidió abandonar el programa. De todas maneras, su interés en pilotar no decayó y hoy posee una avioneta de hélice de un solo motor con la que vuela por placer siempre que consigue tener el cuerpo y la mente bien lejos de sus negocios en la construcción. A bordo de esta ha llegado a aventurarse hasta Canadá en dirección norte y hasta Florida en dirección sur.

Tras su salida de las fuerzas aéreas, se casó con una joven a la que había conocido en el colegio y sin ayuda alguna reformó el primer hogar de la pareja en Flushing y también el segundo, en Larchmont, el cual ya compartieron con sus dos hijas.

Durante dos años dirigió un negocio de reformas de cocinas y baños en el edificio A&D de Manhattan, en la calle Cincuenta y ocho Este. Luego, animado por muchos y con algún que otro préstamo concedido por sus clientes más adinerados, montó su propia empresa de construcción. En cuatro o cinco años disponía de una plantilla de trabajadores compuesta por entre ochenta y noventa hombres, y por nueve directoras de proyectos, todas mujeres.

—Las mujeres son mucho mejores que los hombres a la hora de dirigir proyectos —dijo—. Carecen de ego. O, en el caso de tenerlo, lo dejan en casa.

El cometido de una directora de proyectos era ayudarlo con la logística y servir de enlace, al dividir su tiempo entre la oficina y las obras, y asegurarse de que todo avanzara según los plazos y el presupuesto, así como de que reinara la armonía entre los suministradores, obreros, arquitectos, consultores y clientes.

Una de estas directoras de proyecto era su hija Rebecca, una mujer en la treintena, casada y con dos hijos. Su otra hija, Alissa, también casada y con dos hijos, ejerce de gastroenteróloga. Ambas son fruto de su primer matrimonio, que duró veinte años. En 1992 volvió a casarse, unión de la que salieron dos hijas y un hijo, todos ellos cursan estudios universitarios en estos momentos. Su hijo también se sacó el título de piloto y algunos fines de semana salen a volar juntos.

Steve Mark y su equipo pusieron punto final a la casa de la calle Sesenta y dos a finales de diciembre de 2017, trabajo al que dedicaron poco más de un año. Por fortuna, ninguno de sus trabajadores sufrió una caída importante o heridas graves, y excepto por la entrega tardía de los ventanales, todos los subcontratistas cumplieron con los plazos acordados.

Tras completarse la obra y retirarse los andamios, una sensación de alivio y contento recorrió a los vecinos de la zona. Al fin se decía adiós a los atascos de tráfico y los pitidos de los cláxones de los camiones de reparto y la maquinaria que bloqueaba la calle. Por fin los peatones no tenían que pasar entre tuberías verticales de acero y cruzar el oscuro pasillo bajo el cobertizo dispuesto en la acera.

Los miembros del Links Club, quienes una década atrás se habían mostrado tan críticos con la mansión modernista que la rusa Janna Bullock había proyectado para el 34 Este de la calle Sesenta y dos, acogían ahora con los brazos abiertos el diseño históricamente derivado de Henry Jessup al considerarlo compatible con su edificio neogeorgiano.

La mayoría de los propietarios de la Cumberland House también mostraron su satisfacción con la nueva casa. Entre ellos estaban James y Marie Savage, cuyo apartamento de la cuarta planta sobrevolaba la zona de obras. El matrimonio había soportado un año de ruido y suciedad en el aire, mientras observaba, bien de cerca y a través de sus ventanas, las chispas de los sopletes, la neblina de las partículas de acero elevándose desde sierras circulares y cómo se alzaban paneles de insonorización, unidades de aire acondicionado y trozos de pizarra.

El barullo diario transportaba a James Savage a los años en que vivió en Bay Ridge, Brooklyn, a principios de la década de los sesenta, cuando el vecindario se vio invadido por obreros que construían los accesos al puente Verrazano-Narrows, que pronto estaría terminado. Sin embargo, también recordaba los diez años vividos junto al solar vacío e infestado de ratas que en su momento fue el 34 Este de la calle Sesenta y dos, de modo que esta nueva casa era una alternativa más que deseable.

El siguiente paso de los propietarios consistía en intentar venderla, por lo que Theodore Muftic y Francis Jenkins contactaron con las oficinas inmobiliarias de Sotheby's, ubicadas en la calle Sesenta y uno Este, y fijaron un precio de salida de treinta y dos millones quinientos mil dólares. Un anuncio a página entera se publicó en el semanario *The New Yorker*, al tiempo que aparecieron artículos en los diarios con titulares del tipo: «Antiguo enclave de una explosión en el Upper East Side dará paso a una mansión de inspiración Beaux Arts valorada en treinta y dos millones quinientos mil dólares» o «Piden treinta y dos millones quinientos mil dólares por una casa en Manhattan construida donde tuvo lugar una explosión de gas».

Sin embargo, durante este periodo, entre finales de 2017 y a lo largo de todo 2018, el mercado inmobiliario sufrió una recesión, lo que empujó a Muftic y Jenkins a rebajar el precio a veintisiete millones novecientos mil dólares. Tampoco así consiguieron venderla. Tal y como explicaba un artículo de *The Wall Street Journal*: «Nueva York se enfrenta a la convergencia de diversas fuerzas económicas de envergadura: una sobreoferta de apartamentos nuevos, un descenso de los compradores internacionales ante el control de capitales impuesto en algunos países, cambios en las regulaciones fiscales que limitan las deducciones estatales y locales y el aumento de los tipos de interés. A esto se suma un desplazamiento de las preferencias del *uptown* al *downtown*».

A principios del año 2019, con la casa todavía a la venta —«El bajón del mercado inmobiliario se agudiza», rezaba un titular de *The Wall Street Journal*—, los propietarios tuvieron que hacer frente a unos gastos anuales de ochenta mil dólares en concepto de impuestos y cuotas de mantenimiento, que incluían seguridad, lavado de los ventanales y la expulsión de insectos y roedores de las inmediaciones.

Pese al revés que suponía no encontrarle salida a la casa, Muftic y Jenkins estaban convencidos de que cerrar un trato solo era cuestión de tiempo. «Podríamos vender el edificio en uno o dos días si aceptáramos una oferta que rondara los veinte», dijo Jenkins, refiriéndose a la posibilidad de rebajar el precio a dieciocho o diecinueve millones de dólares. A él y su compañero la idea les parecía inaceptable. En consecuencia, el cartel azul que la inmobiliaria de Sotheby's había colgado frente a la casa —MANSIÓN DE OBRA NUEVA EN VENTA— seguía en su sitio casi tres años después de completarse su construcción.

A finales del año 2019, los copropietarios cambiaron de inmobiliaria y se fueron a Douglas Elliman con la esperanza de que su suerte cambiara. Sin embargo, transcurridos otros dos años sin encontrar comprador, empezaron a mostrarse muy dispuestos a negociar. Hasta que, en octubre de 2021, *The New York Post* anunciaba en exclusiva que «la mansión del doctor Bum» al fin había encontrado comprador en un hombre llamado Marcus Lemonis, que vivía en la zona de Chicago. El agente de Douglas Elliman al frente de las negociaciones, T. Roger Erickson, confirmó que la casa se había vendido por dieciocho millones doscientos mil dólares.

Al señor Lemonis, que declinó ofrecer entrevistas, se lo describió como un emprendedor de origen libanés, de cuarenta y siete años, casado en dos ocasiones y productor de un reality para la CNBC llamado *The Profit*, entre otros proyectos. Al negarse a realizar declaraciones, no queda claro si el señor Lemonis y su esposa tienen intención de vender su residencia en el Medio Oeste para mudarse a Nueva York o si piensan ir y venir. De lo que no hay duda es de que, si bien invirtieron grandes sumas de dinero en renovar el interior de su nueva adquisición durante 2022 y 2023, todavía no la han convertido en su domicilio habitual.

Durante este periodo en que la casa continuaba deshabitada, el abogado que en su día representara al doctor Bartha en su proceso de divorcio, Ira Garr, cruzó un sábado por la mañana por delante de ella, tras haber estado de compras con su novia en la tienda Hermès de la esquina de Madison Avenue con la calle Sesenta y dos. El señor Garr no reside en el vecindario, por lo que lo había pisado en raras ocasiones desde los tiempos en que visitaba al doctor Bartha para urgirle a realizar concesiones a su exesposa de cara a ahorrarse agravios sin fin y unos costes jurídicos al alza.

En cierto modo, el señor Garr podía empatizar con su tozudo e inflexible cliente, al comprender el enorme apego emocional desarrollado hacia un hogar que le era imposible abandonar bajo ninguna circunstancia ni permitir que su exmujer, a quien nunca le había gustado vivir ahí, disfrutara de parte de los beneficios de una venta forzosa. A imagen del abogado de la historia de Melville, que se preocupaba por Bartleby sin dejar de sentirse desconcertado por su comportamiento y al que finalmente le resultaba imposible ayudar, el señor Garr se quedó absorto en sus pensamientos. Al final su novia le dio un golpecito en la espalda y le preguntó:

—¿Te ocurre algo?

—No —dijo tras una pausa—, es solo que acabo de darme cuenta de que este es el lugar en el que uno de mis antiguos clientes tuvo en su día un *brownstone*.

A continuación, la agarró por el brazo y prosiguieron la marcha.

—Sí, fue aquí —dijo—, y lo más triste es que todo cuanto hubiera tenido que hacer era aceptar el acuerdo y quizá hoy podría seguir residiendo en aquel viejo *brownstone*. Su coste actual alcanzaría los doce millones de dólares. Viviría de lo más tranquilo.

Su novia, confundida, se dio la vuelta hacia él y le preguntó:

—¿De qué estás hablando?

—Ah, es una larga historia —le dijo él—. Otro día te la cuento.

Este libro se terminó
de imprimir en
Sabadell, Barcelona,
en el mes de
abril de 2024